BASTEI
LÜBBE

Von Helmut Thielicke ist außerdem
bei BASTEI-LÜBBE
lieferbar:

60219
Auf der Suche nach dem
verlorenen Wort

Helmut Thielicke

ÜBER UNS LEUCHTET DER BOGEN

Ein Bibel-Lesebuch

BASTEI LÜBBE

BASTEI-LÜBBE-TASCHENBUCH
Band 60314

Für seine Auswahl der biblischen Texte verwendete Helmut Thielicke die Lutherübersetzung aus dem Jahre 1912, die er seinerseits überarbeitete.

Printed in Germany, Dezember 1991
Einbandgestaltung: Manfred Peters unter Verwendung eines Kupferstichs von Joachim von Sandrart
Satz: Fotosatz Böhm, Köln
Druck und Bindung: Ebner Ulm
ISBN 3-404-60314-1

Der Preis dieses Bandes versteht sich einschließlich der gesetzlichen Mehrwertsteuer

Meinen Bogen habe ich in die Wolken gesetzt;
der soll das Zeichen sein des Bundes zwischen mir und der Erde.
Und wenn es kommt, daß ich Wetterwolken über
die Erde führe, so soll man meinen Bogen sehen in den Wolken.
(Verheißung Gottes nach der Sintflut)

Die Bibel ist das Buch der Völker,
weil sie die Schicksale *eines* Volkes zum Symbol aller
übrigen aufstellt, die Geschichte desselben an die Entstehung
der Welt anknüpft und... bis in die entferntesten Regionen
der äußersten Ewigkeiten hinausführt.
(Goethe, Historischer Teil der Farbenlehre)

Deshalb ist die Bibel ein ewig wirksames Buch,
weil, solange die Erde steht, niemand auftreten und sagen wird:
Ich begreife es im Ganzen und verstehe es im Einzelnen.
Wir aber sagen bescheiden: Im Ganzen ist es ehrwürdig und
im Einzelnen anwendbar.
(Goethe, Maximen und Reflexionen, 335)

INHALT

VORWORT

Vielleicht sollte ich einfach erzählen, wie es zu diesem Buch gekommen ist.

Als mich die Aufforderung des Verlags erreichte, biblische Geschichten zusammenzustellen, die auch säkularisierte Leser zur Bibellektüre anregen könnten, empfand ich das im ersten Augenblick als beglückende Aufgabe. Wenn man allerhand umfängliche theologische Schmöker verbrochen hatte, erschien es mir nun als schöne Abrundung dieses Werkes, noch einmal zu seiner Quelle zurückzukehren und dabei andere Menschen mitzunehmen, die kaum noch etwas von ihr wußten.

Ganz abgesehen von dem »religiösen« Motiv, das mich dabei bewegte, war ich mir – nebenbei sozusagen – auch über die *kulturelle* Seite einer solchen Aufgabe klar. Wie oft hatte ich mich schon über eine Beobachtung geärgert, die sich mir aufdrängte, wenn wir uns in irgendeiner literarisch interessierten Gesellschaft über Bücher unterhielten. Wer da über Rainer Maria Rilke, Thomas Mann, Friedrich Dürrenmatt oder auch Günter Grass nicht mitzureden wußte – von Nathan dem Weisen oder dem Don Carlos ganz zu schweigen –, konnte sich nur bedeckt halten und in ein peinliches Schweigen hüllen. Brachte ich aber einmal die Sprache auf Hiob oder die Josephgeschichten, schien es geradezu als Zeichen der Fortschrittlichkeit zu gelten, wenn man da seine Ignoranz keineswegs schamhaft verschwieg, sogar mit leicht snobistischer Miene andeutete, daß man dieses schwarze Buch mit dem Goldschnitt seit Jugendtagen nicht mehr zur Hand genommen habe. Offenbar empfand man es nicht als Bildungsmangel, keinen Schimmer einer Ahnung davon zu haben, in welchem Maße unsere abendländische Kultur mit biblischen Stoffen gesättigt ist, wie sehr unsere Umgangssprache und erst recht unsere Sprichwörter mit der Sprache der Bibel durchsetzt sind – ganz zu schweigen davon, in welchem Maße die Erzählungen der Bibel eine dichterische Neugestaltung in Werken der Literatur erfuhren und so in immer neuen perspektivischen Varianten ihre Unvergänglichkeit bewiesen. Wir brauchen, um nur einiges Klassische ins

Gedächtnis zu rufen, bloß an den Faust-Prolog im Himmel zu denken, für den die entsprechende Hiob-Szene Modell gestanden hat, oder an den großen Joseph-Roman von Thomas Mann. Und wie steht es mit Tolstoi und Dostojewski? – Doch breche ich hier ab, um nicht in einen endlosen Katalog zu geraten.

Ich wollte damit nur sagen, daß ich auch an *diese* Seite meiner Aufgabe dachte, wenn ich in modernen Lesern einige Neugierde auf das »Buch der Bücher« erwecken wollte.

Die Bibel ist ein Buch, das die Geschichte Gottes mit den Menschen darstellt. Als Blaise Pascal, der große Mathematiker und Philosoph des 17. Jahrhunderts, gestorben war, fand man eingenäht in das Futter seines Jacketts ein paar Sätze, die offensichtlich so etwas wie Leitsterne seines Lebens gewesen waren. Diese Leitsätze, »Memorial« genannt, beginnen mit dem Bekenntnis: »Gott Abrahams, Isaaks und Jakobs, nicht der Philosophen und Gelehrten ... Möge ich nie von ihm getrennt sein.«

Der »Gott der Philosophen« ist dabei verstanden als eine Art zeitlosen Prinzips, als die Idee des »höchsten Gutes« vielleicht oder des Lebenssinns. Hier aber, in der Bibel, ist Gott handelnde Person, Partner in der von ihm inszenierten Geschichte. Und die Menschen, mit denen und an denen er handelt – sogar die Erzväter –, sind keine Renommierexemplare des homo sapiens, keine gemalten Heiligen und keine Helden, sondern Menschen mit ihrem Widerspruch; und alle tragen die Hypothek von Schuld, jeder auf seine Weise.

Gewiß: sie sind auf ihre Art fromm, oft allerdings auch verzagt und bänglich. Gelegentlich schrecken sie nicht vor handfesten Betrügereien zurück. Sie sind jedenfalls in keiner Weise zurechtstilisiert, sondern »brüchige Gefäße«, mit denen Gott seine liebe Not hat, und die er trotzdem mit der Aufgabe betraut, seine Partner und Werkzeuge zu sein. Deshalb spricht die Bibel ihre entscheidenden Botschaften auch nicht in Lehr-Formeln, sondern in Geschichten aus. Es geht eben um ein Drama mit vielen Akten, in denen Gott und Mensch einander gegenüberstehen, in Spruch und Widerspruch miteinander handeln.

So mögen denn einige »große« Geschichten der Bibel eine besonders eingängige und zugleich sachgemäße Einführung in sie sein. Die Kunst des knappen realistischen und ganz unsentimentalen Erzählens, die wir in der Bibel an so vielen Stellen finden, die Erzählungen mit weit ausgreifenden Spannungsbögen wie sie etwa in den Joseph-Geschichten vorliegen, können den Leser sehr wohl faszinieren. Sie haben ja nicht nur die Dichter, sondern selbst die Filme- (und Schinken-)macher in Hollywood entsprechend angeregt. Dennoch treffen ästhetische und künstlerische Kategorien den Nerv dieser Geschichten nicht: Wie könnte man etwa die Erzählung von Isaaks Opferung oder die Leidensgeschichte Jesu als »schön« bezeichnen?

Diese Geschichten sind vielmehr Verkündigung, Lebenshilfen und Tröstungen. Das Motto vom Regenbogen der Versöhnung, das diesem Buch vorangestellt ist, »Über uns leuchtet der Bogen«, faßt alles dies wie in einem Brennspiegel zusammen.

Kaum aber hatte ich mich an die Arbeit gemacht, begann ich viele Widerhaken zu entdecken. Der tägliche, durch ein langes Leben beibehaltene Umgang mit der Bibel, die Beschäftigung mit ihr in vielen Meditationen und Predigten stellte sich nicht nur als hilfreiche Ausgangsbasis, sondern zugleich als ein Handicap heraus: Ich sollte ja eine Auswahl treffen. Wie aber konnte ich ein Kriterium finden für das, was dem Leser nahezubringen wäre und worauf er zunächst erst einmal verzichten möge?

Diese Unterscheidung zu vollziehen, schien mir an frevelhafte Überheblichkeit zu grenzen. Dabei dachte ich an meine eigene Geschichte mit der Bibel:

Wie oft hatte ich etwa, ziemlich verzweifelt, als Prediger über Texten gebrütet, die mir ganz fremd waren. Ich mußte mir eingestehen, daß sie weltenweit von allem entfernt zu sein schienen, was meinen Hörern und auch mir selbst auf den Nägeln brannte und worüber ich deshalb gerne *mit* ihnen und *zu* ihnen gesprochen hätte. Manchmal hatte ich ja schwer bedrängte Leute vor mir: im Bombenkrieg etwa (das geht mir heute noch nach) oder später bei der Atomangst und in den Nöten der Arbeitslosigkeit. Auch wenn ich in anderen Erdteilen – in Südamerika zum Beispiel mit seinen sozialen Schrecknissen oder in Südafrika mit seiner Apartheid-Misere – zu reden hatte, würde ich mir gern gewisse Spezialtexte ausgesucht haben statt der Bibel-Lektion, die nun einmal für diesen Tag vorgesehen war. Dann aber machte ich eine eigentümliche Entdeckung: Je mehr ich einen zunächst fremd erscheinenden Text in mir bewegte und ihn meditierte, um so erstaunlicher begann er sich zu erschließen und am Ende gar zu leuchten: Was aus der Ewigkeit kommt, hat einen merkwürdigen Bezug zu *allen* Augenblicken der Zeit.

Gerade diese Lebenserfahrung aber machte mich nun nervös, wo ich mich unterfing, eine solche Bibel-»Auswahl« zu treffen und die wahnwitzige Kunst des Weglassens zu betreiben. Ist man aber einmal von der Wichtigkeit eines Buches für solche Lese-Anregungen überzeugt, muß man dieses Wahnwitzige wohl doch riskieren.

Jedenfalls bitte ich alle Bibelkundigen, die bei dem, was ich hier ausgewählt, und bei anderem, das ich (zwar nicht verworfen, aber) weggelassen habe, bedenklich den Kopf schütteln, mir glauben zu wollen, daß ich diese Skrupel am eigenen Geiste erfahren habe und mir klarmachen mußte, daß es hier keine »glatten« Lösungen gibt. Das Buch der Bücher steht wie ein Alpengipfel über uns und läßt uns unserer Kleinheit innewerden. Es wäre Leichtsinn, wollte ich mir einbilden, ich könnte den Leser mit dieser Auswahl auf die Bergspitzen jenes gewaltigen Massivs führen. Allenfalls mag es gelingen, die eine oder andere Stelle ausfindig zu machen, von der her sich ein Ausblick auf die schneebedeckten Häupter ergibt und ein erstes Staunen beginnt. Das könnte dann die Lust zum eigenen Weitersteigen erwecken. Mehr zu wollen, wäre vermessen. Dies Buch hat seinen Dienst getan, wenn es sich überflüssig macht.

Zur Gestaltung des Buches selbst nur noch ein paar Hinweise: Ich habe den Luthertext zugrunde gelegt, weil er immer noch eine unerreichte Frische und Kraft der Sprache hat. Manchmal habe ich Übersetzungsfehler verbessert, auch hier und da Formulierungen verändert, wenn ich beim heutigen Leser Verständnisschwierigkeiten oder sprachliche Anstöße befürchten mußte.

Mit erklärenden Anmerkungen habe ich mich auf das Allernot-

Die Früchte des Landes,
in dem Milch und Honig fließt.
(4. Mose 13)

wendigste beschränkt. Nur bei besonders schwierigen oder uns heute ferner liegenden Texten mußte ich etwas ausführlicher sein. Ganz am Anfang kommen die Anmerkungen allerdings etwas knüppeldick. Hier sollen sie einige Grundsätze der Bibellektüre verdeutlichen und dem einen oder anderen Leser den Einstieg erleichtern. Sehr bald aber hält sich der Herausgeber dann wieder zurück.

Hier endet das Vorwort Helmut Thielickes, dessen eigenes Leben bei den Abschlußarbeiten zu diesem Buch am 5. März 1986 vollendet wurde. Auch während seines Sterbens ließ sich der Theologe von Texten des biblischen Glaubens begleiten. Damit unterstrich er noch einmal glaubwürdig, was ihm das entscheidende auch an diesem Buch war. Ihm ging es nicht nur um erhabene literarische und kulturgeschichtliche Dokumente, sondern vor allem um hilfreiche und tröstliche Zeugnisse vielfältiger Erfahrungen mit Gott.

Über allem aber sollte die Verheißung stehen, die Gott nach dem Sintflut-Gericht über die Erde gesprochen hatte:

»Wenn es denn kommt, daß ich Wetterwolken über die Erde führe, soll man meinen Bogen sehen in den Wolken.«

Auch Helmut Thielicke wußte über sich diesen leuchtenden Bogen der bewahrenden Treue Gottes, mit der er zeit seines bewegten und oftmals bedrohten Lebens rechnete. Darum können die letzten Sätze seiner Autobiographie »Zu Gast auf einem schönen Stern« geradezu als Eingangsmotto dieses letzten Buches gelten:

»Diesen in sieben Farben aufglühenden Bogen habe ich in meinem Leben immer wieder erblickt, – jedenfalls dann, wenn ich aufhörte, monoman ins Dunkel zu starren, und meine Augen erhob, um nach ihm zu suchen. Und tatsächlich: mir ist keine Finsternis begegnet, über der er nicht leuchtete, und kein noch so dunkles Tal, in dem mich nicht einige Grüße Gottes erreicht hätten.

Nur um dieses leuchtenden Bogens willen rühme ich unseren schönen Stern und gehe dem Kommenden getrost entgegen. Nur seinetwegen bin ich gewiß, daß uns nichts trennen kann von dem, der – nach einem alten Symbol – unsere Erde wie eine goldene Kugel in seiner Hand hält.

Wir sind freilich nur Gäste auf diesem schönen Stern, Bewohner auf Abruf und mit versiegelter Order, in der Tag und Stunde des Aufbruchs verzeichnet sind. Der Abschied ist sicherlich nicht leicht: ›Ich wär' ja so gern noch geblieben, aber der Wagen, der rollt...‹

Das Land, in das wir gerufen werden, ist eine Terra incognita, ein unbekanntes, ja ein unvorstellbares Land. Nur eine Stimme gibt es, die wir wiedererkennen werden, weil sie uns hier schon vertraut war: die Stimme des guten Hirten.«

Inzwischen hat Helmut Thielicke das von ihm geglaubte Land betreten. Als er seinen Tod schon vor Augen hatte, galten seine letzten schriftlichen Aufzeichnungen dem Inhalt dieses Buches. Dies macht es zu einem Glaubenszeugnis besonderer Art.

Hinrich C. G. Westphal

AUS DEM ALTEN TESTAMENT

SCHÖPFUNG, SÜNDENFALL UND BEGINN DER HEILSGESCHICHTE

Wie die Welt begann[1]

Am Anfang schuf Gott Himmel und Erde.[2] Und die Erde war wüst und leer, und es war finster auf der Tiefe, und der Geist Gottes schwebte auf dem Wasser.[3]

Und Gott sprach: Es werde Licht. Und es ward Licht.[4]

Und Gott sah, daß das Licht gut war. Da schied Gott das Licht von der Finsternis und nannte das Licht Tag und die Finsternis Nacht. Da ward aus Abend und Morgen der erste Tag.

Und Gott sprach: Es werde eine Feste zwischen den Wassern, die da scheide zwischen den Wassern. Da machte Gott die Feste und schied das Wasser unter der Feste von dem Wasser über der Feste. Und es geschah also. Und Gott nannte die Feste Himmel. Da ward aus Abend und Morgen der andere Tag.

Und Gott sprach: Es sammle sich das Wasser unter dem Himmel an besondere Orte, daß man das Trockene sehe. Und es geschah also. Und Gott nannte das Trockene Erde, und die Sammlung der Wasser nannte er Meer. Und Gott sah, daß es gut war. Und Gott sprach: Es lasse die Erde aufgehen Gras und Kraut, das sich besame, und fruchtbare Bäume auf Erden, die ein jeder nach seiner Art Früchte tragen, in denen ihr Same ist. Und es geschah also. Und die Erde ließ aufgehen Gras und Kraut, das sich besamte, ein jegliches nach seiner Art, und die Bäume, die da Frucht trugen und ihren eigenen Samen bei sich selbst hatten, ein jeglicher nach seiner Art. Und Gott sah, daß es gut war. Da ward aus Abend und Morgen der dritte Tag.

Und Gott sprach: Es werden Lichter an der Feste des Himmels, die da scheiden Tag und Nacht und geben Zeichen, Zeiten, Tage und Jahre und seien Lichter an der Feste des Himmels, daß sie scheinen auf Erden. Und es geschah also. Und Gott machte zwei große Lichter: ein großes Licht, das den Tag regiere, und ein kleines Licht, das die Nacht regiere, dazu auch die Sterne. Und Gott setzte sie an die Feste des Himmels, daß sie scheinen auf die Erde und den Tag und die Nacht regierten und schieden Licht und Finsternis. Und Gott sah, daß es gut war. Da ward aus Abend und Morgen der vierte Tag.

Und Gott sprach: Es wimmle das Wasser von lebendigem Getier, und Vögel sollen fliegen auf Erden unter der Feste des Himmels. Und Gott schuf Walfische und allerlei Getier, das da lebt und webt, davon das Wasser wimmelte, ein jegliches nach seiner Art, und allerlei gefiederte Vögel, ein jegliches nach seiner Art. Und Gott sah, daß es gut war. Gott segnete sie und sprach: Seid fruchtbar und mehret euch und erfüllet das Wasser im Meer, und die Vögel sollen sich mehren auf Erden. Da ward aus Abend und Morgen der fünfte Tag.

Und Gott sprach: Die Erde bringe hervor lebendige Tiere, ein jegliches nach seiner Art: Vieh, Gewürm und Tiere des Feldes, ein jegliches nach seiner Art. Und es geschah also. Und Gott machte die Tiere des Feldes, ein jegliches nach seiner Art, und das Vieh nach seiner Art und allerlei Gewürm des Erdbodens nach seiner Art. Und Gott sah, daß es gut war. (1. Mose 1, 1 bis 25)

Der Mensch, das Ebenbild Gottes

Gott sprach: Lasset uns Menschen machen, ein Bild, das uns gleich sei, die da herrschen über die Fische im Meer und über die Vögel unter dem Himmel und über das Vieh und über die ganze Erde und über alles Gewürm, das auf Erden kriecht.

Und Gott schuf den Menschen zu seinem Bilde, zum Bilde Gottes schuf er ihn; und schuf sie als Mann und Frau. Gott segnete sie und sprach zu ihnen: »Seid fruchtbar und mehret euch, füllet die Erde und machet sie euch untertan und herrschet über die Fische im Meer und über die Vögel unter dem Himmel, über das Vieh und alles Getier, das auf Erden kriecht.« Und Gott sah an alles, was er gemacht hatte, und siehe, es war sehr gut. Da ward aus Abend und Morgen der sechste Tag. So wurden vollendet Himmel und Erde mit ihrem ganzen Heer. Und so vollendete Gott am siebenten Tage alle seine Werke, die er machte, und ruhte am siebten Tage von allen seinen Werken. Gott segnete den siebten Tag und heiligte ihn, weil er an ihm ruhte von allen seinen Werken ...

So entstanden Himmel und Erde, als sie geschaffen wurden.
(1. Mose 1, 26 bis 2, 4)

Der Paradiesgarten im Urzustande

Da Gott der Herr Erde und Himmel machte, waren die Sträucher auf dem Felde noch nicht auf Erden, und allerlei Kraut auf dem Felde war noch nicht gewachsen; denn Gott der Herr hatte noch nicht regnen lassen auf Erden, und es war noch kein Mensch da, der das Land bebaute. Doch ein Nebel stieg auf von der Erde und befeuchtete alles Land. Da machte Gott der Herr den Menschen aus Erde vom Acker und blies ihm ein den lebendigen Odem in seine Nase. Also ward der Mensch ein lebendiges Wesen.

Und Gott der Herr pflanzte einen Garten in Eden gegen Morgen und setzte den Menschen hinein, den er geschaffen hatte. Und Gott der Herr ließ aufwachsen aus der Erde allerlei Bäume, verlockend anzusehen und gut zu essen, dazu den Baum des Lebens mitten im Garten und den Baum der Erkenntnis des Guten und Bösen. Und ein Strom entsprang in Eden, zu wässern den Garten. Er teilte sich alsdann in vier Arme. (1. Mose 2, 4^{b} bis 10)

Nochmals: Der Mensch – sein Auftrag und seine Grenze

Gott der Herr nahm den Menschen und setzte ihn in den Garten Eden, damit er ihn bebaue und pflege. Und Gott der Herr gebot dem Menschen und sprach: »Du sollst essen von allerlei Bäumen im Garten; aber von dem Baum der Erkenntnis des Guten und Bösen sollst du nicht essen; denn an dem Tage, wo du davon issest, wirst du des Todes sterben.«

Dann sagte Gott der Herr: »Es ist nicht gut, daß der Mensch allein sei; ich will ihm eine Gehilfin machen, die zu ihm gehört.«

Da machte Gott der Herr aus Erde allerlei Tiere auf dem Felde und allerlei Vögel unter dem Himmel, brachte sie zu dem Menschen, daß er sähe, wie er sie nennte; denn wie der Mensch jedes Tier nen-

Der Paradiesgarten
vor dem Sündenfall
(1. Mose 2)

nen würde, so sollte es heißen. Da gab der Mensch einem jeglichen Vieh und Vogel unter dem Himmel und Tier auf dem Felde seinen Namen.

Für den Menschen aber ward keine Gehilfin gefunden, die zu ihm gehörte. Da ließ Gott der Herr einen tiefen Schlaf fallen auf den Menschen, und er schlief ein. Dann nahm er seiner Rippen eine und schloß die Stelle mit Fleisch. Und Gott der Herr bildete ein Weib aus der Rippe, die er von dem Menschen nahm, und führte sie ihm zu. Da sprach der Mensch: »Das ist doch Bein von meinem Bein und Fleisch von meinem Fleisch; man wird sie Männin heißen, weil sie vom Manne genommen ist.« Darum wird ein Mann Vater und Mutter verlassen und seinem Weibe anhangen, und sie werden ein Fleisch sein. Sie waren beide nackt, der Mensch und sein Weib, und schämten sich nicht. (1. Mose 2, 15 bis 25)

Versuchung und Fall: Von der Gottebenbildlichkeit zur Gottebenbürtigkeit

Die Schlange war listiger als alle Tiere auf dem Felde, die Gott der Herr gemacht hatte, und sprach zu dem Weibe: »Ja, sollte Gott wirklich gesagt haben: Ihr sollt nicht essen von allerlei Bäumen im Garten?« – Da sprach die Frau zu der Schlange: »Wir essen von den Früchten der Bäume im Garten. Doch von den Früchten des Baumes mitten im Garten hat Gott gesagt: ›Esset nicht davon, rühret's auch nicht an, daß ihr nicht sterbet‹.« Da sprach die Schlange zu der Frau: »Ihr werdet mitnichten des Todes sterben, sondern Gott weiß: an dem Tage, wo ihr davon esset, werden eure Augen aufgetan, und werdet sein wie Gott und wissen, was gut und böse ist.«

Die Frau schaute an, daß von dem Baum gut zu essen wäre und daß er verlockend anzusehen und begehrenswert sei, weil er klug machte. Da nahm sie von seinen Früchten, aß und gab auch ihrem Manne davon, der bei ihr war, und er aß auch. Da wurden ihrer beiden Augen aufgetan, und sie nahmen wahr, daß sie nackt waren. Sie flochten Feigenblätter zusammen und machten sich Schurze.

Da hörten sie die Stimme Gottes des Herrn, der im Garten ging, als die Abendkühle gekommen war. Und Adam versteckte sich mit seinem Weibe vor dem Angesicht Gottes des Herrn unter den Bäumen im Garten. Gott der Herr aber rief Adam und sprach zu ihm: »Wo bist du?« Adam antwortete: »Ich hörte deine Stimme im Garten und fürchtete mich, denn ich bin nackt; darum versteckte ich mich.« Da fragte ihn Gott: »Wer hat dir gesagt, daß du nackt bist? Hast du etwa gegessen von dem Baum, von dem ich dir gebot, du solltest nicht davon essen?« – Adam erwiderte: »Das Weib, das du mir zugesellt hast, gab mir von dem Baum, und ich aß.« Da sprach Gott der Herr zu der Frau: »Warum hast du das getan?« Sie antwortete: »Die Schlange betrog mich, so daß ich aß.« Da sprach Gott der Herr zu der Schlange: »Weil du das getan hast, sollst du verflucht sein, ausgestoßen von allem Vieh und allen Tieren auf dem Felde. Auf deinem Bauche sollst du kriechen und Erde fressen dein Leben lang. Und ich will Feindschaft setzen zwischen dir und dem Weibe, zwischen deinem Samen und ihrem Samen. Der wird dir den Kopf zertreten, und du wirst ihn in die Ferse stechen.« Zu der Frau aber sprach er: »Ich will dir viel Schmerzen schaffen, wenn du schwanger wirst; du sollst mit Schmerzen Kinder gebären, und dein Verlangen soll nach deinem Manne sein, und er soll dein Herr sein.«

Zu Adam endlich sagte er: »Weil du gehorcht hast der Stimme deines Weibes und gegessen von dem Baum, davon ich dir gebot und sprach: ›Du sollst nicht davon essen‹, – verflucht sei der Acker um deinetwillen! Mit Mühsal sollst du dich von ihm nähren ein Leben lang. Dornen und Disteln soll er dir tragen, und doch mußt du dich vom Kraut auf dem Felde nähren. Im Schweiße deines Angesichts sollst du dein Brot essen, bis daß du wieder zu Erde werdest, davon du genommen bist. Denn du bist Erde und sollst zu Erde werden.«

(1. Mose 3, 1 bis 19)

Vertreibung aus dem Paradies

Adam hieß sein Weib Eva, denn sie wurde die Mutter aller, die da leben. Und Gott der Herr machte Adam und seinem Weibe Röcke von

Fellen und kleidete sie. Er sprach: »Siehe, Adam – der Mensch – ist geworden wie unsereiner und weiß, was gut und böse ist. Nun aber – daß er ja nicht ausstrecke seine Hand und breche auch noch von dem Baum des Lebens und esse und lebe ewiglich!« Da wies Gott der Herr ihn aus dem Garten Eden, daß er die Erde bebaute, von der er genommen war. Und er trieb den Menschen hinaus und ließ lagern vor den Garten Eden die Cherubim mit dem flammenden, blitzenden Schwert, zu bewachen den Weg zu dem Baum des Lebens.

(1. Mose 3, 20 bis 24)

Die Geschichte von Kain und Abel

Adam erkannte sein Weib Eva, und sie ward schwanger, gebar den Kain und sprach: Ich habe einen Mann gewonnen mit Hilfe des Herrn. Danach gebar sie Abel, seinen Bruder. Abel wurde Schäfer, Kain aber ein Ackersmann. Es begab sich nun nach einiger Zeit, daß Kain dem Herrn Opfer brachte von den Früchten des Feldes, und auch Abel brachte von den Erstlingen seiner Herde und von ihrem Fett. Und der Herr sah gnädig an Abel und sein Opfer; Kain aber und sein Opfer sah er nicht gnädig an. Da ergrimmte Kain sehr, und seine Gebärde verstellte sich. Da sprach der Herr zu Kain: »Warum ergrimmst du? Und warum verstellt sich deine Gebärde? Ist's nicht also? Wenn du fromm bist, kannst du dein Antlitz frei erheben; bist du aber nicht fromm, so lauert die Sünde vor der Tür und nach dir hat sie Verlangen; du aber herrsche über sie.« Da redete Kain mit seinem Bruder Abel.

Und es begab sich, da sie auf dem Felde waren, erhob sich Kain wider seinen Bruder Abel und schlug ihn tot. Da sprach der Herr zu Kain: »Wo ist dein Bruder Abel?« Er antwortete: »Ich weiß es nicht; soll ich meines Bruders Hüter sein?« Gott aber sprach: »Was hast du getan? Die Stimme des Blutes deines Bruders schreit zu mir von der Erde. Und nun: Verflucht seist du auf der Erde, die ihr Maul aufgetan und deines Bruders Blut von deinen Händen empfangen hat. Wenn du den Acker bauen wirst, soll er dir hinfort seinen Ertrag versagen. Unstet und flüchtig sollst du sein auf Erden.«

Die Vertreibung aus dem Paradies
(1. Mose 3)

Kain aber sprach zu dem Herrn: »Meine Strafe ist zu schwer, als daß ich sie tragen könnte. Siehe, du treibst mich heute vom Acker hinweg, und ich muß mich vor deinem Angesicht verbergen, muß unstet und flüchtig sein auf Erden. So wird mir's gehen, daß mich totschlägt, wer mich findet.« Doch der Herr sprach zu ihm: »Nein! Sondern wer Kain totschlägt, das soll siebenfältig gerächt werden.« Und der Herr machte ein Zeichen an Kain, daß ihn niemand erschlüge, der ihn fände. Also ging Kain von dem Angesicht des Herrn und wohnte im Lande Nod, jenseits von Eden, gegen Morgen.

(1. Mose 4, 1 bis 16)

Ankündigung des großen Strafgerichtes

Als der Herr sah, daß der Menschen Bosheit groß war auf Erden und alles Dichten und Trachten ihres Herzens nur böse war immerdar, da reute es ihn, daß er die Menschen gemacht hatte auf Erden, und es bekümmerte ihn in seinem Herzen. Und er sprach: »Ich will die Menschen, die ich geschaffen habe, vertilgen von der Erde, vom Menschen an bis zum Vieh, bis zum Gewürm und bis zu den Vögeln unter dem Himmel; denn es reut mich, daß ich sie gemacht habe.«

Noah aber fand Gnade vor dem Herrn. Er war ein frommer Mann unter seinen Zeitgenossen und wandelte unsträflich vor Gott. Er zeugte drei Söhne: Sem, Ham und Japheth. Die Erde aber war verderbt vor Gottes Augen und voll Frevels. Da sah Gott auf die Erde, und siehe, sie war verderbt; denn alles Fleisch hatte seinen Weg verkehrt auf Erden.

Da sprach Gott zu Noah: »Alles Fleisches Ende ist bei mir beschlossen; denn die Erde ist voll Frevels durch sie; und siehe, ich will sie verderben mit der Erde. Mache dir einen Kasten von Tannenholz und mache Kammern darin und verpiche ihn mit Pech von innen und von außen. So sollst du ihn machen: Dreihundert Ellen sei die Länge, fünfzig Ellen die Breite und dreißig Ellen die Höhe. Ein Fenster sollst du daran machen, obenan, eine Elle groß. Die Tür sollst du mitten in seine Seite setzen... Denn siehe, ich will eine Sintflut kommen lassen auf Erden, zu verderben alles Fleisch, darin ein lebendi-

Kain und Abel
(1. Mose 4)

ger Odem ist, unter dem Himmel. Alles, was auf Erden ist, soll untergehen. Mit dir aber will ich einen Bund aufrichten: Du sollst in die Arche gehen mit deinen Söhnen, mit deiner Frau und mit den Frauen deiner Söhne. Du sollst in die Arche bringen von allen Tieren, von allem Fleisch, je ein Paar, Männchen und Weibchen, daß sie leben bleiben bei dir. Von den Vögeln nach ihrer Art, von dem Vieh nach seiner Art und von allerlei Gewürm auf Erden nach seiner Art: von den allen soll je ein Paar zu dir hineingehen, daß sie leben bleiben. Und du sollst allerlei Speise zu dir nehmen, die man ißt, und sollst dir Vorräte davon anlegen, daß sie dir und ihnen zur Nahrung diene.«

Und Noah tat alles, was ihm Gott gebot. (1. Mose 6, 5 bis 22)

Die Sintflut

Da sprach der Herr zu Noah: »Gehe in die Arche, du und dein ganzes Haus; denn dich habe ich gerecht erfunden vor mir zu dieser Zeit.«

Da brachen alle Brunnen der großen Tiefe auf, die Fenster des Himmels öffneten sich, und es kam ein Regen auf Erden vierzig Tage und vierzig Nächte. Eben an diesem Tage ging Noah in den Kasten mit Sem, Ham und Japheth, seinen Söhnen, mit seiner Frau und den drei Frauen seiner Söhne; dazu alles wilde Getier nach seiner Art, allerlei Vieh nach seiner Art, allerlei Gewürm, das auf Erden kriecht, nach seiner Art und allerlei Vögel nach ihrer Art, alles, was fliegen konnte, alles was Fittiche hatte. Das ging alles zu Noah in die Arche paarweise..., wie Gott ihm geboten hatte. Und der Herr schloß hinter ihm zu.

Die Sintflut war vierzig Tage auf Erden, und die Wasser wuchsen und hoben die Arche auf und trugen sie empor über die Erde. Also nahmen die Wasser überhand und wuchsen sehr auf Erden, und die Arche schwamm auf den Fluten. Die Wasser wuchsen gewaltig an auf Erden, so sehr, daß alle hohen Berge unter dem ganzen Himmel bedeckt wurden. Fünfzehn Ellen hoch ging das Gewässer über die Berge, so daß sie ganz bedeckt wurden. Da ging alles Fleisch unter, das sich auf Erden regte, an Vögeln, an wildem Getier und an allem,

Die Sintflut
(1. Mose 7)

was da wimmelte auf Erden – und alle Menschen. Alles, was lebendigen Odem hatte und auf dem Trockenen lebte, das starb. Also ward vertilgt alles, was auf dem Erdboden war, vom Menschen an bis zu dem Vieh, dem Gewürm und den Vögeln unter dem Himmel. Das alles ward von der Erde vertilgt. Allein Noah blieb übrig und was mit ihm in der Arche war. Und das Gewässer stand auf Erden hundertundfünfzig Tage.

Da gedachte Gott an Noah, an alle wilden Tiere und an alles Vieh, das mit ihm in der Arche war, und ließ Wind über die Erde wehen, und die Wasser fielen. Die Brunnen der Tiefe wurden verstopft samt den Fenstern des Himmels, und dem Regen vom Himmel wurde gewehrt. Da verliefen sich die Wasser von der Erde immer mehr und nahmen ab nach hundertundfünfzig Tagen…

Nach vierzig Tagen bereits tat Noah das Fenster auf, das er an der Arche gemacht hatte, und ließ einen Raben ausfliegen; der flog immer hin und her, bis das Gewässer vertrocknete auf Erden. Darnach ließ er eine Taube ausfliegen, um zu prüfen, ob das Gewässer sich verlaufen hätte auf Erden. Da aber die Taube nicht fand, wo ihr Fuß ruhen konnte, kam sie wieder zu ihm in die Arche; denn noch bedeckte das Wasser den ganzen Erdboden. Da tat er die Hand heraus und nahm sie zu sich in die Arche. Nun harrte er noch weitere sieben Tage und ließ abermals die Taube fliegen aus der Arche. Die kam zu ihm zur Abendzeit, und siehe, ein Ölblatt hatte sie abgebrochen und trug's in ihrem Schnabel. Da merkte Noah, daß das Gewässer gefallen war auf Erden. Doch harrte er noch weitere sieben Tage und ließ eine Taube ausfliegen. Die kam nicht wieder zu ihm. Da tat Noah das Dach von dem Kasten und sah, daß der Erdboden trocken war…

Da redete Gott mit Noah und sprach: »Gehe aus dem Kasten, du und deine Frau, deine Söhne und die Frauen deiner Söhne mit dir. Alles Getier, das bei dir ist, von allem Fleisch, an Vögeln, an Vieh und an allem Gewürm, das auf Erden kriecht, das gehe heraus mit dir, daß sie sich regen auf Erden und fruchtbar seien und sich mehren auf Erden.« Also ging Noah heraus mit allem, was in der Arche war, ein jegliches mit seinesgleichen. Noah aber baute dem Herrn einen Altar und nahm von allerlei reinem Vieh und von allerlei reinem Geflügel und opferte Brandopfer auf dem Altar.

(1. Mose 7, 1; 11 bis 24; 1. Mose 8, 1 bis 3; 6 bis 20)

Eine neue Verheißung und ein neuer Bund nach dem großen Gericht

Der Herr roch den lieblichen Geruch und sprach in seinem Herzen: »Ich will hinfort nicht mehr die Erde verfluchen um der Menschen willen; denn das Dichten des menschlichen Herzens ist böse von Jugend auf. Und ich will hinfort nicht mehr schlagen alles, was da lebt, wie ich getan habe. Solange die Erde steht, soll nicht aufhören Saat und Ernte, Frost und Hitze, Sommer und Winter, Tag und Nacht.« Gott sprach weiter: »Das ist das Zeichen des Bundes, den ich für immer geschlossen habe zwischen mir und euch und allem lebendigen Getier bei euch: Meinen Bogen habe ich gesetzt in die Wolken, der soll das Zeichen sein des Bundes zwischen mir und der Erde. Und wenn es denn kommt, daß ich Wolken über die Erde führe, so soll man meinen Bogen sehen in den Wolken. Alsdann will ich gedenken an meinen Bund zwischen mir und euch und allen lebendigen Wesen von jeglichem Fleisch, daß hinfort keine Sintflut mehr komme, die alles Fleisch verderbe.[5] (1. Mose 8, 21 bis 22; 1. Mose 9, 12 bis 15)

Der Turmbau zu Babel und die Verwirrung der Sprachen

Es hatte damals alle Welt einerlei Zunge und Sprache. Da sie nun zogen gen Morgen, fanden sie ein ebenes Land im Lande Sinear und wohnten daselbst. Und sie sprachen untereinander: »Wohlauf, laßt uns Ziegel streichen und im Feuer brennen!« Und sie nahmen die Ziegel als Steine und den Erdharz als Mörtel. Sie sprachen weiter: »Wohlauf, laßt uns eine Stadt und einen Turm bauen, dessen Spitze bis an den Himmel reiche, damit wir uns einen Namen machen! Denn wir werden sonst zerstreut in alle Länder.«

Da fuhr der Herr hernieder, daß er sähe die Stadt und den Turm, die die Menschenkinder bauten. Und der Herr sprach: »Siehe, es ist einerlei Volk und einerlei Sprache unter ihnen allen, und das haben sie angefangen zu tun! Es wird hinfort kein Halten mehr für sie geben bei allem, was sie sich vorgenommen haben. Wohlauf, laßt uns herniederfahren und ihre Sprache dort verwirren, daß keiner des anderen Sprache verstehe!« – Also zerstreute sie der Herr von dort in alle Länder, daß sie aufhören mußten die Stadt zu bauen. Daher heißt ihr Name Babel, weil der Herr daselbst verwirrt hat aller Länder Sprache und sie von dort zerstreute in alle Länder.[6]

(1. Mose 11, 1 bis 9)

ABRAHAM, DER VATER DES GLAUBENS[7]

Abrahams Berufung und Verheißung

Der Herr sprach zu Abram: »Gehe aus deinem Vaterlande und von deiner Freundschaft und aus deines Vaters Haus in ein Land, das ich dir zeigen will. Und ich will dich zum großen Volk machen und will dich segnen und dir einen großen Namen machen, und du sollst ein Segen sein. Ich will segnen, die dich segnen, und verfluchen, die dich verfluchen. In dir sollen gesegnet werden alle Geschlechter auf Erden.«

Nach diesen Geschichten begab sich's, daß zu Abram das Wort des Herrn kam in einem Gesicht: »Fürchte dich nicht, Abram! Ich bin dein Schild und dein sehr großer Lohn.« Abram aber erwiderte: »Herr, mein Gott, was willst du mir geben? Ich gehe dahin ohne Kinder; und dieser Elieser von Damaskus wird mein Haus besitzen.« Abram sprach weiter: »Du hast mir keine Kinder gegeben, und siehe, einer von meinem Gesinde wird mein Erbe sein.« Und siehe, der Herr sprach zu ihm: »Er soll nicht dein Erbe sein, sondern der von deinem Leibe kommen wird, der soll dein Erbe sein!« Und er hieß ihn hinausgehen und sprach: »Siehe gen Himmel und zähle die Sterne; kannst du sie zählen?« Und fuhr fort: »So zahlreich sollen deine Kinder und Kindeskinder sein.« Abram glaubte dem Herrn, und das rechnete er ihm zur Gerechtigkeit.

Als nun Abram neunundneunzig Jahre alt war, erschien ihm der Herr und sprach zu ihm: »Ich bin der allmächtige Gott, wandle vor mir und sei fromm. Ich will meinen Bund zwischen mir und dir schließen und will dich gar sehr mehren.« Da fiel Abram auf sein Angesicht. Und Gott redete weiter mit ihm und sprach: »Siehe, ich bin's und habe meinen Bund mit dir: du sollst ein Vater vieler Völker werden. Darum sollst du hinfort nicht mehr Abram heißen, sondern Abraham soll dein Name sein; denn ich habe dich gemacht zum Vater vieler Völker. Und will dich sehr fruchtbar machen, Völker sollen von dir abstammen und auch Könige sollen von dir kommen. Und ich will aufrichten meinen Bund zwischen mir und dir und deinen Nachkommen nach dir, Geschlecht für Geschlecht, daß es ein ewiger Bund sei, also daß ich dein Gott bin und auch der deiner Nachkommen nach dir. Und will dir und den Deinen nach dir geben das Land, darin du ein Fremdling bist, das ganze Land Kanaan, zu ewigem Besitz, und will ihr Gott sein.«

(1. Mose 12, 1 bis 3; 1. Mose 15, 1 bis 6; 1. Mose 17, 1 bis 8)

Gottes Einkehr bei Abraham[8]

Der Herr erschien Abraham im Hain Mamre, als er an der Tür seiner Hütte saß und der Tag am heißesten war. Als er seine Augen aufhob, siehe, da standen drei Männer vor ihm. Sobald er sie erblickte, lief er ihnen entgegen von der Tür seiner Hütte, bückte sich nieder zur Erde und sprach: »Herr, habe ich Gnade gefunden vor deinen Augen, so gehe nicht an deinem Knecht vorüber. Man soll euch ein wenig Wasser bringen und eure Füße waschen; ruht euch unter dem Baum aus! Auch will ich euch einen Bissen Brot bringen, daß ihr euer Herz labet; darnach mögt ihr von hinnen ziehen. Denn darum seid ihr bei eurem Knecht eingekehrt.«

Sie sprachen: »Tue, wie du gesagt hast.« So eilte Abraham in die Hütte zu Sara und sprach: »Eile und menge drei Maß Semmelmehl, knete und backe Kuchen.« Er lief derweil zu den Rindern und holte

»Gehe aus deinem Vaterland,
in ein Land, das ich dir zeigen will.«
(1. Mose 12, 1)

ein zartes, gutes Kalb und gab's dem Knechte; der eilte und bereitete es zu. Dann trug er auf Butter und Milch, auch von dem Kalbe, das er zubereitet hatte, setzte es ihnen vor und blieb stehen vor ihnen unter dem Baum, und sie aßen.

Da sprachen sie zu ihm: »Wo ist deine Frau Sara?« Er antwortete: »Drinnen in der Hütte.« Da sprach er: »Ich will wieder zu dir kommen nach einem Jahr; siehe, dann soll Sara, deine Frau, einen Sohn haben.« Das hörte Sara hinter ihm, hinter der Tür der Hütte. Beide, Abraham und Sara, waren aber alt und wohl betagt, so daß es Sara nicht mehr ging nach der Frauen Weise. Deshalb lachte sie bei sich selbst und sprach: »Nun ich verblüht bin, soll ich noch an Liebe denken – und mein Gebieter ist auch alt?« Da sprach der Herr zu Abraham: »Warum lacht Sara und spricht: Meinst du, daß es wahr sei, daß ich noch gebären werde, wo ich doch alt bin? Sollte dem Herrn etwas unmöglich sein? Um diese Zeit will ich wieder zu dir kommen über ein Jahr, dann soll Sara einen Sohn haben.« Da leugnete Sara und sprach: »Ich habe nicht gelacht«, denn sie fürchtete sich. Er aber sprach: »Es ist nicht also; du hast gelacht.« (1. Mose 18, 1 bis 15)

Abrahams Fürbitte für Sodom[9]

Da brachen die Männer auf von dannen und wandten sich gen Sodom; und Abraham ging mit ihnen, um sie zu begleiten. Da sprach der Herr: »Wie könnte ich vor Abraham geheimhalten, was ich vorhabe zu tun?« Und der Herr sprach: »Es ist ein großes Geschrei über Sodom und Gomorra entstanden, und ihre Sünden sind (tatsächlich) sehr schwer. Darum will ich hinabfahren und sehen, ob sie alles getan haben, wie das Gerücht besagt, das vor mich gekommen ist, oder ob's nicht also sei. Ich muß es wissen.« Und die Männer wandten ihr Angesicht und gingen gen Sodom.

Abraham aber blieb stehen vor dem Herrn, trat zu ihm heran und sprach: »Willst du denn den Gerechten mit dem Gottlosen umbringen? Es möchten vielleicht fünfzig Gerechte in der Stadt sein; wolltest du die umbringen und dem Ort nicht vergeben um fünfzig Gerechter willen, die darin wären? Das sei ferne von dir, daß du das tust und tötest den Gerechten mit dem Gottlosen, daß der Gerechte wäre wie der Gottlose! Das sei ferne von dir! Du aller Welt Richter, wirst gerecht richten.« Der Herr erwiderte: »Finde ich fünfzig Gerechte zu Sodom in der Stadt, so will ich um ihrer willen dem ganzen Orte vergeben.« Abraham antwortete und sprach: »Ach siehe, ich habe mich unterwunden zu reden mit dem Herrn, wiewohl ich Erde und Asche bin. Es möchten vielleicht fünf weniger denn fünfzig Gerechte darin sein. Wolltest du denn die ganze Stadt verderben um der fünf willen?« Er sprach: »Finde ich darin fünfundvierzig, so will ich sie nicht verderben.« Abraham fuhr fort mit ihm zu reden: »Man möchte vielleicht vierzig darin finden.« Er aber sprach: »Ich will ihnen nichts tun um der vierzig willen.«

Darauf Abraham: »Zürne nicht, Herr, daß ich noch mehr rede. Man möchte vielleicht dreißig darin finden.« Er aber sprach: »Finde ich dreißig darin, so will ich ihnen nichts tun.« Abraham: »Ach, siehe, ich habe mich unterwunden, mit dem Herrn zu reden. Man möchte vielleicht zwanzig darin finden.« Der Herr erwiderte: »Ich will sie nicht verderben um der zwanzig willen.« – Abraham: »Ach, zürne nicht, Herr, daß ich nur noch einmal rede, man möchte vielleicht zehn darin finden.« Er aber sprach: »Ich will sie nicht verderben um der zehn willen.« Danach ging der Herr weg, als er so mit Abraham ausgeredet hatte. Abraham aber kehrte wieder um an seinen Ort. (1. Mose 18, 16 bis 17; 20 bis 33)

Der Untergang Sodoms

Die zwei Engel kamen gen Sodom des Abends; Lot aber (ein Neffe Abrahams) saß zu Sodom unter dem Tor. Als er sie sah, stand er auf, ging ihnen entgegen, bückte sich bis zur Erde und sprach: »Siehe, liebe Herren, kehret doch ein im Hause eures Knechtes und bleibet über Nacht! Lasset eure Füße waschen, brecht morgen in der Frühe wieder auf und ziehet dann eure Straße.« Doch sie sprachen: »Nein, sondern wir wollen über Nacht hier draußen bleiben.« Da nötigte er sie sehr, und sie kehrten zu ihm ein und kamen in sein Haus. Da machte er ihnen ein Mahl, buk ungesäuerte Kuchen, und sie aßen.

Lots Frau aber
drehte sich um und sah zurück.
Da ward sie zur Salzsäule.
(1. Mose 19, 26)

Doch ehe sie sich legten, kamen die Leute der Stadt Sodom und umgaben das Haus, jung und alt, das ganze Volk aus allen Enden. Sie riefen nach Lot und sprachen zu ihm: »Wo sind die Männer, die zu dir gekommen sind diese Nacht? Führe sie heraus zu uns, daß wir sie erkennen.«[10] Lot ging hinaus zu ihnen vor die Tür, schloß sie hinter sich zu und sprach: »Ach, liebe Brüder, tut nicht so übel!«

Die Männer (die beiden Engel) sprachen zu Lot: »Hast du hier noch einen Schwiegersohn, Söhne und Töchter, und wer dir sonst noch angehört in der Stadt? Dann führe sie weg von dieser Stätte. Denn wir werden diese Stätte verderben, weil das Klagegeschrei über sie laut geworden ist vor dem Herrn. Er hat uns gesandt, sie zu verderben.«

Da nun die Morgenröte aufging, trieben die Engel den Lot zur Eile und sprachen: »Mache dich auf, nimm deine Frau und deine zwei Töchter, die hier bei dir sind, daß du nicht auch umkommst in der Missetat dieser Stadt!« Da er aber zögerte, ergriffen die Männer ihn und seine Frau und seine zwei Töchter bei der Hand, weil der Herr ihn verschonen wollte. Sie führten ihn hinaus und ließen ihn draußen vor der Stadt wieder los. Als sie ihn so hinausgebracht hatten, sagte der eine: »Rette deine Seele und sieh dich nicht um; halte dich auch nicht auf in dieser ganzen Gegend! Ins Gebirge rette dich, damit du nicht umkommst!« Lot aber sprach zu ihnen: »Ach nein, Herr: Siehe, dein Knecht hat Gnade gefunden vor deinen Augen, du hast mir große Barmherzigkeit erwiesen, daß du mich am Leben erhieltest. Ich kann mich nicht ins Gebirge retten; es möchte mich sonst das Verderben ereilen, daß ich doch stürbe. Siehe, da ist eine Stadt in der Nähe, in die ich fliehen kann; sie ist nur klein; dahin will ich mich retten – gerade weil sie so klein ist –, damit ich am Leben bleibe.«

Da sprach er zu ihm: »Siehe, um deinetwillen soll die Stadt unzerstört bleiben, von der du geredet hast. Eile und rette dich dahin; denn ich kann nichts tun, bis daß du darinnen bist.« Daher ist diese Stadt Zoar genannt.

Als dann die Sonne aufgegangen war auf Erden und Lot in Zoar eingetroffen war, ließ der Herr Schwefel und Feuer regnen vom

Himmel herab auf Sodom und Gomorra und vernichtete die Städte und die ganze Gegend und alle Einwohner der Städte und was auf dem Lande gewachsen war. Lots Frau aber drehte sich um und sah zurück. Da ward sie zur Salzsäule.

Abraham aber machte sich des Morgens früh auf an den Ort, da er gestanden hatte vor dem Herrn, schaute aus nach Sodom und Gomorra und alles Land rings umher; und siehe, da stieg ein Rauch auf vom Lande wie ein Rauch vom Ofen. Als Gott so die Städte in der Gegend untergehen ließ, gedachte er an Abraham und geleitete Lot aus den so zerstörten Städten, da er gewohnt hatte.

(1. Mose 19, 1 bis 7; 12 bis 13; 15 bis 29)

Gott schenkt Abraham einen Sohn

Der Herr suchte Sara heim, wie er verheißen hatte, und tat an ihr nach seiner Zusage. So ward Sara schwanger und gebar Abraham in seinem Alter einen Sohn, gerade um die Zeit, von der ihm Gott geredet hatte. Abraham nannte seinen Sohn, den ihm Sara gebar, ›Isaak‹, und beschnitt ihn am achten Tage, wie ihm Gott geboten hatte. Hundert Jahre war Abraham alt, da ihm sein Sohn Isaak geboren ward. Und Sara sprach: »Gott hat mir ein Lachen zugerichtet; denn wer es hören wird, der wird über mich lachen.« Und sie sagte weiter: »Wer hätte wohl dem Abraham gesagt, daß Sara noch Kinder stille? Und doch habe ich ihm einen Sohn geboren in seinem Alter.«

(1. Mose 21, 1 bis 7)

Isaaks Opferung

Nach diesen Geschichten versuchte Gott Abraham und sprach zu ihm: »Abraham!« Und er antwortete: »Hier bin ich.« Gott sagte weiter: »Nimm Isaak, deinen einzigen Sohn, den du liebhast, und gehe hin in das Land Morija und opfere ihn daselbst zum Brandopfer auf einem Berge, den ich dir sagen werde.«

Da stand Abraham des Morgens früh auf, gürtete seinen Esel und nahm sich zwei Knechte und seinen Sohn Isaak. Dann spaltete er Holz zum Brandopfer, machte sich auf und ging hin an den Ort, den Gott ihm gesagt hatte. Am dritten Tage hob Abraham seine Augen auf und sah die Stätte von ferne und sprach zu seinen Knechten: »Bleibet ihr hier mit dem Esel! Ich und der Knabe wollen dorthin gehen. Und wenn wir angebetet haben, wollen wir wieder zu euch zurückkehren.«

Abraham nahm dann das Holz zum Brandopfer und legte es auf seinen Sohn Isaak. Er aber nahm das Feuer und das Messer in seine Hand. So gingen die beiden miteinander. Da sprach Isaak zu seinem Vater Abraham: »Mein Vater!« Abraham antwortete: »Hier bin ich, mein Sohn.« Isaak sagte weiter: »Siehe, hier ist Feuer und Holz; wo ist aber das Schaf zum Brandopfer?« – Abraham antwortete: »Mein Sohn, Gott wird sich ersehen ein Schaf zum Brandopfer.« Derweil gingen die beiden miteinander weiter.

Als sie dann an die Stätte kamen, von der Gott ihm gesagt hatte, baute Abraham daselbst einen Altar, legte Holz darauf, band seinen Sohn Isaak, legte ihn auf den Altar oben auf das Holz und reckte seine Hand aus und faßte das Messer, daß er seinen Sohn schlachtete. Da rief ihn der Engel des Herrn vom Himmel und sprach: »Abraham, Abraham!« Er antwortete: »Hier bin ich.« Er sprach: »Lege deine Hand nicht an den Knaben und tu ihm nichts; denn nun weiß ich, daß du Gott fürchtest und hast deines einzigen Sohnes nicht verschont um meinetwillen.«

Da hob Abraham seine Augen auf und sah einen Widder hinter sich in der Hecke mit seinen Hörnern hangen; und ging hin und nahm den Widder und opferte ihn zum Brandopfer an seines Sohnes Statt. Und Abraham hieß die Stätte: »Der-Herr-siehet.« Daher man noch heutigen Tages sagt: »Auf dem Berge, da der Herr siehet.«

Der Engel des Herrn rief Abraham vom Himmel her und sprach: »Ich habe bei mir selbst geschworen, spricht der Herr: Dieweil du solches getan und deines einzigen Sohnes nicht verschont hast, will ich deine Nachkommen segnen und mehren wie die Sterne am Himmel und wie den Sand am Ufer des Meeres. Sie sollen die Tore ihrer Feinde besitzen, und durch dein Geschlecht sollen alle Völker auf Erden gesegnet werden, darum daß du meiner Stimme gehorcht hast.«

Isaaks Opferung
(1. Mose 22)

Also kehrte Abraham wieder zurück zu seinen Knechten, und sie machten sich auf und zogen miteinander gen Beersheba; und er wohnte daselbst.[11] (1. Mose 22, 1 bis 19)

Von Abrahams Ende heißt es: Er verschied in gesegnetem Alter, hochbetagt und lebenssatt, und wurde zu seinen Vätern versammelt. (1. Mose 25, 8)

Jakob erschleicht sich das Recht des Erstgeborenen

Isaak hatte mit seiner Frau Rebekka zwei Söhne, die Zwillinge waren. Von ihrer Geburt wird erzählt: »Der erste, der herauskam, war rötlich, ganz rauh wie ein Fell; und sie nannten ihn Esau«, was so viel bedeutet wie der »Behaarte«. »Danach kam heraus sein Bruder, der hielt mit seiner Hand die Ferse des Esau; und hießen ihn Jakob.« Auch dieser Name hat seine Bedeutung: »Gott möge schützen.« Im Rückblick von den späteren Ereignissen her – von denen gleich die Rede ist –, hat man den Namen Jakob im Sinne des Volkswitzes verballhornt: Im Hebräischen klingt »Jakob« ähnlich wie das Wort »Ferse«, so daß man Jakob mit »der Fersenhalter« übersetzte und damit ironisch andeutete, dieser Jakob habe schon als Embryo seinen Bruder Esau fest- und zurückgehalten. Das wäre dann eine karikierende Anspielung auf das, was Jakob tatsächlich seinem Bruder später angetan hat. Dabei ging es um folgendes: Als legitimer Erbe galt im alten Israel der ältere Sohn (selbst wenn die Geburtszeit wie bei Zwillingen nur um wenige Minuten oder gar Sekunden differierte). Was Jakob nun anstellt, um sich selbst das Privileg des Erstgeburtsrechts zu verschaffen, ist alles andere als eine Heldentat; es ist ein schäbiger Betrug, von dem die biblische Erzählung schonungslos berichtet. Sie zeigt in den späteren Jakob-Geschichten, wie Gott selbst so ein »brüchiges Gefäß« – den Menschen mit seiner Sünde – in seinen Dienst stellt und Barmherzigkeit an ihm übt.

Es begab sich, als Isaak alt geworden war und seine Augen dunkel wurden, so daß er schlecht sah, rief er Esau, seinen älteren Sohn, und sprach zu ihm: »Mein Sohn!« Er aber antwortete ihm: »Hier bin ich.«

Und er sprach: »Siehe, ich bin alt geworden und weiß nicht, wann ich sterben soll. So nimm nun dein Gerät, Köcher und Bogen, geh aufs Feld, erjage mir ein Wildbret und mache mir ein Essen, wie ich's gern habe. Bring es mir dann herein, damit ich esse und dich dann segne, ehe ich sterbe.«

Rebekka erlauschte diese Worte, die Isaak zu seinem Sohn Esau sagte. Als Esau nun hinging aufs Feld, daß er ein Wildbret jagte und heimbrächte, sprach Rebekka zu Jakob, ihrem Sohn: »Siehe, ich habe deinen Vater reden hören mit Esau, deinem Bruder: ›Bringe mir ein Wildbret und mache mir ein Essen, daß ich esse und dich segne vor dem Herrn, ehe ich sterbe.‹ So höre nun, mein Sohn, auf mich und tu, was ich dich heiße: Gehe hin zu der Herde und hole mir zwei gute Böcklein, daß ich deinem Vater ein Essen davon mache, wie er's gerne hat. Das sollst du deinem Vater hinein tragen, daß er esse und dich dann segne vor seinem Tode.«

Jakob aber sprach zu seiner Mutter Rebekka: »Siehe, mein Bruder Esau ist rauh, ich aber glatt. So möchte mein Vater mich vielleicht betasten, und ich stände dann vor ihm da als einer, der ihn betrügen wollte. So brächte ich über mich einen Fluch und nicht einen Segen.« Da sagte seine Mutter ihm: »Der Fluch sei auf mir, mein Sohn; gehorche nur meinem Wort, geh und hole mir die Böcklein!«

Da ging er hin, holte und brachte sie seiner Mutter. Seine Mutter bereitete dann ein Essen, wie sein Vater es gern hatte. Sie nahm überdies Esaus, ihres älteren Sohnes, Feiertagskleider, die sie bei sich im Hause hatte, und zog sie Jakob an, ihrem jüngeren Sohn. Die Felle von den Böcklein aber tat sie ihm um seine Hände, und wo er glatt war am Halse. So gab sie das Essen mit Brot, wie sie es gemacht hatte, in die Hand ihres Sohnes Jakob.

Er ging dann hinein zu seinem Vater und sprach: »Mein Vater!« Er antwortete: »Hier bin ich. Wer bist du, mein Sohn?« Jakob erwiderte: »Ich bin Esau, dein erstgeborener Sohn; ich habe getan, wie du mir gesagt hast. Steh nun auf, setze dich, und iß von meinem Wildbret, auf daß du mich segnest.« Isaak aber sprach zu seinem Sohn: »Mein Sohn, wie hast du es so bald gefunden?« Er antwortete: »Der Herr, dein Gott, bescherte mir's.« Da sprach Isaak zu Jakob:

»Tritt herzu, mein Sohn, daß ich dich betaste, ob du mein Sohn Esau seist oder nicht.«

So trat Jakob zu seinem Vater Isaak. Und da er ihn betastet hatte, sprach er: »Die Stimme ist Jakobs Stimme, aber die Hände sind Esaus Hände.« Und er kannte ihn nicht, denn seine Hände waren rauh wie Esaus, seines Bruders, Hände. Und er segnete ihn und sprach zu ihm: »Bist du wirklich mein Sohn Esau?« Er antwortete: »Ja, ich bin's.« Da sprach er: »So bringe mir her, mein Sohn, zu essen von deinem Wildbret, daß ich dich dann segne.«

Da brachte er's ihm, und er aß. Er trug ihm auch Wein hinein, und er trank. Hierauf sprach Isaak, sein Vater, zu ihm: »Komm her und küsse mich, mein Sohn!« Und er trat hinzu und küßte ihn. Da roch er den Geruch seiner Kleider und segnete ihn und sprach: »Siehe, der Geruch meines Sohnes ist wie der Geruch des Feldes, das der Herr gesegnet hat. Gott gebe dir vom Tau des Himmels und von der Fettigkeit der Erde und Korn und Wein die Fülle. Völker sollen dir dienen und Stämme sich vor dir beugen. Sei ein Herr über deine Brüder, und deiner Mutter Kinder sollen dir zu Füßen fallen. Verflucht sei, wer dir flucht; gesegnet sei, wer dich segnet!«

Als nun Isaak vollendet hatte den Segen über Jakob, und Jakob kaum hinausgegangen war von seinem Vater Isaak, da kam Esau, sein Bruder, von seiner Jagd und machte auch ein Essen, trug's hinein zu seinem Vater und sprach zu ihm: »Steh auf, mein Vater, und iß von meinem Wildbret, damit du mich segnest!« Da antwortete ihm Isaak, sein Vater: »Wer bist du?« Er sprach: »Ich bin Esau, dein erstgeborener Sohn.« Da entsetzte sich Isaak über die Maßen sehr und sprach: »Wer ist denn der Jäger, der mir gebracht hat, und ich habe von allem gegessen, ehe du kamst, und ich habe ihn gesegnet? Er wird auch gesegnet bleiben.«

Als Esau diese Worte seines Vaters hörte, schrie er laut und ward über die Maßen sehr betrübt und sprach zu seinem Vater: »Segne mich auch, mein Vater!« Er aber sprach: »Dein Bruder ist gekommen mit List und hat deinen Segen hinweg.« Darauf Esau: »Er heißt zu Recht Jakob (das heißt ›überlisten‹), denn er hat mich nun zweimal überlistet. Meine Erstgeburt hat er genommen, und siehe, nun nimmt er auch meinen Segen.« Und weiter sagte er: »Hast du mir denn keinen Segen vorbehalten?« Isaak antwortete und sprach zu ihm: »Ich habe ihn zum Herrn über dich gesetzt, und alle seine Brüder habe ich ihm zu Knechten gemacht, mit Korn und Wein habe ich ihn versehen; was soll ich nun dir noch tun, mein Sohn?« Esau sprach zu seinem Vater: »Hast du denn nur einen Segen, mein Vater? Segne mich auch, mein Vater!« und erhob seine Stimme und weinte. Da antwortete Isaak, sein Vater, und sprach zu ihm: »Siehe, du wirst eine Wohnung haben ohne die Fettigkeit der Erde und ohne Tau des Himmels von oben her. Von deinem Schwerte wirst du dich nähren und deinem Bruder dienen. Doch wird es geschehen, daß du einst sein Joch von deinem Halse reißen wirst.«

Esau war Jakob gram um des Segens willen, mit dem ihn sein Vater gesegnet hatte, und sprach in seinem Herzen: »Es wird die Zeit bald kommen, da man um meinen Vater Leid tragen muß; dann will ich meinen Bruder Jakob erwürgen.« Da wurden Rebekka angesagt diese Worte ihres älteren Sohnes Esau, und sie schickte hin und ließ Jakob, ihren jüngeren Sohn, rufen. Sie sagte zu ihm: »Siehe, dein Bruder Esau droht dir, daß er dich erwürgen will. So höre auf mich, mein Sohn: Mache dich auf und fliehe zu meinem Bruder Laban gen Haran und bleibe eine Weile bei ihm, bis sich der Grimm deines Bruders legt, bis sich sein Zorn wider dich von dir wendet und er vergessen hat, was du ihm getan hast. Dann will ich (dir Botschaft) schicken und dich von dort zurückholen lassen. Warum sollte ich euer beider beraubt werden auf einen Tag?« (1. Mose 27, 1 bis 45)

Rebekka verfolgt mit ihrem Rat noch eine Nebenabsicht, die sie dann auch ihrem Manne Isaak suggeriert: Sie möchte nicht, daß ihr Sohn Jakob – wie Esau das getan hat – eine Kanaanäerin heiratet und so die Glaubensgemeinschaft Israels mit fremden Elementen durchsetzt. Er soll seine Frau lieber aus dem Kreis seiner Verwandten holen und deshalb die Familie seines Onkels Laban in Haran aufsuchen.

Eine tröstliche Vision des verzagten Jakob

Jakob zog nun aus von Beersheba, reiste gen Haran und kam an einen Ort. Da blieb er über Nacht; denn die Sonne war untergegangen. Und er nahm einen Stein des Orts, wälzte ihn zu seinen Häupten und legte sich an dem Ort schlafen. Da träumte ihm, und siehe, eine Leiter stand auf der Erde, die rührte mit der Spitze an den Himmel, und siehe, die Engel Gottes stiegen daran auf und nieder. Der Herr aber stand oben darauf und sprach: »Ich bin der Herr, der Gott deines Vaters Abraham und Isaaks Gott. Das Land, darauf du liegst, will ich dir und deinen Nachkommen geben. Und dein Same soll werden wie der Staub auf Erden, und du sollst ausgebreitet werden gegen Abend, Morgen, Mitternacht und Mittag. Durch dich und dein Geschlecht sollen alle Geschlechter auf Erden gesegnet werden. Siehe, ich bin mit dir und will dich behüten, wo immer du hinziehst, und will dich wieder herbringen in dieses Land. Denn ich will dich nicht lassen, bis ich tue alles, was ich dir gesagt habe.«

Da nun Jakob erwachte, sprach er: »Gewiß ist der Herr an diesem Ort, ich aber wußte es nicht.« Und fürchtete sich und sprach: »Wie heilig ist diese Stätte! Hier ist nichts anderes denn Gottes Haus, hier ist die Pforte des Himmels.« Und Jakob stand des Morgens früh auf, nahm den Stein, den er zu seinen Häupten gelegt hatte, und richtete ihn auf als Gedenkstein, goß Öl oben darauf und hieß die Stätte Beth-El. Und Jakob tat ein Gelübde und sprach: »Wenn Gott mich behüten wird auf dem Wege, den ich reise, und mir Brot zu essen gibt und Kleider anzuziehen und mich mit Frieden wieder heim zu meinem Vater bringt, so soll der Herr mein Gott sein. Und dieser Stein, den ich aufgerichtet habe zu einem Mal, soll ein Gotteshaus werden. Und von allem, was du mir gibst, will ich dir den Zehnten geben.«

(1. Mose 28, 10 bis 22)

Jakobs Werbung und Enttäuschung

Danach brach Jakob auf und ging in das Land, das gegen Morgen liegt, und sah sich um: Siehe, da war ein Brunnen auf dem Felde, und

Jakob träumt von der
Leiter, die bis in den Himmel reicht.
(1. Mose 28)

siehe, drei Herden Schafe lagen dabei. Denn von dem Brunnen pflegte man die Herden zu tränken, und ein großer Stein lag vor dem Loch des Brunnens. Daselbst versammelte man alle Herden und wälzte sodann den Stein von dem Brunnenloch, um die Schafe zu tränken. Nachher wälzte man den Stein wieder vor das Loch an seine Stelle.

Da sagte Jakob zu ihnen: »Liebe Brüder, wo seid ihr her?« Sie antworteten: »Wir sind von Haran.« Er sprach zu ihnen: »Kennt ihr auch Laban, den Sohn Nahors?« Sie erwiderten: »Wir kennen ihn wohl.« Er sprach: »Geht es ihm wohl?« Sie antworteten: »Es geht ihm gut – siehe, da kommt gerade seine Tochter Rahel mit den Schafen.« Darauf Jakob: »Es ist noch hoher Tag und noch nicht soweit, das Vieh einzutreiben; tränkt doch die Schafe und laßt sie dann weiterweiden.« Sie antworteten: »Wir können das nicht, bis alle Herden zusammengetrieben sind. Dann erst wälzen wir den Stein von des Brunnen Loch und tränken die Schafe.«

Als er so noch mit ihnen redete, kam Rahel mit den Schafen ihres Vaters, die sie hütete. Als Jakob Rahel sah, die Tochter Labans, des Bruders seiner Mutter, und die Schafe Labans, trat er hinzu, wälzte den Stein von dem Loch des Brunnens und tränkte die Schafe Labans... Dann küßte er Rahel, weinte laut und sagte ihr an, daß er ihres Vaters Bruder wäre und Rebekkas Sohn. Da lief sie und sagte es ihrem Vater an. Als aber Laban hörte von Jakob, seiner Schwester Sohn, lief er ihm entgegen, herzte und küßte ihn und führte ihn in sein Haus. Da erzählte er Laban alles, was geschehen war. –

Da sprach Laban zu ihm: »Wahrhaftig, du bist von meinem Fleisch und Blut.«

Da er nun einen Monat lang bei ihm gewesen war, sprach Laban zu Jakob: »Auch wenn du mein Neffe bist, solltest du mir deshalb umsonst dienen? Sage an, was soll dein Lohn sein?« Nun hatte Laban zwei Töchter; die ältere hieß Lea, und die jüngere Rahel. Leas Augen waren matt und trüb; Rahel aber war schön von Gestalt und Angesicht. Und Jakob gewann die Rahel lieb und sprach: »Ich will dir sieben Jahre um Rahel, deine jüngere Tochter, dienen.« Laban antwortete: »Es ist besser, ich gebe sie dir als einem anderen; bleibe also bei mir.« – So diente Jakob um Rahel sieben Jahre, und sie deuchten ihn, als wären's einzelne Tage, so lieb hatte er sie.

Danach wendete sich Jakob an Laban: »Gib sie mir nun zur Frau, denn die Zeit ist gekommen, daß ich zu ihr gehe.« – Da lud Laban alle Leute des Ortes ein und machte ein Hochzeitsmahl. Am Abend aber nahm er seine Tochter Lea und brachte sie zu ihm; und er ging zu ihr. Laban gab seiner Tochter Lea seine Magd Silpa zur Leibmagd.

Des Morgens aber, siehe, da war es Lea! Da sagte Jakob zu Laban: »Warum hast du mir das getan? Habe ich dir nicht um Rahel gedient? Warum hast du mich denn betrogen?« – Laban antwortete: »Es ist nicht Sitte in unserem Lande, daß man die jüngere hergebe vor der älteren. Halte mit dieser die Brautwoche durch, so will ich dir die andere auch geben für den Dienst, den du bei mir noch weitere sieben Jahre tun sollst.« – Das tat dann Jakob auch und hielt die Brautwoche durch. Da gab ihm Laban seine Tochter Rahel zur Frau. Als Leibmagd gab er seiner Tochter Rahel die Magd Bilha. So ging Jakob auch zu Rahel ein und hatte sie lieber als Lea. Er diente dann bei Laban noch weitere sieben Jahre. (1. Mose 29, 1 bis 30)

Lea gebiert dem Jakob, um dessen Liebe sie als Benachteiligte immer wieder kämpft, sechs Söhne. Rahel aber, die wirklich geliebte, ist kinderlos und unfruchtbar. So wird sie auf ihre häßliche, aber mit Kindersegen bedachte Schwester eifersüchtig. Sie verfällt auf den verzweifelten, zu dieser Zeit aber nicht unüblichen Ausweg, ihren Mann zu veranlassen, mit ihrer Leibmagd ein Kind zu zeugen, um es dann als eigenes zu »adoptieren«. Schließlich erhört Gott jedoch die Gebete der Rahel, er »gedenkt« ihrer und schenkt ihr einen eigenen Sohn: Joseph. Rahel ist voller Dankbarkeit, daß die »Schmach« der Kinderlosigkeit so von ihr genommen ist.
Unterdessen ist Jakob – nicht zuletzt mit Hilfe seiner Schlauheit, sicher aber auch durch harte Arbeit – während zwanzig entsagungsreicher Dienstjahre (1. Mose 31, 31) zu großem Reichtum gekommen. Dabei hat er auch die oft ausbeuterischen Anschläge Labans geduldig ertragen (1. Mose 31, 7) und sogar dessen eigenen Besitz erheblich vergrößert (1. Mose 30, 30).

Eines Tages empfängt er nun die Anweisung Gottes, wieder in seiner Väter Land, in seine Heimat zurückzukehren. Der Befehl Gottes kommt seinen eigenen Wünschen entgegen; denn er hat das Gefühl, daß Laban ihm nicht mehr wohl will und ihn das deutlich merken läßt (1. Mose 31, 2). So fragt er denn Lea und Rahel, ob sie bereit seien, mit ihm in seine Heimat zu ziehen, wenn er der Aufforderung Gottes gehorche. Beide erklären sich sofort dazu bereit. Das ist nicht selbstverständlich, weil die Töchter, losgelöst aus ihrem Sippenverband, in der Fremde jedes Rechtsschutzes entbehren.
Während der Schafschur im Frühjahr, als Laban alle Hände voll zu tun hatte, sieht Jakob eine Chance, um sich unbemerkt davonzustehlen. Bei dem überstürzten Aufbruch stiehlt Rahel ihrem Vater noch seinen »Hausgötzen«: ein (vermeintliches) Herzstück ihres Vaterhauses, das ihr offenbar Glück bringen soll und als eine Art Talisman dient. Im folgenden wird auf eine burleske Weise, die sicher mit einem Lächeln der Leser rechnet, erzählt, wie Laban seinen Hausgötzen verzweifelt sucht und Rahel ihn geistesgegenwärtig zu verbergen weiß. Dabei ist deutlich zu spüren, wie die biblische Erzählung sich über jenes heidnische Relikt lustig macht.
Als Laban schließlich die Flucht Jakobs und seiner Töchter bemerkt, nimmt er mit überlegenen Kräften die Verfolgung auf. (1. Mose 30, 25 bis 1. Mose 31, 21)

Versöhnung mit Laban

Am dritten Tag ward Laban angesagt, daß Jakob geflohen wäre. Da nahm er seine Brüder zu sich und jagte ihm nach, sieben Tagesreisen weit, und erreichte ihn auf dem Gebirge Gilead. Nachts im Traum kam Gott zu Laban, dem Aramäer, und sprach zu ihm: »Hüte dich, daß du mit Jakob nicht anders redest als freundlich!« Laban holte dann Jakob ein.

Dieser aber hatte sein Zelt aufgeschlagen auf dem Berge. Laban mit seinen Brüdern schlug ebenfalls sein Zelt auf dem Berge Gilead auf. Da sprach Laban zu Jakob: »Was hast du getan, daß du mich getäuscht hast und hast meine Töchter entführt, geradezu wie Kriegsgefangene? Warum bist du heimlich geflohen und hast dich weggestohlen und hast mir's nicht angesagt, daß ich dich geleitet hätte mit

Jakob hütet die Schafe
seines Schwiegervaters Laban.
(1. Mose 29)

Freuden, mit Liedern, mit Pauken und Harfen? Und hast mich nicht einmal meine Kinder und Töchter küssen lassen? Nun, du hast töricht gehandelt! Ich hätte wohl soviel Macht, daß ich euch Schlimmes könnte antun. Doch eures Vaters Gott hat gestern zu mir gesagt: ›Hüte dich, daß du mit Jakob nicht anders als freundlich redest!‹ Und wenn du weggezogen bist und sehntest dich so sehr nach deines Vaters Hause, warum hast du mir dann aber meinen Hausgott gestohlen?«

Jakob antwortete und sprach zu Laban: »Ich fürchtete mich und dachte, du würdest deine Töchter von mir reißen. Bei welchem aber du deinen Hausgott findest, der soll sterben! Hier vor unsern Brüdern, suche das Deine bei mir und nimm's hin.« Jakob wußte aber nicht, daß Rahel das Bildnis gestohlen hatte.

So ging Laban in die Zelte Jakobs und Leas und der beiden Mägde und fand nichts. Dann ging er aus dem Zelte Leas in das von Rahel. Da ergriff Rahel den Hausgott, legte ihn unter den Kamelsattel und setzte sich darauf. Laban aber betastete das ganze Zelt und fand nichts. Da sprach sie zu ihrem Vater: »Mein Herr, zürne nicht, ich kann nicht aufstehen vor dir, denn es geht mir nach der Frauen Weise.« Also fand er den Hausgott nicht, wie sehr er auch nach ihm suchte. Da wurde Jakob zornig, schalt Laban und sprach zu ihm: »Was habe ich verbrochen oder gesündigt, daß du so auf mich erhitzt bist? Du hast all meinen Hausrat durchsucht. Und was hast du von dem Deinen dabei gefunden? Lege das her vor meinen und deinen Brüdern, daß sie zwischen uns beiden richten! Diese zwanzig Jahre bin ich bei dir gewesen, deine Schafe und Ziegen sind nicht unfruchtbar gewesen; die Widder deiner Herde habe ich nie gegessen; was die wilden Tiere zerrissen, brachte ich dir nicht, ich mußte es ersetzen. Du fordertest es ja von meiner Hand, es mochte mir des Tages oder des Nachts gestohlen sein. Des Tages verschmachtete ich vor Hitze und des Nachts vor Frost, kein Schlaf kam in meine Augen. So habe ich diese zwanzig Jahre in deinem Hause gedient, vierzehn um deine Töchter und sechs um deine Herde, und du hast mir meinen Lohn zehnmal abgeändert. Wo nicht der Gott meines Vaters, der Gott Abrahams, den auch Isaak fürchtete, mir beigestanden hätte, du würdest mich leer haben lassen ziehen. Aber Gott hat mein Elend und meine Mühe angesehen und in der letzten Nacht sein Urteil gesprochen.«

Laban antwortete und sprach zu Jakob: »Die Töchter sind meine Töchter, und die Kinder sind meine Kinder, und die Herden sind meine Herden, und alles, was du siehst, ist mein. Was kann ich heute noch für meine Töchter oder ihre Kinder tun, die sie geboren haben: So komm nun und laß uns einen Bund machen, ich und du, der ein Zeugnis sei zwischen mir und dir.«

Da nahm Jakob einen Stein und richtete ihn auf zu einem Steinmal und sprach zu seinen Brüdern: »Sucht Steine zusammen!« Und sie nahmen Steine, machten einen Haufen davon und aßen auf dem Steinhaufen. (1. Mose 31, 22 bis 46)

Ein geheimnisvolles Erlebnis: Jakobs Kampf[12]

Jakob stand auf in der Nacht und nahm seine beiden Frauen, die zwei Mägde und seine elf Kinder und zog an die Furt des Jabbok, nahm sie und führte sie über das Wasser, so daß hinübergelangte, was er hatte. Er blieb allein zurück. Da rang ein Mann mit ihm, bis die Morgenröte anbrach.

Als der sah, daß er ihn nicht übermochte, schlug er ihn auf das Gelenk seiner Hüfte; und das Gelenk der Hüfte Jakobs ward über dem Ringen mit ihm verrenkt. Und der andere sprach: »Laß mich los, denn die Morgenröte bricht an.« Jakob antwortete: »Ich lasse dich nicht, du segnest mich denn!« Da fragte ihn der andere: »Wie heißest du?« Er antwortete: »Jakob.« Er sprach: »Du sollst nicht mehr Jakob heißen, sondern Israel; denn du hast mit Gott und mit Menschen gekämpft und bist obgelegen.« Da fragte Jakob ihn und sprach: »Sage doch, wie heißest du?« Er aber sprach: »Warum fragst du, wie ich heiße?« Und er segnete ihn daselbst. Jakob hieß diese Stätte Pniel (das heißt »Angesicht Gottes«); denn, so sagte er, ich habe Gott von Angesicht gesehen und bin dennoch am Leben geblieben. Und als er an Pniel vorüberkam, ging die Sonne auf, und er hinkte an seiner Hüfte. (1. Mose 32, 22 bis 32)

Jakob ringt mit dem Engel.

(1. Mose 32)

Jakobs Angst vor Esau und die Versöhnung mit seinem Bruder

Jakob betete: »Gott meines Vaters Abraham und Gott meines Vaters Isaak, Herr, der du zu mir gesagt hast: ›Zieh wieder in dein Land und zu deiner Freundschaft, ich will dir wohltun!‹, ich bin zu gering aller Barmherzigkeit und aller Treue, die du an deinem Knechte getan hast. Ich hatte ja nicht mehr als diesen Stab, als ich hier über den Jordan ging, und jetzt bin ich ein Herr von zwei Lagern geworden. Errette mich nun von der Hand meines Bruders, von der Hand Esaus. Denn ich fürchte mich vor ihm, daß er komme und schlage mich und die Mütter samt den Kindern. Du hast gesagt: ›Ich will dir wohltun und deine Nachkommen zahlreich machen wie den Sand am Meer, den man nicht zählen kann vor der Menge.‹«

(1. Mose 32, 10 bis 13)

Daß Jakob sich vor dem Augenblick fürchtet, in dem er seinem Bruder Esau wiederbegegnen wird, ist nach allem, was er ihm mit seinem Schwindel angetan hat, nur zu verständlich. So sucht er schon vorweg für »gut Wetter« zu sorgen und ihn durch versöhnende Gesten milde zu stimmen: Er schickt einige seiner Leute voraus, die Esau ein reiches Sortiment aus Jakobs Herden als Morgengabe anbieten sollen. (1. Mose 32, 14 bis 21)

Die Wiederbegegnung der Brüder

Jakob hob seine Augen auf und sah seinen Bruder Esau kommen mit vierhundert Mann. Da verteilte er seine Kinder auf Lea und Rahel und die beiden Leibmägde. Er stellte dann die Mägde mit ihren Kindern vorne an, Lea mit ihren Kindern dahinter und Rahel mit Joseph zuletzt. Er selbst ging vor ihnen her und neigte sich siebenmal auf die Erde, bis er zu seinem Bruder kam. Esau aber lief ihm entgegen und herzte ihn und fiel ihm um den Hals und küßte ihn; und sie weinten. Als Esau dann aufblickte und die Frauen mit ihren Kindern sah, sagte er: »Wer sind diese da bei dir?« Er antwortete: »Es sind Kinder, die Gott deinem Knechte beschert hat.« Da traten die Mägde herzu mit ihren Kindern und neigten sich vor ihm. Lea trat auch herzu mit ihren Kindern und sie neigten sich vor ihm. Danach traten Joseph und Rahel herzu und sie neigten sich gleichfalls vor ihm. Da fragte Esau: »Was soll denn der ganze Zug mit den Herden, dem ich begegnet bin?« Er antwortete: »Daß ich Gnade fände vor meinem Herrn.« Esau aber sagte: »Ich habe genug, mein Bruder; behalte, was du hast.« Jakob entgegnete: »Ach nein! Habe ich Gnade gefunden vor dir, so nimm mein Geschenk von meiner Hand; denn ich sah dein Angesicht, als sähe ich in Gottes Angesicht, so freundlich hast du mich angesehen. Nimm doch meinen Willkomm von mir an, den ich dir zugebracht habe; denn Gott hat mich damit gesegnet, und ich habe von allem genug.«

Also nötigte er ihn, daß er's nahm. Hierauf sagte Esau: »Laß uns nun aufbrechen und fortziehen, ich will mit dir gehen.« Er aber sprach zu ihm: »Mein Herr, du siehst, daß ich zarte Kinder bei mir habe, dazu säugende Schafe und Kühe; wenn sie einen Tag übertrieben würden, müßte mir die ganze Herde sterben. Mein Herr ziehe vor seinem Knechte her. Ich will gemächlich hintennach treiben, wie eben das Vieh und die Kinder vorankommen, bis daß ich zu meinem Herrn nach Seir gelange.« Esau sprach: »So will ich wenigstens einige von meinen Leuten bei dir lassen.« Jakob erwiderte: »Ist das vonnöten? Laß mich nur Gnade vor meinem Herrn finden!«

Also zog des Tages Esau wiederum seines Weges gen Seir. Danach zog Jakob wohlbehalten in die Stadt Sichem, kaufte ein Stück Acker und errichtete einen Altar, dem er den Namen gab: »Der starke Gott Israels.« (1. Mose 33, 1 bis 16. 18a. 20)

JOSEPH UND SEINE BRÜDER[13]

Josephs Träume ärgern seine Brüder

Joseph war siebzehn Jahre alt und ein Hirte des Viehs mit seinen Brüdern ... Er pflegte seinem Vater zu hinterbringen, was an Klatsch über sie umging. Israel aber hatte Joseph lieber als alle seine Kinder, weil er der Sohn seines Alters war, und machte ihm einen bunten Rock.

Als seine Brüder sahen, daß ihn ihr Vater lieber hatte denn alle seine Brüder, waren sie ihm feind und konnten ihm kein freundlich Wort sagen. Dazu kam, daß Joseph einmal einen Traum hatte und ihn seinen Brüdern erzählte; danach wurden sie ihm noch mehr feind. Denn er sagte zu ihnen: »Höret doch, was mir geträumt hat: Mich deuchte, wir banden Garben auf dem Felde, und meine Garbe richtete sich auf und stand; eure Garben aber ringsum neigten sich vor meiner Garbe.« Da sprachen seine Brüder zu ihm: »Solltest du unser König werden und über uns herrschen?« Und wurden ihm noch mehr gram um seines Traumes und seiner Rede willen. – Er hatte noch einen anderen Traum, auch den erzählte er seinen Brüdern: »Mich deuchte, die Sonne und der Mond und elf Sterne neigten sich vor mir.« Als er das seinem Vater und seinen Brüder erzählten, strafte ihn sein Vater und sprach zu ihm: »Was ist das für ein Traum, der dir geträumt hat? Sollten etwa ich und deine Mutter und deine Brüder kommen und vor dir niederfallen?« Und seine Brüder wurden neidisch auf ihn. Sein Vater aber behielt diese Worte.

(1. Mose 37, 2 bis 11)

Josephs Brüder verkaufen ihn nach Ägypten

Als nun seine Brüder hingingen, zu weiden das Vieh ihres Vaters in Sichem, sprach Israel zu Joseph: »Hüten nicht deine Brüder das Vieh in Sichem? Komm, ich will dich zu ihnen senden.« Er aber sprach: »Hier bin ich.«

Als sie ihn nun sahen von ferne, noch ehe er näher zu ihnen herankam, machten sie einen Anschlag, daß sie ihn töteten, und sprachen untereinander: »Seht, der Träumer kommt daher! Kommt nun und laßt uns ihn erwürgen, in eine Grube werfen und sagen: ›Ein böses Tier hat ihn gefressen‹, so wird man sehen, was seine Träume sind.« Als Ruben das hörte, wollte er ihn aus ihren Händen erretten und sprach: »Laßt uns ihn nicht töten!« Und weiter sprach Ruben zu ihnen: »Vergießt kein Blut, sondern werft ihn in die Grube hier in der Wüste, legt aber nicht Hand an ihn!« Er wollte ihn nämlich aus ihrer Hand erretten und ihn seinem Vater wiederbringen.

Als nun Joseph zu seinen Brüdern kam, zogen sie ihm seinen Rock – den bunten Rock! – aus, den er anhatte, ergriffen ihn und warfen ihn in die Grube. Die Grube aber war leer und kein Wasser darin. Dann setzten sie sich nieder, zu essen.

Da sie nun ihre Augen aufhoben, sahen sie eine Karawane Ismaeliter kommen von Gilead her mit ihren Kamelen. Die trugen Würze, Balsam und Myrrhe und zogen hinab nach Ägypten. Da sprach Juda zu seinen Brüdern: »Was hilft's uns, daß wir unsern Bruder umbringen und sein Blut verbergen? Kommt, laßt uns ihn den Ismaelitern verkaufen, damit sich unsre Hände nicht an ihm vergreifen. Er ist doch unser Bruder, unser Fleisch und Blut.« Und sie gehorchten ihm. – Als nun die Midianiter, die Kaufleute, vorbeizogen, holten sie ihn heraus aus der Grube und verkauften ihn den Ismaelitern um zwanzig Silberlinge. Die brachten ihn dann nach Ägypten.

Als nun Ruben wieder zur Grube kam und Joseph nicht darin fand, zerriß er sein Kleid und kam wieder zu seinen Brüdern und sprach: »Der Knabe ist nicht da! Wo soll ich hin?« Da nahmen sie Josephs Rock, schlachteten einen Ziegenbock, tauchten den Rock ins Blut und schickten den bunten Rock hin und ließen ihn ihrem Vater bringen und sagen: »Diesen haben wir gefunden; sieh, ob's deines Sohnes Rock sei oder nicht.« Der aber erkannte ihn und sprach: »Es ist meines Sohnes Rock; ein böses Tier hat ihn gefressen, ein reißendes Tier hat Joseph zerrissen.« Und Jakob zerriß seine Kleider, legte einen Sack um seine Lenden und trug Leid um seinen Sohn lange Zeit. Alle seine Söhne und Töchter traten herzu, ihn zu trösten. Doch er wollte sich nicht trösten lassen und sprach: »Ich werde mit Leid hinunterfahren in die Grube zu meinem Sohn.« Und sein Vater beweinte ihn. Die Midianiter aber verkauften ihn in Ägypten dem Potiphar, des Pharao Kämmerer und Obersten der Leibwache.

(1. Mose 37, 12 bis 13; 18 bis 36)

Joseph im Hause des Potiphar

So wurde Joseph hinab nach Ägypten geführt; und Potiphar, ein ägyptischer Mann, des Pharao Kämmerer und oberster Leibwäch-

Joseph wird von seinen
Brüdern nach Ägypten verkauft.
(1. Mose 37)

ter, kaufte ihn von den Ismaelitern, die ihn hergebracht hatten ... Potiphar sah, daß der Herr mit ihm war; denn alles, was er tat, ließ er ihm glücken, so daß er Gnade fand vor seinem Herrn und sein Diener wurde. Er setzte ihn über sein Haus; alles, was er hatte, tat er unter seine Hände. Von der Zeit an, da er ihn über sein Haus und alle seine Güter gesetzt hatte, segnete der Herr des Ägypters Haus um Josephs willen und war eitel Segen des Herrn in allem, was er hatte, zu Hause und auf dem Felde. Darum gab er alles, was er hatte, in Josephs Hände, und kümmerte sich, solange er ihn hatte, um nichts außer um sein Essen und Trinken.

Joseph war schön an Gestalt und hübsch von Angesicht. Es begab sich nun danach, daß seines Herrn Frau ihre Augen auf ihn warf und sprach: »Schlafe mit mir!« Er weigerte sich aber und erwiderte ihr: »Siehe, weil mein Herr mich hat, kümmert er sich um nichts im Hause. Alles, was er hat, das hat er unter meine Hände getan und hat nichts so Großes in dem Hause, das er vor mir vorbehalten hätte außer dir, der du seine Frau bist. Wie sollte ich nun ein so großes Übel tun und wider Gott sündigen?« Mit solchen Worten bedrängte sie Joseph täglich. Er aber willfahrte ihr nicht, daß er bei ihr schliefe und um sie wäre.

Es begab sich nun eines Tages, daß Joseph in das Haus zu seiner Arbeit ging, und kein Mensch vom Gesinde des Hauses war dabei. Da erwischte sie ihn an seinem Kleid und sprach: »Schlafe mit mir!« Er aber ließ das Kleid in ihrer Hand und floh und lief zum Hause hinaus. Da sie nun sah, daß er sein Kleid in ihrer Hand ließ und hinaus entfloh, rief sie das Gesinde im Hause und sagte zu ihnen: »Sehet, er hat uns den hebräischen Mann angeschleppt, daß er seinen Mutwillen mit uns treibe. Er kam zu mir herein und wollte bei mir schlafen; ich aber erhob ein lautes Geschrei. Als er hörte, daß ich so schrie und rief, ließ er sein Kleid bei mir und floh und lief hinaus.« Sie legte sein Kleid neben sich, bis sein Herr heim kam, und sagte zu ihm ebendieselben Worte. (1. Mose 39, 1 bis 17a)

Joseph und die Frau des Potiphar
(1. Mose 39)

Joseph bewährt sich im Gefängnis

Als sein Herr die Worte seiner Frau hörte und als sie ihm sagte: »So hat dein Knecht es mit mir gemacht«, ward er sehr zornig. Da nahm ihn sein Herr und warf ihn ins Gefängnis, in dem die Gefangenen des Königs lagen. So war er denn allda im Gefängnis. Der Herr aber war mit ihm, neigte seine Huld zu ihm und ließ ihn Gnade finden vor dem Amtmann des Gefängnisses, so daß er alle Gefangenen im Gefängnis unter seine Hand gab, und alles, was geschah, durch ihn geschehen ließ. Der Amtmann, der über das Gefängnis gesetzt war, kümmerte sich selbst um nichts. Denn der Herr war mit Joseph, und was er tat, dazu gab der Herr Glück. (1. Mose 39, 19 bis 23)

Joseph deutet die Träume der Mitgefangenen

Es begab sich danach, daß sich der Schenke des Königs in Ägypten und der Bäcker versündigten an ihrem Herrn, dem König von Ägypten. Und der Pharao ward zornig über seine beiden Kämmerer, über den Obersten der Schenken und den Obersten der Bäcker, und ließ sie setzen in des Hauptmanns Haus, in das Gefängnis, wo Joseph gefangen lag. Und der Hauptmann gesellte ihnen Joseph zu, damit er ihnen diente. Während sie so etliche Tage im Gefängnis saßen, träumte ihnen beiden, dem Schenken und dem Bäcker des Königs von Ägypten, in einer Nacht je ein eigener Traum – und eines jeden Traum hatte seine Bedeutung.

Als nun des Morgens Joseph zu ihnen hineinkam und sah, daß sie traurig waren, fragte er sie und sprach: »Warum seid ihr heute so traurig?« Sie antworteten: »Es hat uns geträumt, und wir haben niemand, der es uns auslege.« Joseph sprach: »Auslegen gehört Gott zu; doch erzählt mir's.«

Da erzählte der oberste Schenke seinen Traum und sprach zu Joseph: »Mir hat geträumt, daß ein Weinstock vor mir wäre, der hatte drei Reben, und er grünte, wuchs und blühte, und seine Trauben wurden reif. Ich hatte den Becher des Pharao in meiner Hand und nahm die Beeren und zerdrückte sie in den Becher und gab ihn dem

Joseph deutet seinen
Mitgefangenen die Träume.
(1. Mose 40)

Pharao in die Hand.« Joseph sagte ihm darauf: »Das ist seine Deutung: Drei Reben sind drei Tage. Über drei Tage wird Pharao dein Haupt erheben und dich wieder in dein Amt setzen, daß du ihm den Becher in die Hand gebest wie vorher, als du sein Schenke warst. Gedenke aber meiner, wenn dir's wohl geht, und tue Barmherzigkeit an mir, daß du den Pharao an mich erinnerst und mich so aus diesem Hause bringst. Denn ich bin aus dem Lande der Hebräer heimlich gestohlen worden. Überdies habe ich auch hier nichts getan, weswegen ich ins Gefängnis hätte kommen dürfen.«

Als der oberste Bäcker sah, daß die Deutung gut war, sprach er zu Joseph: »Mir hat auch geträumt: ich trüge drei weiße Körbe auf meinem Haupt und im obersten Korbe allerlei gebackene Speise für den Pharao, und die Vögel pickten aus dem Korbe auf meinem Haupt.« Joseph antwortete und sprach: »Das ist seine Deutung: Drei Körbe sind drei Tage. Und nach drei Tagen wird dir der Pharao dein Haupt erheben und dich an den Galgen hängen, und die Vögel werden dein Fleisch von dir fressen.«

Es geschah dann am dritten Tage, daß der Pharao seinen Geburtstag beging; er machte ein Festmahl für alle seine Diener und erhob das Haupt des obersten Schenken und das Haupt des obersten Bäcker unter ihnen. Den obersten Schenken setzte er wieder in sein Schenkamt ein, daß er den Becher reiche in des Pharao Hand. Den obersten Bäcker aber ließ er hängen, wie ihnen Joseph gedeutet hatte. Der oberste Schenke gedachte jedoch nicht an Joseph, sondern vergaß ihn. (1. Mose 40, 1 bis 23)

Der Pharao verleiht Joseph eine hohe Staatsstellung

Nach zwei Jahren hatte der Pharao einen Traum, wie er stünde am Nil und sähe aus dem Wasser steigen sieben schöne fette Kühe; die gingen auf der Weide im Grase. Nach diesen sah er andere sieben Kühe aus dem Wasser aufsteigen; die waren häßlich und mager und traten neben die Kühe an das Ufer des Nil. Die häßlichen und mageren Kühe fraßen dann die sieben schönen, fetten Kühe. Da erwachte der Pharao. Und er schlief wieder ein, und träumte abermals: Er sah, daß sieben Ähren aus einem Halm wuchsen, voll und dick. Danach sah er sieben dünne Ähren aufgehen, die waren vom Ostwind versengt. Und die sieben mageren Ähren verschlangen die sieben dikken und vollen Ähren. Da erwachte Pharao abermals und merkte, daß es ein Traum war. Als dann der Morgen kam, war sein Geist bekümmert; und er schickte aus und ließ rufen alle Wahrsager in Ägypten und alle Weisen und erzählte ihnen seine Träume. Doch da war keiner, der sie dem Pharao deuten konnte.

Da redete der oberste Schenke zu Pharao und sprach: »Ich gedenke heute meiner Sünden: Als der Pharao zornig wurde über seine Knechte und mich mit dem obersten Bäcker ins Gefängnis warf in des Hauptmanns Hause, da träumte uns beiden in einer Nacht einem jeglichen sein Traum, dessen Bedeutung ihn anging. Da war bei uns ein hebräischer Jüngling, des Amtmanns Knecht, dem erzählten wir's. Der deutete uns dann unsere Träume, jedem, wie er geträumt hatte. Und wie er uns deutete, so ist's auch gekommen. Denn ich bin wieder in mein Amt eingesetzt, jener aber wurde gehenkt.«

Da sandte Pharao hin und ließ Joseph rufen; und sie ließen ihn eilend aus dem Gefängnis. Er ließ sich scheren, zog andere Kleider an und kam dann hinein zum Pharao. Da sprach der Pharao zu ihm: »Ich habe einen Traum geträumt, und es gibt niemanden, der ihn deuten kann. Ich habe nur vernommen, du könntest einen Traum deuten, von dem du hörst.« Joseph antwortete Pharao und sprach: »Das steht nicht bei mir; Gott wird jedoch dem Pharao Gutes verkünden.«

Der Pharao berichtet erneut seine Träume.

Da gab Joseph dem Pharao die Antwort: »Beide Träume des Pharao bedeuten dasselbe. Gott sagt dem Pharao an, was er vorhat: Die sieben schönen Kühe sind sieben Jahre, und die sieben guten Ähren bedeuten auch sieben Jahre. Es ist ein und derselbe Traum. Die sieben mageren und häßlichen Kühe, die nach jenen aufgestiegen sind, das sind ebenfalls sieben Jahre, und die sieben leeren, vom Ostwind versengten Ähren bedeuten sieben Hungerjahre. Das besagt, wie ich dem Pharao schon gesagt habe, daß Gott dem Pharao anzeigt, was er vorhat. Siehe, sieben reiche Jahre werden kommen in ganz Ägyptenland. Und nach ihnen werden sieben Jahre des Mangels kommen, in denen all diese Fülle in Ägyptenland vergessen sein wird ... Diese Zeit wird sehr schwer sein. – Daß aber dem Pharao das Gleiche noch einmal geträumt hat, bedeutet, daß Gott solches gewiß und eilend tun wird. Nun sehe Pharao nach einem verständigen und weisen Mann, den er über Ägyptenland setze, und sorge dafür, daß der Amtleute einsetze im Lande und bewahre den fünften Teil des Ertrages in Ägyptenland während der reichen Jahre. Er möge sammeln den ganzen Ertrag der guten Jahre, die da kommen werden, möge das Getreide aufhäufen in des Pharao Kornhäusern zum Vorrat in den Städten und es verwahren, damit für Nahrung gesorgt sei für das Land in den sieben Hungerjahren, die über Ägyptenland kommen werden, und das Land nicht vor Hunger verderbe.«

Diese Rede gefiel dem Pharao und allen seinen Dienern wohl. Und der Pharao sagte zu ihnen: »Wie könnten wir einen solchen Mann finden, in dem der Geist Gott derart waltet?« Und sprach zu Joseph: »Weil dir Gott solches alles hat kundgetan, ist keiner so verständig und weise wie du. Du sollst über mein Haus gesetzt sein, und deinem Wort soll all mein Volk gehorsam sein. Allein um den königlichen Thron will ich höher sein als du.« Und weiter sprach der Pharao zu Joseph: »Siehe, ich habe dich über ganz Ägyptenland gesetzt.« Dann nahm er seinen Ring vom Finger und gab ihn Joseph an seine Hand, kleidete ihn mit köstlicher Leinwand und hing ihm eine goldene Kette um seinen Hals. Er ließ ihn auf seinem zweiten Wagen fahren und ließ vor ihm her ausrufen: »Der ist des Landes Vater.« Und setzte ihn über ganz Ägyptenland. Weiter sprach Pharao zu Joseph: »Ich bin der Pharao; ohne deinen Willen soll niemand seine Hand oder seinen Fuß regen in ganz Ägyptenland.« ... Joseph war dreißig Jahre alt, als er so vor dem Pharao, dem König in Ägypten, stand. Dann fuhr er aus vom Pharao und zog durch ganz Ägyptenland. (1. Mose 41, 1 bis 16; 25 bis 46)

Josephs kluge Vorratswirtschaft

Das Land trug in den sieben reichen Jahren in Hülle und Fülle. Joseph sammelte den ganzen Ertrag dieser sieben guten Jahre, die über Ägypten kamen, und schaffte sie in die Städte. Was an Getreide auf dem Felde rings um jede Stadt wuchs, das tat er hinein. Also schüttete Joseph das Getreide auf, über die Maßen viel wie Sand am Meer, so daß er aufhörte zu zählen. Man konnte es nicht mehr zählen ...

Als nun die sieben reichen Jahre um waren im Lande Ägypten, da brachen die sieben Hungerjahre an, die Joseph angekündigt hatte. Und es ward eine Hungersnot in allen Landen; in ganz Ägypten aber war Brot. Als nun ganz Ägyptenland ebenfalls Hunger litt, schrie das Volk zum Pharao um Brot. Pharao aber sprach zu allen Ägyptern: »Gehet hin zu Joseph; was der euch sagt, das tut!« Als nun im ganzen Lande Teuerung war, tat Joseph allenthalben die Kornhäuser auf und verkaufte den Ägyptern. Denn die Hungersnot ward je länger je größer im Lande. Und alle Welt kam nach Ägypten, zu kaufen bei Joseph; denn die Teuerung war groß in allen Landen.

(1. Mose 41, 47 bis 57)

Erste Wiederbegegnung Josephs mit seinen Brüdern

Als nun Jakob hörte, daß Getreide in Ägypten zu kaufen war, sprach er zu seinen Söhnen: »Was sehet ihr euch lange an? Siehe, ich höre, es sei in Ägypten Getreide zu haben. Ziehet also hinab und kauft uns Getreide, daß wir leben und nicht sterben.« – Also zogen hinab zehn Brüder Josephs, um in Ägypten Getreide zu kaufen. Benjamin aber, Josephs Bruder, ließ Jakob nicht mit seinen Brüdern ziehen, denn er fürchtete, es könne ihm ein Unfall widerfahren.

So kamen denn die Söhne Israels, Getreide zu kaufen, samt anderen, die mit ihnen zogen. Denn auch im Lande Kanaan herrschte Hungersnot. Joseph war nun der Regent im Lande und verkaufte Getreide allem Volk im Lande.

Als nun seine Brüder kamen, fielen sie vor ihm nieder zur Erde auf ihr Antlitz. Als er sie sah, erkannte er sie, stellte sich aber fremd vor ihnen, redete sie hart an und sprach: »Woher kommt ihr?« Sie antworteten: »Aus dem Lande Kanaan, um Speise zu kaufen.« Wiewohl er sie aber erkannte, kannten sie ihn doch nicht. Dabei gedachte Joseph der Träume, die ihm von ihnen geträumt hatten, und sprach zu ihnen: »Ihr seid Kundschafter und seid gekommen, zu sehen, wo das Land offen steht.« Sie erwiderten ihm: »Nein, mein Herr; deine Knechte sind gekommen, Getreide zu kaufen. Wir sind alle eines Mannes Söhne und sind redlich. Deine Knechte sind nie Kundschafter gewesen.« Er antwortete zu ihnen: »Nein, sondern ihr seid gekommen zu sehen, wo das Land offen ist!« Sie aber erwiderten: »Wir, deine Knechte, sind zwölf Brüder, eines Mannes Söhne im Lande Kanaan, und der jüngste ist noch bei unserm Vater; einer aber ist nicht mehr vorhanden.« – Darauf Joseph: »Es ist, wie ich euch gesagt habe: Kundschafter seid ihr. Daran will ich euch prüfen; bei dem Leben des Pharao – ihr sollt nicht von hier wegkommen, es komme denn her euer jüngster Bruder. Sendet einen unter euch hin, der euren Bruder hole! Ihr aber sollt gefangen sein. Also will ich prüfen eure Rede, ob ihr mit Wahrheit umgeht oder nicht. Denn wo nicht, so seid ihr – bei dem Leben des Pharao – Kundschafter.«

Und er ließ sie beisammen verwahren drei Tage lang. Dann sprach er zu ihnen: »Wollt ihr leben, so tut also; denn ich fürchte Gott. Seid ihr redlich, so laßt eurer Brüder einen gebunden liegen in eurem Gefängnis: ihr aber ziehet hin und bringet heim, was ihr gekauft habt für den Hunger. Bringt dann euren jüngsten Bruder her zu mir, so will ich euren Worten glauben, so daß ihr nicht sterben müßt.« – Und sie taten also. Untereinander aber sagten sie: »Das haben wir an unserm Bruder verschuldet! Wir sahen ja die Angst seiner Seele, als er uns anflehte. Wir aber wollten ihn nicht erhören. Darum kommt nun diese Trübsal über uns.«

Ruben antwortete ihnen und sprach: »Sagte ich's euch nicht, als ich mahnte: ›Versündigt euch nicht an dem Knaben!‹ Ihr aber wolltet nicht hören! Nun wird sein Blut von uns gefordert.« Sie wußten aber nicht, daß Joseph es verstand, denn er redete mit ihnen durch einen Dolmetscher. Da wandte er sich von ihnen ab und weinte. Als er sich

Josephs Brüder kommen nach Ägypten.
(1. Mose 42)

nun wieder zu ihnen wandte und mit ihnen redete, nahm er aus ihrer Mitte Simeon und band ihn vor ihren Augen. Und Joseph tat Befehl, daß man ihre Säcke mit Getreide füllte und ihnen ihr Geld wiedergäbe, einem jeglichen in seinen Sack, dazu auch Zehrung auf den Weg. Und sie luden ihre Ware auf ihre Esel und zogen von dannen.

(1. Mose 42, 1 bis 26)

Die Rückkehr der Brüder zu ihrem Vater und ihr Bericht

Als nun einer seinen Sack auftat, daß er seinem Esel Futter gäbe in der Herberge, da erblickte er sein Geld, das oben im Sack lag und sprach zu seinen Brüdern: »Mein Geld ist wieder da, siehe, in meinem Sack ist es.« Da entfiel ihnen ihr Herz, sie sahen einander erschrocken an und sprachen: »Warum hat Gott uns das getan?« Da sie nun heim kamen zu ihrem Vater Jakob ins Land Kanaan, sagten sie ihm alles, was ihnen begegnet war...

Als sie nun die Säcke ausschütteten, fand ein jeglicher sein Bündlein Geld in seinem Sack. Und da sie sahen, daß es Bündlein ihres Geldes waren, erschraken sie samt ihrem Vater. Da sprach Jakob, ihr Vater, zu ihnen: »Ihr beraubt mich meiner Kinder! Joseph ist nicht mehr da; Simeon ist nicht mehr da, Benjamin wollt ihr mitnehmen. Es geht alles über mich.« Ruben antwortete seinem Vater und sprach: »Wenn ich dir ihn nicht wiederbringe, so nimm das Leben meiner zwei Söhne. Überlaß ihn nur meiner Hand, ich will ihn dir wiederbringen.« Er sprach: »Mein Sohn soll nicht mit euch hinabziehen, denn sein Bruder ist tot, und er ist allein übrig geblieben. Wenn ihm ein Unfall auf dem Wege begegnete, den ihr reiset, würdet ihr meine grauen Haare mit Herzeleid in die Grube bringen.«

(1. Mose 42, 27 bis 38)

Zweite Reise nach Ägypten

Die Hungersnot aber drückte auf das Land. Als nun verzehrt war, was sie an Getreide aus Ägypten gebracht hatten, sprach ihr Vater zu ihnen: »Ziehet wieder hin und kauft uns ein wenig Getreide!« Da antwortete ihm Juda und sprach: »Der Mann schärfte uns das nachdrücklich ein und sprach: ›Ihr sollt mir nicht mehr unter die Augen kommen, es sei denn euer Bruder ist mit euch.‹ Willst du unsern Bruder mit uns senden, so wollen wir hinabziehen und dir zu essen kaufen. Willst du ihn nicht mitschicken, so ziehen wir nicht hinab.«...

Israel erwiderte: »Warum habt ihr so übel an mir getan, daß ihr dem Mann sagtet, ihr hättet noch einen Bruder?« Sie antworteten: »Der Mann forschte so genau nach uns und unsrer Verwandtschaft und sprach: ›Lebt euer Vater noch? Habt ihr auch noch einen Bruder?‹ Da antworteten wir ihm, wie er uns fragte. Wie konnten wir wissen, daß er sagen würde: ›Bringt euren Bruder mit hernieder‹?« Da sprach Juda zu Israel, seinem Vater: »Laß den Knaben mit mir ziehen, daß wir uns aufmachen und reisen, damit wir leben und nicht sterben, wir und du und unsere Kinder. Ich will Bürge für ihn sein. Von meinen Händen sollst du ihn fordern. Wenn ich dir ihn nicht wiederbringe und vor deine Augen stelle, so will ich mein Leben lang die Schuld tragen. Denn wenn wir nicht gezögert hätten, wären wir wohl schon zweimal zurückgekehrt.«

Da sprach Israel, ihr Vater, zu ihnen: »Muß es denn so sein, dann tut's! Nehmt von des Landes besten Früchten in eure Säcke und bringt dem Manne Geschenke hinab: ein wenig Balsam und Honig, Harz und Myrrhe, Nüsse und Mandeln. Nehmt auch anderes Geld mit euch; und das Geld, das euch oben in euren Säcken wieder geworden ist, nehmt ebenfalls wieder mit euch. Vielleicht ist da ein Irrtum geschehen. Dazu nehmt euren Bruder, macht euch auf und geht wieder zu dem Manne. Der allmächtige Gott aber gebe euch Barmherzigkeit bei dem Manne, daß er mit euch ziehen lasse euren andern Bruder und Benjamin. Ich aber muß sein wie einer, der seiner Kinder ganz und gar beraubt ist.«

Da nahmen sie diese Geschenke und das Geld zweifältig mit sich, dazu Benjamin, und machten sich auf, zogen nach Ägypten und traten vor Joseph.

Als Joseph sie sah mit Benjamin, sprach er zu seinem Haushalter: »Führe diese Männer ins Haus und schlachte und richte zu; denn sie sollen zu Mittag mit mir essen.« Der Mann tat, wie ihn Joseph geheissen hatte, und führte die Männer in Josephs Haus. Sie fürchteten sich aber, als sie so in Josephs Haus geführt wurden, und sagten zueinander: »Wir sind hereingeführt um des Geldes willen, das wir in unsern Säcken beim ersten Mal wieder gefunden haben. Man wird über uns herfallen, sich auf uns stürzen, uns zu Sklaven machen und die Esel wegnehmen.«

Darum traten sie zu Josephs Haushalter und redeten mit ihm vor der Haustüre und sprachen: »Mein Herr, wir sind das erste Mal herabgezogen Getreide zu kaufen, und als wir in die Herberge kamen und unsere Säcke auftaten, siehe, da war eines jeden Geld oben in seinem Sack, die ganze Summe. Darum haben wir's wieder mit uns gebracht, dazu auch noch anderes Geld, um Getreide zu kaufen. Wir wissen aber nicht, wer uns unser Geld wieder in die Säcke gesteckt hat.« Er aber sprach: »Gehabt euch wohl und fürchtet euch nicht. Euer Gott und eures Vaters Gott hat euch heimlich einen Schatz gelegt in eure Säcke. Euer Geld habe ich richtig erhalten.« – Und er führte Simeon zu ihnen heraus und brachte sie in Josephs Haus, gab ihnen Wasser, daß sie ihre Füße wuschen, und ihren Eseln Futter. Sie aber bereiteten das Geschenk zu, bis daß Joseph am Mittag kam. Sie hatten ja gehört, daß sie daselbst essen sollten.

Als nun Joseph das Haus betrat, brachten sie ihm das Geschenk ins Haus, das sie mitgebracht hatten, und fielen vor ihm nieder zur Erde. Er aber grüßte sie freundlich und sprach: »Geht es eurem alten Vater wohl, von dem ihr mir sagtet? Lebt er noch?« Sie antworteten: »Es geht deinem Knechte, unserm Vater, wohl, und er lebt noch.« Und sie neigten sich und fielen vor ihm nieder. Als er aufblickte und seinen Bruder Benjamin sah, seiner Mutter Sohn, sagte er: »Ist das euer jüngster Bruder, von dem ihr mir sagtet?« Und sprach weiter: »Gott sei dir gnädig, mein Sohn!« Dabei eilte Joseph hinaus, denn sein Herz entbrannte ihm bei seinem Bruder, und suchte, wo er weinen könnte. Er ging in seine Kammer und weinte daselbst.

Als er sein Angesicht gewaschen hatte, ging er hinaus, beherrschte sich und sprach: »Legt die Speisen auf!« Man trug ihm dann besonders auf, den Brüdern ebenso besonders, und den Ägyptern, die mit ihm aßen, wiederum besonders. Denn die Ägypter dürfen nicht essen mit den Hebräern, es ist ein Greuel für sie. Man setzte die Brüder ihm gegenüber, den Erstgeborenen nach seiner Erstgeburt und den Jüngsten nach seiner Jugend. Darüber verwunderten sie sich untereinander. Man legte ihnen Speisen vor von seinem Tisch. Benjamin aber bekam fünfmal mehr als die anderen. Und sie tranken und wurden froher Stimmung mit ihm.

(1. Mose 43, 1 bis 34)

Joseph bedrängt seine Brüder mit einer harten Prüfung

Sodann befahl Joseph seinem Haushalter: »Fülle den Männern ihre Säcke mit Speise, soviel sie führen können, und lege jeglichem sein Geld oben in seinen Sack. Meinen silbernen Becher lege oben auf in des Jüngsten Sack mit dem Gelde für das Getreide.« Der tat, wie ihm geheißen war. Des Morgens, da es hell wurde, ließen sie die Männer ziehen mit ihren Eseln.

Als sie aber zur Stadt hinaus waren und noch nicht weit gekommen, sprach Joseph zu seinem Haushalter: »Auf, jage den Männern nach, und wenn du sie ereilst, so sprich zu ihnen: ›Warum habt ihr Gutes mit Bösem vergolten? Warum habt ihr den silbernen Becher gestohlen? Ist's nicht der, aus dem mein Herr trinkt und mit dem er weissagt? Ihr habt übel getan.‹«

Und als er sie ereilte, sprach er zu ihnen so. Sie antworteten ihm: »Warum redet mein Herr solche Worte? Es sei ferne von deinen Knechten, so etwas zu tun. Siehe, das Geld, das wir fanden oben in unsern Säcken, haben wir wiedergebracht zu dir aus dem Lande Kanaan. Wie sollten wir denn aus deines Herrn Hause Silber oder Gold gestohlen haben? Bei wem so etwas gefunden wird unter deinen Knechten, der sei des Todes. Dazu wollen auch wir anderen meines Herrn Sklaven sein.« Er sprach: »Ja, es sei, wie ihr geredet habt. Bei welchem der Becher gefunden wird, der sei mein Sklave; ihr aber sollt frei sein.« Jeder legte eilends seinen Sack ab auf die Erde, und alle taten ihn auf. Er suchte dann und begann beim Ältesten bis hin zum Jüngsten. Da fand sich der Becher in Benjamins Sack. Da zerrissen sie ihre Kleider, jeder belud wieder seinen Esel, und sie zogen zurück in die Stadt.

Juda ging dann mit seinen Brüdern in Josephs Haus, denn er war noch da. Sie fielen vor ihm nieder auf die Erde. Joseph aber sprach zu ihnen: »Wie konntet ihr das tun? Wisset ihr nicht, daß ein Mann, wie ich einer bin, wahrsagen kann?« Juda erwiderte: »Was sollen wir sagen meinem Herrn, oder wie sollen wir reden, womit können wir uns rechtfertigen? Gott hat die Missetat deiner Knechte gefunden. Siehe da, wir und der, bei dem der Becher gefunden ist, sind meines Herrn Sklaven.« – Er aber sprach: »Das sei ferne von mir, solches zu tun! Der Mann, bei dem der Becher gefunden ist, soll mein Knecht sein; ihr aber ziehet hinauf mit Frieden zu eurem Vater.« Da trat Juda zu ihm und sprach: »Mein Herr, laß deinen Knecht ein Wort reden vor den Ohren meines Herrn, und dein Zorn ergrimme nicht über deinen Knecht, denn du bist wie der Pharao.«

Juda wiederholte dann, daß Joseph seinerzeit darauf bestanden hatte, den jüngsten Bruder mit nach Ägypten zu bringen, und erzählte, wie sehr der Vater sich dagegen gesträubt habe, weil sein ganzes Herz an ihm hinge und er schon zweier Söhne beraubt sei.

»›Werdet ihr auch diesen von mir nehmen‹«, so berichtete Juda von den Worten seines Vaters, »›und widerfährt ihm etwa ein Unfall, so werdet ihr meine grauen Haare mit Jammer hinunter in die Grube bringen.‹ Wenn ich nun heim käme zu deinem Knecht, meinem Vater, und der Knabe wäre nicht mit uns, an dem er mit ganzer Seele hängt, so wird's geschehen, daß er stirbt, wenn er sieht, daß der Knabe nicht da ist. So würden wir, deine Knechte, die grauen Haare deines Knechts, unsers Vaters, mit Herzeleid in die Grube bringen. Denn ich, dein Knecht, bin Bürge geworden für den Knaben vor meinem Vater und sprach: ›Bringe ich ihn dir nicht wieder, so will ich mein Leben lang die Schuld tragen.‹ Darum laß deinen Knecht hier bleiben an des Knaben Statt als Sklave meines Herrn, den Knaben aber laß mit seinen Brüdern hinaufziehen. Denn wie soll ich vor meinen Vater hintreten, wenn der Knabe nicht bei mir ist? Ich würde den Jammer sehen müssen, der über meinen Vater käme.«

(1. Mose 44, 1 bis 34)

Joseph gibt sich seinen Brüdern zu erkennen

Da konnte sich Joseph nicht länger an sich halten vor allen, die um ihn her standen, und er rief: »Laßt jedermann von mir hinausgehen!«

So stand kein Mensch mehr bei ihm, als sich Joseph seinen Brüdern zu erkennen gab. Und er weinte laut, daß es die Ägypter und das Gesinde des Pharao hörten, und sprach zu seinen Brüdern: »Ich bin Joseph! Lebt mein Vater noch?« Seine Brüder aber konnten ihm nicht antworten, so sehr erschraken sie vor seinem Angesicht. Er aber sprach zu seinen Brüdern: »Tretet doch her zu mir!« Und sie traten herzu. Und er sagte: »Ich bin Joseph, euer Bruder, den ihr nach Ägypten verkauft habt. Und nun bekümmert euch nicht und denkt nicht, ich zürnte euch darum, daß ihr mich hierher verkauft habt. Denn um eures Lebens willen hat Gott mich vor euch hergesandt. Denn es währt nun zwei Jahre, daß Hungersnot im Lande ist; und sind noch fünf weitere Jahre, daß kein Pflügen und kein Ernten sein wird. Gott aber hat mich vor euch hergesandt, daß er euch übrig lasse auf Erden und euer Leben erhalte zu einer großen Errettung. Und nun: nicht ihr habt mich hergesandt, sondern Gott. Der hat mich dem Pharao zum Vater gesetzt und zum Herrn über sein ganzes Haus und zum Gebieter über ganz Ägyptenland. Eilet nun und ziehet hinauf zu meinem Vater und sagt ihm: Das läßt dir Joseph, dein Sohn, sagen: ›Gott hat mich zum Herrn in ganz Ägypten gesetzt; komm herab zu mir, säume nicht! Du sollst im Lande Gosen wohnen und nahe bei mir sein, du und deine Kinder und deine Kindeskinder, dazu dein kleines und großes Vieh und alles, was du hast. Ich will dich daselbst versorgen, denn es sind noch fünf Jahre der Hungersnot, auf daß du nicht verderbest mit deinem Hause und allem, was du hast.‹ Siehe, eure Augen sehen es, auch die Augen meines Bruders Benjamin, daß ich es selbst bin, der mit euch redet. Verkündigt meinem Vater alle meine Herrlichkeit in Ägypten und alles, was ihr gesehen habt. Eilet und kommt herab mit meinem Vater hierher!« Und er fiel seinem Bruder Benjamin um den Hals und weinte, und Benjamin weinte auch an seinem Halse. Und er küßte alle seine Brüder und umarmte sie unter Tränen. Dann erst redeten auch seine Brüder mit ihm.

Als nun das Gerücht kam in des Pharao Haus, daß Josephs Brüder gekommen wären, gefiel es dem Pharao wohl, auch allen seinen Knechten. Und der Pharao sprach zu Joseph: »Sage deinen Brüdern: ›Macht es so, beladet eure Tiere und ziehet hin. Und wenn ihr ins Land Kanaan kommt, so nehmt euren Vater und alle die Euren und kommt zu mir. Ich will euch das Beste geben in Ägyptenland, daß ihr essen sollt alle gute Nahrung im Lande‹ und gebiete ihnen: ›Tut also, nehmet zu euch aus Ägyptenland Wagen für eure Kinder und Frauen, bringt euren Vater und kommt. Seht euren Hausrat nicht an; denn das Beste des ganzen Landes Ägypten soll euer sein!‹«

Die Söhne Israels taten so. Und Joseph gab ihnen Wagen nach dem Befehl des Pharao und Zehrung auf den Weg. Dazu gab er einem jeden ein Feierkleid. Benjamin aber gab er dreihundert Silberstücke und fünf Feierkleider. Seinem Vater sandte er zehn Esel, mit Gütern aus Ägypten beladen, und zehn Eselinnen mit Getreide und Brot und Nahrung für seinen Vater auf den Weg.

So entließ er seine Brüder, und sie zogen hin. Er sagte zu ihnen noch: »Streitet nicht auf dem Wege!«

So zogen sie hinauf von Ägypten und kamen ins Land Kanaan zu ihrem Vater Jakob und verkündigten ihm und sprachen: »Joseph lebt noch und ist ein Herr im ganzen Ägyptenland!« Doch sein Herz blieb kalt dabei; denn er glaubte ihnen nicht. Da sagten sie ihm alle Worte Josephs, die er zu ihnen gesagt hatte. Als er dann die Wagen sah, die ihm Joseph gesandt hatte, ihn zu holen, ward der Geist Jakobs, ihres Vaters, lebendig. Und Israel sprach: »Ich habe genug, daß mein Sohn Joseph noch lebt; ich will hin und ihn sehen, ehe ich sterbe.« (1. Mose 45, 1 bis 28)

Jakobs Reise nach Ägpyten

Israel zog hin mit allem, was er hatte. Und als er gen Beerseba kam, brachte er Opfer dar dem Gott seines Vaters Isaak. Danach machte er sich auf von Beerseba; und die Söhne Israels hoben Jakob, ihren Vater, mit ihren Kindern und Frauen auf die Wagen, die der Pharao gesandt hatte, ihn zu holen. Sie nahmen mit sich ihr Vieh und ihre Habe, die sie im Lande Kanaan erworben hatten, und kamen so nach Ägypten, Jakob und seine ganze Nachkommenschaft mit ihm.

Jakob sandte Juda vor sich her zu Joseph, daß dieser ihm Gosen anwiese. Als sie dann in das Land Gosen kamen, spannte Joseph seinen Wagen an und zog hinauf seinem Vater Israel entgegen. Als er ihn sah, fiel er ihm um den Hals und weinte lange an seinem Halse. Da sprach Israel zu Joseph: »Ich will nun gerne sterben, da ich dein Angesicht gesehen habe und du noch lebest.«

Da kam Joseph, sagte es dem Pharao an und sprach: »Mein Vater und meine Brüder, ihr kleines und großes Vieh und alles, was sie haben, sind nun gekommen aus dem Lande Kanaan, und siehe, sie sind im Lande Gosen.« Der Pharao sprach zu Joseph: »Es ist dein Vater und es sind deine Brüder, die zu dir gekommen sind! Das Land Ägypten steht dir offen. Laß sie am besten Ort des Landes wohnen, sie können im Lande Gosen bleiben. Und wenn du weißt, daß tüchtige Leute unter ihnen sind, dann setze sie über mein Vieh.«

Joseph brachte auch seinen Vater Jakob hinein und stellte ihn vor den Pharao. Und Jakob segnete den Pharao.

So schaffte Joseph seinem Vater und seinen Brüdern Wohnung und gab ihnen Besitz in Ägyptenland, am besten Ort des Landes, im Lande Ramses, wie Pharao es geboten hatte. Und er versorgte seinen Vater und seine Brüder und das ganze Haus seines Vaters mit Brot, einen jeden nach der Zahl seiner Kinder.

(1. Mose 46, 1; 5 bis 6, 28 bis 30; 1. Mose 47, 1; 5 bis 7; 11 bis 12)

So wohnte Israel in Ägypten im Lande Gosen, das sie innehatten. Sie vermehrten sich dort und wurden sehr zahlreich.

Als nun die Zeit herbeikam, daß Israel sterben sollte, rief er seinen Sohn Joseph und sprach zu ihm: »Habe ich Gnade gefunden, so lege deine Hand unter meine Hüfte, daß du Liebe und Treue an mir tust und begrabest mich nicht in Ägypten; sondern ich will liegen bei meinen Vätern. So sollst du mich aus Ägypten führen und in ihrem Grabe begraben.« Er sprach: »Ich will tun, wie du gesagt hast.« Israel aber sprach: »So schwöre mir!« Und er schwur ihm. Da neigte sich Israel anbetend zum Kopfende herab.

Seine Kinder taten, wie er ihnen befohlen hatte, und brachten ihn ins Land Kanaan. Dort begruben sie ihn in einer Höhle, die Abraham gekauft hatte samt dem Acker zum Erbbegräbnis von Ephron, dem Hethiter, gegenüber Mamre. Als sie ihn so begraben hatten, zog Joseph wieder zurück nach Ägypten mit seinen Brüdern und mit allen, die mit ihm hinaufgezogen waren, um seinen Vater zu begraben. (1. Mose 47, 27; 29 bis 31; 1. Mose 50, 12 bis 14)

Die Angst der Brüder
und Josephs Glaubenstrost

Die Brüder Josephs fürchteten sich, als ihr Vater gestorben war, und sprachen: »Joseph könnte uns gram sein und uns vergelten alle Bosheit.« Darum ließen sie ihm sagen: »Dein Vater befahl vor seinem Tod und sprach: ›Also sollt ihr Joseph sagen: Vergib doch deinen Brüdern die Missetat und ihre Sünde.‹ So vergib doch nun diese Missetat uns, den Dienern des Gottes deines Vaters!« Joseph aber weinte, als sie so mit ihm redeten. Und seine Brüder fielen vor ihm nieder und sprachen: »Siehe, wir sind deine Knechte.« Joseph aber sprach zu ihnen: »Fürchtet euch nicht, stehe ich etwa an Gottes Statt? Ihr gedachtet es böse mit mir zu machen; aber Gott gedachte es gut zu machen, daß er täte, wie es nun ja am Tage ist, um viel Volk am Leben zu erhalten. So fürchtet euch nun nicht; ich will euch und eure Kinder versorgen.« So tröstete er sie und redete freundlich mit ihnen. (1. Mose 50, 15 bis 21)

Jakobs
Abschiedsworte an seine zwölf Söhne
(1. Mose 49)

ISRAEL WIRD IN ÄGYPTEN ZU EINEM SKLAVENVOLK[14]

Als Joseph nun gestorben war und alle seine Brüder und alle, die zu der Zeit gelebt hatten, wuchsen die Nachkommen Israels, zeugten Kinder und mehrten sich und wurden überaus viel, so daß das Land von ihnen voll ward. Da kam ein neuer König auf den Thron in Ägypten, der wußte nichts mehr von Joseph, und sprach zu seinem Volk: »Siehe, das Volk Israel ist gar viel und sogar mehr denn wir. Wohlan, wir wollen sie mit List dämpfen, daß sie nicht noch mehr werden. Denn wenn ein Krieg ausbräche, könnten sie sich zu unsern Feinden schlagen und wider uns streiten und aus dem Lande ausziehen.«

So setzte er Fronvögte über sie, die sie mit Sklavendiensten bedrücken sollten... Doch je mehr sie das Volk unterdrückten, je stärker vermehrte es sich und breitete sich aus, so daß sie ein Grauen vor Israel überkam. Da zwangen die Ägypter die Israeliten erbarmungslos zum Dienst und machten ihnen ihr Leben sauer mit schwerer Arbeit in Ton und Ziegeln und mit mancherlei Frondienst auf dem Felde und mit allerlei Arbeit, die sie ihnen ohne Erbarmen auferlegten. Überdies sprach der König in Ägypten zu den hebräischen Hebammen...: »Wenn ihr den hebräischen Weibern helft bei der Geburt und seht, daß es ein Sohn ist, so tötet ihn; ist's aber eine Tochter, so laßt sie leben.« Die Hebammen jedoch fürchteten Gott und taten nicht, wie der König von Ägypten ihnen gesagt hatte, sondern ließen die Kinder leben.

Da rief der König in Ägypten die Hebammen zusammen und sprach zu ihnen: »Wie kommt ihr dazu, daß ihr die Kinder leben lasset?« Die Hebammen antworteten dem Pharao: »Die hebräischen Frauen sind nicht so wie die ägyptischen, denn sie sind kraftvolle Frauen; ehe die Hebamme zu ihnen kommt, haben sie schon geboren.« Darum tat Gott den Hebammen Gutes. Und das Volk mehrte sich und ward sehr zahlreich. Und weil die Hebammen Gott fürchteten, segnete er ihre Häuser. (2. Mose 1, 6 bis 21)

Das zweyte Buch Mose genannt Exodus.

Moses Geburt, wunderbare Errettung und seine Flucht nach Midian

Nun schickte sich ein Mann vom Hause Levi an und nahm eine Tochter Levi. Sie ward schwanger und gebar einen Sohn. Da sie nun sah, daß es ein feines Kind war, verbarg sie ihn drei Monate. Als sie ihn nicht länger verbergen konnte, machte sie ein Kästchen von Rohr, verklebte es mit Erdharz und Pech, legte das Kind darein und setzte ihn in das Schilf am Ufer des Wassers. Seine Schwester aber stand von ferne, um acht zu geben, wie es mit ihm gehen würde. Da ging die Tochter des Pharao hinunter und wollte baden im Nil; ihre Jungfrauen ergingen sich derweil am Ufer. Als sie nun das Kästchen im Schilf entdeckte, sandte sie ihre Mägde hin und ließ es holen. Als sie es dann auftat, sah sie das Kind, und siehe, das Knäblein weinte. Da jammerte es sie, und sie sprach: »Es ist eins von den hebräischen Kindlein.« Da sagte seine Schwester zu der Tochter des Pharao: »Soll ich hingehen und eine von den hebräischen Frauen rufen, die da stillt, daß sie dem Kindlein ihre Brust gebe?« – Die Tochter des Pharao erwiderte ihr: »Gehe hin!« Die Jungfrau ging hin und rief dann des Kindes Mutter. Da sprach die Tochter Pharaos zu ihr: »Nimm hin das Kindlein und stille mir's; ich will dir das lohnen!« Da nahm die Frau das Kind und stillte es.

Als nun das Kind groß war, brachte sie es der Tochter des Pharao, und es ward ihr Sohn, und sie hieß ihn Mose; denn sie sprach: »Ich habe ihn aus dem Wasser gezogen.« Zu der Zeit nun, als Mose erwachsen war, begab er sich zu seinen Brüdern, sah ihre Bedrükkung und ward gewahr, daß ein Ägypter einen seiner hebräischen Brüder schlug. Da schaute er ringsum, und als er bemerkte, daß kein Mensch da war, erschlug er den Ägypter und verscharrte ihn im Sand.

An einem anderen Tag ging er wieder aus und sah zwei hebräische Männer miteinander zanken und sprach zu dem, der Unrecht hatte: »Warum schlägst du deinen Nächsten?« Er aber gab zur Antwort: »Wer hat dich zum Obersten oder Richter über uns gesetzt?

Die Tochter des
ägyptischen Pharao rettet Mose.
(2. Mose 2)

Willst du mich auch erwürgen, wie du den Ägypter erwürgt hast?« – Da fürchtete sich Mose und sprach: »Wie ist das laut geworden?«

Es kam sogar vor den Pharao. Der trachtete danach, Mose umzubringen. Doch Mose floh vor dem Pharao und blieb im Lande Midian. Er hatte sich dort bei einem Brunnen niedergelassen. Der Priester in Midian nun hatte sieben Töchter, die kamen Wasser zu schöpfen, und füllten die Rinnen, um ihres Vaters Schafe zu tränken. Da kamen Hirten und stießen sie weg. Mose aber machte sich auf, stand ihnen bei und tränkte ihre Schafe. Als sie nun wieder zu ihrem Vater Reguël kamen, sprach er: »Wie seid ihr heute so bald wieder da?« Sie erwiderten: »Ein ägyptischer Mann stand uns bei gegen die Hirten, schöpfte für uns und tränkte die Schafe.« Da sagte er zu seinen Töchtern: »Wo ist er? Warum habt ihr den Mann dagelassen? Ladet ihn doch ein, mit uns zu essen!« Und Mose willigte darein, bei dem Manne zu bleiben. Und er gab Mose seine Tochter Zippora zur Frau. (2. Mose 2, 1 bis 21)

Mose wird von Gott berufen

Mose hütete nun die Schafe Jethros, seines Schwiegervaters, des Priesters in Midian, und trieb die Schafe über die Steppe hinaus, bis er an den Berg Gottes Horeb kam. Da erschien ihm der Engel des Herrn in einer feurigen Flamme aus dem Dornbusch. Und er sah, daß der Busch im Feuer brannte und doch nicht verzehrt ward. Da sprach er: »Ich will hingehen und mir diese wunderbare Erscheinung ansehen, warum denn der Busch nicht verbrennt!«

Da aber der Herr sah, daß er hinging zu sehen, rief ihm Gott aus dem Busch zu und sprach: »Mose, Mose!« Er antwortete: »Hier bin ich.« Gott sprach: »Tritt nicht herzu, ziehe deine Schuhe von deinen Füßen; denn der Ort, darauf du stehst, ist heiliges Land.« Und weiter sprach er: »Ich bin der Gott deines Vaters: der Gott Abrahams, der Gott Isaaks und der Gott Jakobs.« Da verhüllte Mose sein Angesicht, denn er fürchtete sich, Gott anzuschauen.

Und der Herr sprach: »Ich habe gesehen das Elend meines Volkes in Ägypten und habe das Geschrei gehört über ihre Schinder. Ich

Gott spricht zu Mose
aus dem brennenden Dornbusch.
(2. Mose 3)

habe ihr Leid erkannt und bin herniedergefahren, daß ich sie errette aus der Ägypter Hand und sie herausführe aus diesem Lande in ein gutes und weites Land, in ein Land, darin Milch und Honig fließt, in das Land der Kanaaniter, Hethiter, Amoriter, Perisiter, Hewiter und Jebusiter. Weil denn nun das Geschrei Israels vor mich gekommen ist und ich dazu ihre Angst gesehen habe, wie die Ägypter sie peinigen, so gehe nun hin! Ich will dich zum Pharao senden, daß du mein Volk, die Kinder Israel, aus Ägypten führest.«

Mose sprach zu Gott: »Wer bin ich, daß ich zum Pharao gehe und führe die Kinder Israel aus Ägypten?« Gott aber sprach: »Ich will mit dir sein. Und das soll dir das Zeichen sein, daß ich dich gesandt habe: Wenn du mein Volk aus Ägypten geführt hast, werdet ihr Gott opfern auf diesem Berge.« Mose erwiderte Gott: »Siehe, wenn ich nun vor die Kinder Israel trete und ihnen sage: ›Der Gott eurer Väter hat mich zu euch gesandt‹, und sie mich dann fragen werden: ›Wie heißt sein Name?‹ – was soll ich ihnen dann sagen?« Gott sprach zu Mose: »Ich werde sein, der ich sein werde.« Und sprach weiter: »So sollst du den Kindern Israel sagen: ›Ich-werde-sein‹, der hat mich zu euch gesandt.«[15] Und Gott sprach fürderhin zu Mose: »Also sollst du zu den Kindern Israel sagen: ›Der Herr, euer Väter Gott, der Gott Abrahams, der Gott Isaaks, der Gott Jakobs, hat mich zu euch gesandt.‹ Das ist mein Name ewiglich, dabei soll man mein gedenken für und für.[16] Darum so gehe hin und versammle die Ältesten in Israel und sprich zu ihnen: ›Der Herr, euer Väter Gott, ist mir erschienen, der Gott Abrahams, der Gott Isaaks, der Gott Jakobs, und der hat gesagt: Ich habe euch heimgesucht und gesehen, was euch in Ägypten widerfahren ist, und habe gesagt: Ich will euch aus dem Elend Ägyptens führen ... in das Land, darin Milch und Honig fließt.‹ Und wenn sie deine Stimme hören, so sollst du und die Ältesten Israels hineingehen zum König in Ägypten und zu ihm sagen: ›Der Herr, der Hebräer Gott, ist uns erschienen.‹« (2. Mose 3, 1 bis 18a)

Mose reagiert auf seine Berufung mit einer Zaghaftigkeit und mit Selbstzweifeln, die an Verweigerung grenzen. Es sind vor allem vier Einwände, die er erhebt:

Erstens: »Wer bin denn ich, daß ich zum Pharao gehen und Israel aus Ägypten führen soll?« Gott ermutigt ihn dann mit der Versicherung, daß er mit ihm sein wolle (2. Mose 3, 11 f.)
Zweitens: »Wer bist du überhaupt, Gott? Ich muß doch meinem Volk klare Auskunft geben können, mit wem ich es zu tun gehabt habe und wer mich zu meinem Auftrag ermächtigt hat!« – Darauf antwortete Gott mit seinem »Ich werde sein, der ich sein werde« (2. Mose 3, 13 f.).
Drittens: »Man wird mir nicht glauben; wie kann ich mich legitimieren?« – Darauf gibt ihm Gott die Macht, einige wunderhafte Zeichen zu tun (2. Mose 4, 1 ff.). Als Mose dann später vor dem Pharao steht und tatsächlich von ihm zu einem legitimierenden Zeichen aufgefordert wird, wirft sein Bruder Aaron auftragsgemäß seinen Stab vor die Füße des Pharao. Der verwandelt sich dabei in eine Schlange. Die herbeigerufenen ägyptischen Magier können das aber auch, doch siehe: »Aarons Stab verschlang ihre Stäbe« (2. Mose 7, 8 bis 13). Pharao jedoch bleibt davon unbeeindruckt und zeigt sich »verstockt«. Mit dem Aaron-Wunder wird offensichtlich der Unterschied von magischem Trick und gottgewirktem Zeichen angedeutet.
Viertens: Mose bekennt, daß er ganz und gar nicht eloquent sei und nur eine »schwere Zunge« habe. Heute würde man vielleicht sagen: »Ich habe nicht die Gabe der Demagogie« (2. Mose 4, 10). Über diese Ein- und Ausrede reagiert Gott ausgesprochen zornig und weist ihn auf seinen zungenfertigen Bruder Aaron hin, den er mit seiner rhetorischen Stellvertretung beauftragen könne. Tatsächlich bekommt Aaron dann so etwas wie die Funktion eines »Sprechers« des Mose (2. Mose 4, 14 bis 16). In seiner berühmten oratorischen Oper »Mose und Aaron« hat übrigens Arnold Schoenberg die verschiedenen Rollen der beiden dadurch zum Ausdruck gebracht, daß die Gestalt des Mose nur mit einer Sprechrolle ausgestattet wird, während Aaron in einem melodischen Tenor singt.
Nach alledem kehrt Mose nach Ägypten zurück (2. Mose 4, 18 ff.) und begegnet seinem Bruder Aaron, dem er unverzüglich die Aufträge Gottes eröffnet (2. Mose 4, 27 bis 30).
Die erste Audienz der beiden beim Pharao endet gänzlich erfolglos. Der Herrscher verschließt sich nämlich ihrer Bitte, das Volk in die Wüste zu entlassen, damit es dort zur Ehre Gottes ein kultisches Fest begehen könne. Er gibt sogar Anweisung, die Leistungsnormen noch weiter zu erhöhen und

dem Volk eine noch ärgere Fron aufzuzwingen (2. Mose 5). Da Gott das Herz des Pharao derart verstockt hat, prallt auch alles von ihm ab, was Gott ihm an Zeichen seiner Macht und seines Unwillens zuteil werden läßt: Weder die Wunder beeindrucken ihn (2. Mose 7, 8 bis 13) noch die unheimlichen zehn Plagen, mit denen sein Land heimgesucht wird: die Verwandlung der Gewässer in Blut, ferner die Frösche, die Stechmücken, Stechfliegen, Viehpest, Blattern, Hagel, Heuschrecken, Finsternis und Tötung der Erstgeburt. (2. Mose 7, 14 bis 11, 10)

Passah-Fest und Auszug aus Ägypten

Der Herr sprach nun zu Mose und Aaron in Ägyptenland: »Saget der ganzen Gemeinde Israel und sprecht: Am zehnten Tage dieses Monats nehme jeder Hausvater ein Lamm, und zwar ein Lamm je Haus. Wo ihrer aber in einem Hause für ein Lamm zu wenige sind, so nehme er's mit seinem nächsten Nachbarn, bis es genug sind, daß sie das Lamm verzehren können. Ihr sollt dazu ein Lamm nehmen, an dem kein Fehl ist, ein Männchen und ein Jahr alt. Von den Schafen und Ziegen sollt ihr's nehmen. Und sollt's verwahren bis zum vierzehnten Tag des Monats. Da soll die gesamte Gemeinde Israel es schlachten gegen Abend. Danach sollen sie von seinem Blut nehmen und beide Pfosten an der Tür und die obere Schwelle an den Häusern damit bestreichen, wo sie es essen. Das Fleisch sollt ihr dann essen in derselben Nacht, am Feuer gebraten, dazu ungesäuertes Brot. Das sollt ihr mit bitteren Kräutern essen. Ihr dürft es nicht roh essen, auch nicht mit Wasser gesotten, sondern am Feuer gebraten, samt Kopf, Schenkeln und Innereien. Nichts sollt ihr davon übrig lassen bis zum Morgen. Wo aber doch etwas übrig bleibt bis zum Morgen, sollt ihr's mit Feuer verbrennen. – So sollt ihr's nun essen: Eure Lenden sollen gegürtet sein und Schuhe sollt ihr an euren Füßen haben, dazu den Stab in der Hand. Ihr sollt's essen als die hinweg eilen, es ist ja des Herrn Passah. Denn ich will in derselben Nacht durch Ägyptenland gehen und alle Erstgeburt dort schlagen, unter den Menschen und unter dem Vieh. Und will mein Strafgericht halten über alle Götter der Ägypter, ich, der Herr! Dann soll das Blut euer Zei-

Mose und Aaron vor dem Pharao
(2. Mose 7)

chen sein an den Häusern, worin ihr seid. Sehe ich dieses Blut, will ich an euch vorübergehen und euch kein Übel widerfahren lassen, wenn ich Ägyptenland schlage. Ihr sollt diesen Tag im Gedächtnis behalten und sollt ihn feiern als Fest für den Herrn – ihr und alle eure Nachkommen als ewigen Brauch.«[17]

Zur Mitternacht aber schlug der Herr alle Erstgeburt in Ägyptenland von dem ersten Sohn des Pharao an, der auf seinem Thron saß, bis auf den ersten Sohn des Gefangenen im Gefängnis und alle Erstgeburt des Viehs. Da stand der Pharao auf, dazu auch alle seine Knechte in derselben Nacht und alle Ägypter, und ward ein großes Geschrei in Ägypten. Denn es war kein Haus, worin nicht ein Toter war. Der Pharao ließ Mose und Aaron in der Nacht zu sich rufen und sprach: »Macht euch auf und ziehet weg von meinem Volk, ihr und die Kinder Israel. Gehet hin und dienet dem Herrn, wie ihr gesagt habt. Nehmet auch mit euch eure Schafe und Rinder, wie ihr gesagt habt. Gehet hin und bittet auch für mich um Segen.« – So drängten die Ägypter das Volk und trieben es eilend aus dem Lande, denn sie sprachen: Wir sind alle des Todes. (2. Mose 12, 3 bis 14; 29 bis 33)

Das Fest des Auszuges soll auch in Zukunft durch die Heiligung der Erstgeburt und das Brauchtum der ungesäuerten Brote zu einer festen Tradition werden (2. Mose 13); »Wenn dich heute oder morgen dein Sohn fragen wird: ›Was bedeutet das?‹, sollst du ihm sagen: ›Der Herr hat uns mit mächtiger Hand aus Ägypten, aus der Knechtschaft, geführt.‹« (2. Mose 13, 14)

Erste Zeichen des göttlichen Beistandes

Der Herr zog nun vor ihnen her, des Tages in einer Wolkensäule, daß er sie den rechten Weg führe, und des Nachts in einer Feuersäule, daß er ihnen leuchte bei ihrer Wanderung am Tag und in der Nacht. Die Wolkensäule wich nimmer von dem Volk des Tages noch die Feuersäule in der Nacht.

Als es nun dem König in Ägypten angesagt ward, daß das Volk geflohen war, wurde sein Herz verwandelt – auch das Herz seiner

Knechte – gegen das Volk, und sie sprachen: »Warum haben wir das nur getan, daß wir Israel haben ziehen lassen, so daß sie uns nicht mehr dienten?« – Alsbald spannte er seinen Wagen an und nahm sein Volk mit sich, dazu sechshundert auserlesene Wagen und was sonst noch an Wagen in Ägypten war mitsamt den besten Kämpfern auf jedem Wagen. Denn der Herr verstockte das Herz des Pharao, des Königs in Ägypten, so daß er den Kindern Israel nachjagte. Doch die Kinder Israel waren unter einer hohen Hand ausgezogen.

Die Ägypter jagten ihnen sodann nach und ereilten sie mit Rossen, Wagen, Reitern und allem Heer des Pharao, als sie sich am Meer bei Pi-Hachiroth – Baal-Zephon gegenüber – gelagert hatten. Als der Pharao nun nahe zu ihnen herankam, hoben die Kinder Israel ihre Augen auf, und siehe, die Ägypter zogen hinter ihnen her. Da fürchteten sie sich sehr und schrien zum Herrn und sprachen zu Mose: »Gab es nicht Gräber in Ägypten, daß du uns wegführen mußtest, damit wir nun in der Wüste sterben? Warum hast du uns das getan, daß du uns aus Ägypten geführt hast? Haben wir dich nicht schon in Ägypten bestürmt: Gib doch nach und laß uns den Ägyptern dienen? Es wäre uns besser, den Ägyptern zu dienen als in der Wüste zu sterben.«

Mose aber sprach zu dem Volk: »Fürchtet euch nicht, stehet fest und sehet zu, was für ein Heil der Herr heute an euch tun wird! Denn diese Ägypter, die ihr heute sehet, werdet ihr nimmermehr wiedersehen. Der Herr wird für euch streiten, und ihr werdet still sein.«

Und der Herr sprach zu Mose: »Was schreist du zu mir? Sage den Kindern Israel, daß sie ziehen. Du aber hebe deinen Stab auf und recke deine Hand über das Meer und teile es voneinander, daß die Kinder Israel hineingehen, mitten hindurch auf dem Trockenen. Siehe, ich will das Herz der Ägypter so verstocken, daß sie euch nachfolgen. Damit will ich meine Herrlichkeit beweisen an dem Pharao und an aller seiner Macht, an seinen Wagen und Reitern. Und die Ägypter sollen innewerden, daß Ich der Herr bin, wenn ich meine Herrlichkeit beweise an dem Pharao und an seinen Wagen und Reitern.«

Da erhob sich der Engel Gottes, der vor dem Heere Israels herzog, und stellte sich hinter sie. Auch die Wolkensäule, die vor ihnen herzog, tauchte nun hinter ihnen auf und kam zwischen das Heer der Ägypter und das Heer Israels zu stehen. Sonst war die Wolke finster, nun aber erleuchtete sie die Nacht. So blieben die Heere die ganze Nacht über von einander getrennt.

Da nun Mose seine Hand reckte über das Meer, ließ es der Herr zurückweichen durch einen starken Ostwind, die ganze Nacht über, und machte das Meer trocken; die Wasser teilten sich voneinander.[18] Die Kinder Israel gingen nun hinein, mitten ins Meer, doch auf dem Trockenen, und das Wasser war ihnen wie eine Mauer zur Rechten und zur Linken. Die Ägypter aber folgten und gingen hinein ihnen nach, alle Rosse des Pharao, die Wagen und die Reiter, mitten ins Meer.

Als nun die Morgenwache kam, schaute der Herr auf der Ägypter Heer aus der Feuersäule und der Wolke und wirkte einen Schrekken in ihrem Heer, ließ die Räder von ihren Wagen springen und hemmte ihren Vormarsch. Da riefen die Ägypter: »Laßt uns fliehen von Israel; der Herr streitet für sie wider die Ägypter.« Der Herr aber sprach zu Mose: »Recke deine Hand aus über das Meer, daß das Wasser wieder herfalle über die Ägypter, über ihre Wagen und Reiter!« Da reckte Mose seine Hand aus über das Meer, und das Meer fiel gegen Morgen zurück in sein altes Bett, während die Ägypter ihm gerade entgegenflohen.

So stürzte der Herr sie mitten ins Meer. Das Wasser wallte zurück und bedeckte Wagen und Reiter und alle Macht des Pharao, alles, was ihnen nachgefolgt war, so daß nicht einer aus ihnen übrigblieb. Die Kinder Israel aber gingen trocken mitten durchs Meer, und das Wasser war ihnen wie eine Mauer zur Rechten und zur Linken. So rettete der Herr Israel von der Ägypter Hand. Und sie sahen die Ägypter tot am Ufer des Meeres liegen, und darin die mächtige Hand, die der Herr an den Ägyptern walten ließ. Da fürchtete das Volk den Herrn und glaubte ihm und seinem Knecht Mose.

(2. Mose 13, 21 bis 22; 14, 5 bis 31)

Das Wasser bedeckte Wagen
und Reiter und alle Macht des Pharao.
(2. Mose 14, 28)

Das Geschehen am Berge Sinai

Im dritten Monat nach dem Ausgang der Kinder Israel aus dem Ägyptenland kamen sie, auf den Tag genau, in die Wüste Sinai. Und Mose stieg hinauf zu Gott. Der Herr rief ihm vom Berge zu und sprach: »So sollst du sagen zu dem Hause Jakob und verkündigen den Kindern Israel: ›Ihr habt gesehen, was ich den Ägyptern getan habe, und wie ich euch getragen habe auf Adlerflügeln und euch zu mir gebracht. Werdet ihr nun meiner Stimme gehorchen und meinen Bund halten, so sollt ihr mein Eigentum sein vor allen Völkern; denn die ganze Erde ist mein. Und ihr sollt mir ein priesterliches Königreich und ein heiliges Volk sein.‹ Das sind die Worte, die du den Kindern Israel sagen sollst.«

Mose kam und berief die Ältesten des Volkes und legte ihnen alle Worte vor, die der Herr ihm geboten hatte. Und alles Volk antwortete einmütig und sprach: »Alles, was der Herr geredet hat, wollen wir tun.« Und Mose sagte die Antwort des Volkes dem Herrn wieder.

Mose führte dann das Volk aus dem Lager Gott entgegen, und es trat unten an den Berg. Der ganze Berg Sinai aber rauchte, da der Herr herab auf den Berg fuhr mit Feuer, und sein Rauch ging auf wie der Rauch von einem Schmelzofen, während der ganze Berg gewaltig bebte. Und der Posaune Ton ward immer stärker. Derweil redete Mose und Gott antwortete ihm laut. Als so der Herr herniedergekommen war auf den Berg Sinai, oben auf seine Spitze, rief er Mose hinauf auf den Gipfel des Berges, und Mose stieg hinauf.

(2. Mose 19, 1; 3 bis 8; 17 bis 20)

Der Berg wird von Gott zu einer heiligen (numinosen) Tabu-Zone erklärt, in der sich die Distanz zwischen Gott und Mensch symbolisiert. Niemand, auch die Priester nicht, dürfen sich ihm nahen, ohne zu vergehen. Mose allein darf unmittelbar mit Gott reden. Später heißt es einmal von dieser seiner Sonderstellung: »Der Herr redete mit Mose von Angesicht zu Angesicht, wie ein Mann mit seinem Freunde redet.« (2. Mose 33, 11)

Der Herr redete mit Mose
von Angesicht zu Angesicht, wie ein
Mann mit seinem Freunde redet.
(2. Mose 33, 11)

Die Proklamation der Gebote Gottes[19]

Und Gott redete alle diese Worte:

»Ich bin der Herr, dein Gott, der ich dich aus Ägyptenland, aus dem Diensthause, geführt habe. Du sollst keine anderen Götter neben mir haben.

Du sollst dir kein Bildnis noch irgendein Gleichnis machen, weder des, das oben im Himmel, noch des, das unten auf Erden, oder des, das im Wasser unter der Erde ist. Bete sie nicht an und diene ihnen nicht. Denn Ich, der Herr, dein Gott, bin ein eifriger Gott, der da heimsucht der Väter Missetat an den Kindern bis in das dritte und vierte Glied, derer, die mich hassen; und tue Barmherzigkeit an vielen Tausenden, die mich liebhaben und meine Gebote halten.

Du sollst den Namen des Herrn, deines Gottes, nicht mißbrauchen; denn der Herr wird den nicht ungestraft lassen, der seinen Namen mißbraucht.

Gedenke des Sabbattages, daß du ihn heiligest. Sechs Tage sollst du arbeiten und alle deine Dinge beschicken; aber am siebenten Tage ist der Sabbat des Herrn, deines Gottes. Da sollst du kein Werk tun, noch dein Sohn noch deine Tochter noch dein Knecht noch deine Magd noch dein Vieh noch dein Fremdling, der in deinen Toren ist. Denn in sechs Tagen hat der Herr Himmel und Erde gemacht und das Meer und alles, was darinnen ist, und ruhte am siebenten Tage. Darum segnete der Herr den Sabbattag und heiligte ihn.

Du sollst deinen Vater und deine Mutter ehren, auf daß du lange lebest in dem Lande, das dir der Herr, dein Gott, gibt.

Du sollst nicht töten.

Du sollst nicht ehebrechen.

Du sollst nicht stehlen.

Du sollst kein falsch Zeugnis reden wider deinen Nächsten.

Du sollst nicht begehren deines Nächsten Haus.

Du sollst nicht begehren deines Nächsten Weib, Knecht, Magd, Rind, Esel, noch alles, was dein Nächster hat.«

Und alles Volk nahm wahr den Donner und Blitz und den Ton der Posaune und sah den Berg rauchen. Da flohen sie und blieben fernab stehen. Sie sagten zu Mose: »Rede du zu uns, dann wollen wir hören. Gott selbst aber laß nicht mit uns reden, sonst müssen wir sterben!«

Doch Mose erwiderte ihnen: »Fürchtet euch nicht! Gott ist nur gekommen, um euch zu erproben und vor Augen zu stellen, daß er zu fürchten sei, und ihr nicht sündigt.«

So blieb denn das Volk in der Ferne stehen. Mose aber nahte sich dem Dunkel, darinnen Gott war. (2. Mose 20, 1 bis 21)

Zeichen des Abfalls: Der Götzenkult mit dem Goldenen Kalb

Während Mose weit weg auf dem heiligen Berg weilt und auch Gott selber ferne zu sein scheint, jedenfalls nichts von sich hören läßt, spürt das Volk einen elementaren Drang, Gott in die Nähe, in die Welt seiner Wünsche und Vorstellungen hereinzuholen, ihn zum Bild und Gleichnis des Vergänglichen zu machen und damit das Bilderverbot gröblich zu verletzen. Die Menschen wollen sich damit nicht einfach von Jahwe ab- und zu heidnischen Göttern hinwenden (2. Mose 32, 5), vielmehr möchten sie Gott selbst in ein allzu menschliches Gleichnis hineinbannen. Sie wollen ihn art- und menschengemäß machen. Sie tun also das, was man heute als eine Verwandlung der Religion in Ideologien bezeichnen würde. Als besondere Schande wird vermerkt, daß »das ganze Volk«, mit dem geweihten Priester Aaron (2. Mose 28, 1 f.) an der Spitze, diesen Abfall in die »Vergötzung« Jahwes mitmachte.

Da aber das Volk sah, daß Mose zögerte, von dem Berge zu kommen, sammelte sich's wider Aaron und sprach zu ihm: »Mache uns einen Gott, der vor uns hergehe! Denn wir wissen nicht, was diesem Mann Mose widerfahren ist, der uns aus Ägyptenland geführt hat.« Aaron antwortete: »Reißet ab die goldenen Ohrenringe an den Ohren eurer Frauen, eurer Söhne und eurer Töchter und bringet sie zu mir!«

Da riß alles Volk seine goldenen Ohrenringe von ihren Ohren und brachten sie zu Aaron. Und er nahm sie von ihren Händen, bearbeitete das Gold mit einem Meißel und machte eine gegossenes Kalb (ein Stierbild) daraus. Da riefen sie: »Das ist dein Gott, Israel, der dich aus Ägyptenland geführt hat.« Als Aaron das sah, baute er einen Altar vor dem Goldenen Kalb und ließ ausrufen: »Morgen ist des Herrn Fest!« Sie standen dann des Morgens früh auf, opferten Brandopfer und brachten dazu Dankopfer dar. Hierauf setzte sich das Volk, zu essen und zu trinken, und standen auf, zu spielen.

Der Herr aber sprach zu Mose: »Gehe, steig hinab; denn dein Volk, das du aus Ägyptenland geführt hast, hat sich übel vergangen. Sie sind schnell von dem Wege gewichen, den ich ihnen geboten habe. Sie haben sich ein gegossenes Kalb gemacht, haben's angebetet und ihm geopfert und gesagt: ›Das ist dein Gott, Israel, der dich aus Ägyptenland geführt hat.‹« – Und der Herr sprach weiter zu Mose: »Ich sehe, daß es ein halsstarriges Volk ist. Nun laß mich, daß mein Zorn über sie ergrimme und sie vertilge. Statt seiner will ich dich zum großen Volk machen.«

Mose aber flehte vor dem Herrn, seinem Gott, und sprach: »Ach Herr, warum will dein Zorn ergrimmen über dein Volk, das du mit großer Kraft und starker Hand aus Ägyptenland geführt hast? Warum sollen die Ägypter sagen: ›Er hat sie zu ihrem Unglück ausgeführt, daß er sie im Gebirge umkommen ließ und vom Erdboden vertilgte?‹ Kehre dich ab von deinem grimmigen Zorn und laß dich gereuen des Unheils, das du deinem Volk zugedacht hast! Gedenke an deine Diener Abraham, Isaak und Israel, denen du bei dir selbst geschworen und verheißen hast: ›Ich will eure Nachkommen mehren wie die Sterne am Himmel, und alles Land, das ich verheißen habe, will ich euren Nachkommen geben, und sie sollen's besitzen ewiglich.‹«

Da gereute den Herrn das Unheil, das er seinem Volke angedroht hatte.

Mose wandte sich dann, stieg vom Berge und hatte die zwei Tafeln des Gesetzes in seiner Hand. Sie waren beschrieben auf beiden Seiten. Gott hatte sie selber gemacht und auch die Schrift selbst eingegraben.

Als nun Josua das laute Jauchzen des Volkes vernahm, sprach er zu Mose: »Es ist so etwas wie Kriegsgeschrei im Lager!« Mose aber

Er warf die Tafeln
aus seiner Hand und zerbrach
sie unten am Berge.
(2. Mose 32, 19)

erwiderte: Es ist nicht das Geschrei von Leuten, die gesiegt haben oder unterliegen, sondern ich höre den Lärm eines Singtanzes.« Wie er sich dann dem Lager näherte und das Kalb und den Reigen sah, entbrannte sein Zorn. Er warf die Tafeln aus seiner Hand und zerbrach sie unten am Berge. Dann nahm er das Kalb, das sie sich gemacht hatten, zerschmelzte es im Feuer, zermalmte es zu Pulver, zerstreute es aufs Wasser und gab's den Kindern Israel zu trinken. Zu Aaron aber sagte er: »Was hat dir das Volk getan, daß du eine so große Sünde über sie gebracht hast?« Aaron sprach: »Mein Herr lasse seinen Zorn nicht ergrimmen. Du weißt doch, daß dies Volk böse ist.« (2. Mose 32, 1 bis 22)

Obwohl Aaron ein erhebliches Maß der Verantwortung trifft – er hatte das Volk in passiver Duldung »zuchtlos werden lassen« (2. Mose 32, 25) und im übrigen ja auch alles mitgemacht –, schiebt er die Schuld allein auf das Volk. Mose vollzieht daraufhin an den Ungetreuen ein grausiges Strafgericht von antikem Ausmaß (2. Mose 32, 26 bis 29).

Des Morgens sprach Mose zum Volk: »Ihr habt eine große Sünde begangen. Nun will ich hinaufsteigen zu dem Herrn, ob ich vielleicht Vergebung für eure Sünde finde!«

Als nun Mose wieder zum Herrn kam, sprach er: »Ach, das Volk hat eine große Sünde getan, und sie haben sich einen Gott aus Gold zurechtgemacht. Vergib ihnen doch ihre Sünde. Wo aber nicht, so tilge auch mich aus deinem Buch, das du geschrieben hast.« – Der Herr erwiderte Mose: »Ich will nur den aus meinem Buch tilgen, der an mir sündigt. So gehe nun hin und führe das Volk, wohin ich dir gesagt habe. Siehe, mein Engel soll vor dir hergehen. Ich werde ihre Sünde heimsuchen, wenn meine Zeit der Heimsuchung kommt!« – Also strafte der Herr das Volk für das Kalb, das Aaron gemacht hatte. (2. Mose 32, 30 bis 35)

Die Verzagtheit des Mose

Auf der Wüstenwanderung Israels blieb der Götzendienst mit dem Goldenen Kalb keineswegs die einzige Abfallbewegung; im Gegenteil: Gerade das vierte Mose-Buch ist voll von Berichten über das murrende und aufsässige Volk. In den Drangsalen der Wüste vergaß man nur zu leicht die ägyptische Fron, unter der alle so geseufzt hatten. Sie erschien im Rückblick sogar in verklärendem Licht. Diese ständigen Querelen und Aufsässigkeiten des Volkes konnten Mose gelegentlich in eine verzweifelte Anfechtung stürzen, wie sie die Bibel sonst nur von dem Propheten Jeremia berichtet.

Wieder einmal begannen die Israeliten zu jammern und sprachen: »Wer will uns Fleisch zu essen geben? Wir gedenken der Fische, die wir in Ägypten umsonst aßen, und der Kürbisse, der Melonen, des Lauchs, der Zwiebeln und des Knoblauchs. Nun aber ist unsre Seele matt; denn unsre Augen sehen nichts als das Manna.[20]

Als nun Mose das Volk so wehklagen hörte, alle Stimmen miteinander, ein jeglicher an der Tür seines Zeltes, ergrimmte der Herr in seinem Zorn gar sehr, und auch Mose ward unwillig.

Er sprach zu dem Herrn: »Warum bekümmerst du deinen Knecht? Warum finde ich keine Gnade vor deinen Augen, daß du die Last dieses ganzen Volkes auf mich legst? Habe ich denn all das Volk empfangen oder geboren, daß du zu mir sagen könntest: ›Trag es in deinen Armen, wie eine Amme ein Kind trägt, in das Land, das du ihren Vätern geschworen hast?‹ Woher soll ich Fleisch nehmen, das ich all diesem Volk gebe? Sie weinen vor mir und sprechen: ›Gib uns Fleisch, daß wir essen.‹ Ich kann all das Volk nicht allein ertragen, es ist mir zu schwer. Willst du dennoch so mit mir tun, so bringe mich lieber um und laß mich so Gnade vor deinen Augen finden, damit ich nicht mein Unglück sehen muß.« (4. Mose 11, 4 bis 6; 10 bis 15)

Gott gibt dem Mose auf seine Klage hin nun siebzig Älteste, die ihm bei der Leitung des Volkes beistehen sollen, und die er mit seinem Geiste begabt. (4. Mose 11, 16ff.)

MOSES ABSCHIED UND TOD

Gegen das Ende seiner Tage zieht Mose in einem letzten Rückblick auf alle gnadenvollen Führungen seines Volkes, die ihm trotz dessen ständiger Aufsässigkeit und Unzuverlässigkeit zuteil wurden, das Fazit seines Lebens. Er drückt seinen Lobgesang in einem Liede aus:

Merkt auf, ihr Himmel, ich will reden, und die Erde höre die Rede meines Mundes. Meine Lehre ergieße sich wie der Regen, und meine Rede fließe wie Tau, wie Regenschauer auf das Gras und wie die Regentropfen auf das Kraut.

Denn ich will den Namen des Herrn preisen. Unserm Gott allein gebt die Ehre!

Er ist ein Fels. Vollkommen sind seine Werke; denn alles, was er tut, ist recht. Treu ist Gott und kein Böses an ihm; gerecht und wahrhaftig ist er.

Das verkehrte und böse Geschlecht fällt von ihm ab; sie sind Schandflecken und nicht seine Kinder.

Dankest du so dem Herrn, deinem Gott, du tolles und törichtes Volk? Ist er nicht dein Vater und dein Herr? Ist's nicht er allein, der dich geschaffen und bereitet hat?

Gedenke der Tage von einst an bis heute! Frage deinen Vater, der wird dir's verkündigen, deine Ältesten, die werden dir's sagen ...

Israel ist ein Volk ohne Einsicht. Es mangelt ihm der Verstand.

O daß sie doch weise wären und nähmen in sich auf, was ihnen hernach begegnen wird! ...

Dereinst wird der Herr sagen: »Wo sind nun ihre Götter, ihr Fels, auf den sie trauten? Wo sind sie, die das Fett ihrer Opfer essen und den Wein ihrer Trankopfer trinken sollten? Laßt sie doch aufstehen und euch helfen und euch schützen!

Sehet ihr nun, daß ich's allein bin und ist kein Gott neben mir? Ich kann töten und lebendig machen, ich kann schlagen und kann heilen, da ist niemand, der aus meiner Hand errettet.«

(5. Mose 32, 1 bis 7; 28 bis 29; 36 bis 39)

Mose schaut in das gelobte Land.
(5. Mose 32)

Nachdem Mose noch die Stämme Israels gesegnet hatte (5. Mose 33), starb er im Anblick des »gelobten Landes«, das er nur von ferne sehen, selbst aber nicht mehr betreten durfte: »Der Herr sprach zu ihm: Dies ist das Land, von dem ich Abraham, Isaak und Jakob geschworen habe: ›Ich will es deinen Nachkommen geben.‹ – Du hast es mit deinen Augen gesehen, aber du sollst nicht hinübergehen!«

SIMSON, STREITER FÜR GOTT[21]

Es war aber ein Mann zu Zora von einem Geschlecht der Daniter, mit Namen Manoah. Seine Frau war aber unfruchtbar und konnte nicht gebären. Da erschien der Engel des Herrn der Frau und sprach zu ihr: »Siehe, du bist unfruchtbar und gebierst nicht. Du wirst aber schwanger werden und einen Sohn gebären. So hüte dich nun, Wein oder starkes Getränk zu trinken und Unreines zu essen; denn du wirst schwanger werden und einen Sohn gebären. Dem soll kein Schermesser aufs Haupt kommen. Denn der Knabe wird ein Geweihter Gottes sein vom Mutterleibe an, und er wird anfangen, Israel zu erretten aus der Philister Hand.« Da kam die Frau und sagte es ihrem Mann.

Die Frau gebar dann einen Sohn und hieß ihn Simson. Der Knabe wuchs heran, und der Herr segnete ihn. Und der Geist des Herrn fing an, ihn umzutreiben im Lager der Daniter zwischen Zora und Eschtaol. (Richter 13, 2 bis 6; 24 bis 25)

Simson ging einmal hinab nach Thimna und sah dort ein Mädchen unter den Töchtern der Philister. Und als er wieder heraufkam, sagte er's seinem Vater und seiner Mutter und sprach: »Ich habe ein Mädchen gesehen zu Thimna unter den Töchtern der Philister. Gebt mir nun diese zur Frau.« Sein Vater und seine Mutter erwiderten: »Ist denn nun kein Mädchen unter den Töchtern deiner Brüder und in deinem ganzen Volk, daß du hingehst und nimmst eine Frau von den Philistern, die doch unbeschnitten sind?« Simson aber sagte seinem Vater: »Gib mir diese, sie gefällt mir eben.«

Sein Vater und seine Mutter wußten nicht, daß das vom Herrn kam, denn er sah aus nach einem Anlaß wider die Philister. Diese herrschten nämlich zu der Zeit über Israel.

So ging denn Simson hinab mit seinem Vater und seiner Mutter gen Thimna. Als sie an die Weinberge dort kamen, siehe, da kam ihm ein junger Löwe brüllend entgegen. Und der Geist des Herrn geriet über Simson, er zerriß ihn, wie man ein Böcklein zerreißt, und hatte doch gar nichts in seiner Hand. Er sagte aber weder seinem Vater noch seiner Mutter, was er getan hatte.

Als er hinabkam, redete er mit dem Mädchen und fand Gefallen an ihr. Nach einigen Tagen kehrte er zurück, um sie zu holen. Als er dabei abseits trat, um sich das Aas des Löwen anzusehen, siehe: da war ein Bienenschwarm in dem Leibe des Löwen und Honig. Er nahm und aß davon unterwegs, ging zu seinem Vater und zu seiner Mutter und gab auch ihnen, daß sie aßen. Er verschwieg ihnen aber, daß er den Honig aus des Löwen Leibe genommen hatte.

Als sein Vater nun hinabkam zu dem Mädchen, machte Simson daselbst ein Hochzeitsgelage, wie die Jünglinge zu tun pflegen. Als sie ihn nun sahen, gaben sie ihm dreißig Gesellen zu, die um ihn sein sollten. Simson aber sprach zu ihnen: »Ich will euch ein Rätsel aufgeben. Wenn ihr mir das erratet und löst es in diesen sieben Tagen der Hochzeitsfeier, so will ich euch dreißig Gewänder geben und dreißig Feierkleider. Könnt ihr's aber nicht erraten, so sollt ihr mir dreißig Gewänder und dreißig Feierkleider geben.« Und sie sprachen zu ihm: »Gib uns dein Rätsel auf; laß hören!« Darauf sagte er: »Speise ging aus dem Fresser und Süßigkeit von dem Starken.« Sie konnten aber in drei Tagen das Rätsel nicht lösen.

Am vierten Tage sprachen sie zu Simsons Frau: »Überrede doch deinen Mann, daß er uns die Lösung des Rätsels sagt; wo nicht, so werden wir dich und deines Vaters Haus mit Feuer verbrennen. Habt ihr uns hierher geladen, daß ihr uns arm machet oder nicht?«

Da weinte Simsons Frau ihm etwas vor und sprach: »Du bist mir gram und hast mich nicht lieb. Du hast den Söhnen meines Volks ein Rätsel aufgegeben und hast es mir nicht gesagt.« Er aber sprach zu ihr: »Siehe, ich habe es nicht einmal meinem Vater und meiner Mutter gesagt und sollte es dir sagen?« Sie aber weinte ihm die sieben Tage weiter etwas vor, die ganzen Hochzeitstage durch. Am siebenten Tage aber sagte er's ihr, denn sie bedrängte ihn. Sie sagte des Rätsels Lösung dann den Söhnen ihres Volkes weiter.

Da sprachen die Männer der Stadt zu ihm am siebenten Tage, ehe die Sonne unterging: »Was ist süßer denn Honig? Was ist stärker denn der Löwe?« Er aber erwiderte: »Wenn ihr nicht mit meinem Kalb gepflügt hättet, dann hättet ihr mein Rätsel nicht getroffen!« Und der Geist des Herrn geriet über ihn, er ging hinab gen Askalon und erschlug dreißig Mann unter ihnen, nahm ihre Gewänder und gab Feierkleider denen, die das Rätsel erraten hatten. Noch ergrimmt in seinem Zorn ging er hinauf in seines Vaters Haus. Simsons Frau aber ward einem seiner Gesellen gegeben, der sein Brautführer gewesen war. (Richter 14, 1 bis 20)

Es begab sich aber nach etlichen Tagen um die Weizenernte, daß Simson seine Frau besuchte mit einem Ziegenböcklein. Und als er gedachte: »Ich will zu meiner Frau in die Kammer gehen«, wollte ihn ihr Vater nicht hineinlassen und sprach: »Ich meinte, du wärest sie leid geworden, so habe ich sie deinem Gesellen gegeben. Sie hat aber eine jüngere Schwester, die ist noch schöner als sie; nimm die doch statt ihrer!« Da sprach Simson zu ihnen: »Diesmal können mir die Philister nichts vorwerfen, wenn ich ihnen das heimzahle.« Dann ging Simson hin, fing dreihundert Füchse und nahm Fackeln, band je einen Schwanz an den anderen, tat dann eine Fackel je zwischen zwei Schwänze, zündete sie an und ließ die Füchse in das Korn der Philister laufen. So zündete er die Garben an samt dem stehenden Korn und auch Weinberge und Ölbäume.

Da sprachen die Philister: »Wer hat das getan?« Da sagte man: »Simson, der Schwiegersohn des Thimniters. Denn er hat ihm sein Weib genommen und seinem Gesellen gegeben.« Da zogen die Philister hin und verbrannten sie samt ihrer Familie mit Feuer. Simson aber sprach zu ihnen: »Wenn ihr das tut, will ich nicht ruhen, mich an euch zu rächen.« Dann schlug er sie zusammen, daß kein Glied an ihnen heilblieb, zog hinab und wohnte in der Felsenkluft zu Etam.

Simson zerreißt
einen Löwen mit der bloßen Hand.
(Richter 14)

Da zogen die Philister hinauf und lagerten sich in Juda und breiteten sich bei Lehi aus. Aber die von Juda sprachen: »Warum seid ihr wider uns heraufgezogen?« Sie antworteten: »Wir sind heraufgekommen, um Simson zu binden, damit wir ihm tun, wie er uns getan hat.« Da zogen dreitausend Mann von Juda hinab zur Felsenkluft bei Etam und sprachen zu Simson: »Weißt du nicht, daß die Philister über uns herrschen? Warum hast du uns das angetan?« Er sprach zu ihnen: »Wie sie mir getan haben, so habe ich es auch mit ihnen gemacht.« Sie erwiderten: »Wir sind herabgekommen, dich zu binden und in die Hände der Philister zu geben.« Darauf Simson: »So schwöret mir, daß ihr mir kein Leid tun wollt.« Sie antworteten: »Wir wollen dir kein Leid tun, sondern wollen dich nur binden und in ihre Hände geben; wir wollen dich nicht töten.«

Dann banden sie ihn mit zwei neuen Stricken und führten ihn herauf von seinem Fels. Aber der Geist des Herrn geriet über ihn, und die Stricke an seinen Armen wurden wie Fäden, die das Feuer versengt hat, so daß die Fesseln an seinen Händen zerschmolzen. Und er fand einen frischen Eselskinnbacken. Da reckte er seine Hand aus und nahm ihn und schlug damit tausend Mann. Da sagte Simson: »Mit eines Esels Kinnbacken habe ich tausend Mann erschlagen.« Und als er das gesagt hatte, warf er den Kinnbacken aus seiner Hand und hieß die Stätte Ramath-Lehi (das ist Kinnbackenhöhe).

Da ihn nun sehr dürstete, rief er den Herrn an und sprach: »Du hast solch großes Heil gegeben durch die Hand deines Knechtes; nun aber muß ich Durstes sterben und in der Unbeschnittenen Hände fallen.« Da spaltete Gott die Höhlung in dem Kinnbacken, so daß Wasser herausfloß. Und als er trank, kam sein Geist zurück, und er ward erquickt. Darum heißt der Ort noch heutigen Tages »des Anrufers Brunnen«. – Simson richtete Israel zu der Philister Zeit zwanzig Jahre. (Richter 15, 1 bis 20)

Danach gewann er ein Mädchen lieb am Bach Sorek, die hieß Delila. Zu der kamen der Philister Fürsten hinauf und sprachen zu ihr: »Überrede ihn und siehe, wodurch er solche große Kraft hat und wo-

»Mit eines Esels
Kinnbacken habe ich tausend Mann erschlagen.«
(Richter 15,16)

mit wir ihn übermögen, daß wir ihn binden und zwingen. Dann wollen wir dir ein jeglicher 1100 Silberstücke geben.« Da sagte Delila zu Simson: »Sage mir doch, wodurch deine große Kraft kommt und womit man dich binden müßte, um dich zu zwingen?« Simson sprach zu ihr: »Wenn man mich bände mit sieben Seilen von frischem Bast, die noch nicht trocken sind, dann würde ich schwach und wäre wie ein anderer Mensch.«

Da brachten der Philister Fürsten sieben Seile von frischem Bast zu ihr, die noch nicht vertrocknet waren; damit band sie ihn. Derweil lauerte man ihm auf bei ihr in der Kammer. Da sagte sie zu ihm: »Die Philister über dir, Simson!« Er aber zerriß die Seile, wie eine flächsene Schnur zerreißt, wenn sie ans Feuer kommt. So kam nicht heraus, worin seine Kraft lag.

Da sprach Delila zu Simson: »Siehe, du hast mich getäuscht und mich angelogen! Nun, so sage mir doch, womit kann man dich binden?« Er antwortete ihr: »Wenn sie mich bänden mit neuen Stricken, die noch nie gebraucht wurden, so würde ich schwach und wie ein anderer Mensch. Da nahm Delila neue Stricke, band ihn damit und sprach: »Philister über dir, Simson!« Und wieder lauerte man ihm auf in der Kammer. Abermals riß er sie von seinen Armen herunter wie einen Faden.

Delila aber sprach zu ihm: »Bisher hast du mich getäuscht und mich belogen. Nun sage mir doch, womit kann man dich binden?« Er antwortete ihr: »Wenn du die sieben Locken meines Haupts zusammenflöchtest mit einem Gewebe und heftest sie mit dem Pflock an, so würde ich schwach wie ein anderer Mensch.« Dann ließ sie ihn einschlafen und tat also. Dann rief sie ihn an: »Philister über dir, Simson!« Er aber wachte auf von seinem Schlaf und zog die geflochtenen Locken mit Pflock und Gewebe heraus. Da sprach sie zu ihm: »Wie kannst du sagen, du habest mich lieb, wenn dein Herz doch nicht mit mir ist? Dreimal hast du mich getäuscht und mir nicht gesagt, worin deine große Kraft sei.«

Da sie ihn aber bedrängte mit ihren Worten alle Tage und ihn zermürbte, ward seine Seele matt bis an den Tod, und er schloß ihr sein ganzes Herz auf und sprach zu ihr: »Es ist noch nie ein Schermesser

Delila läßt Simson
die Haare abschneiden, worauf ihn
alle Kräfte verlassen.
(Richter 16)

auf mein Haupt gekommen, denn ich bin ein Geweihter Gottes von Mutterleibe an. Wenn man mich schöre, so wiche meine Kraft von mir, daß ich schwach würde und wäre wie alle anderen Menschen.«

Da nun Delila sah, daß er ihr all sein Herz offenbart hatte, sandte sie hin und ließ der Philister Fürsten rufen und sagen: »Kommt noch einmal her; denn er hat mir sein ganzes Herz offenbart.« Da kamen die Fürsten der Philister zu ihr herauf und brachten das Geld in ihrer Hand mit. Und sie ließ ihn einschlafen auf ihrem Schoß und rief einen, der ihm die sieben Locken seines Haupts abschnitt. Da war seine Kraft von ihm gewichen. Und wieder rief sie ihn an: »Philister über dir, Simson!« Da er nun von seinem Schlaf erwachte, gedachte er: Ich will frei ausgehen, wie ich vorher getan habe, und will mich losreißen. Er wußte aber nicht, daß der Herr von ihm gewichen war.

Nun griffen ihn die Philister, stachen ihm die Augen aus, führten ihn hinab gen Gaza und schlugen ihn in zwei eherne Ketten. Und er mußte die Mühle mahlen im Gefängnis. Das Haar seines Hauptes aber fing wieder an zu wachsen, nachdem es geschoren war.

Da aber der Philister Fürsten sich versammelten, um ihrem Gott Dagon ein großes Opfer darzubringen und sich der Freude hinzugeben, sprachen sie: »Unser Gott hat unsern Feind Simson in unsre Hände gegeben.« ...

Als nun ihr Herz guter Dinge war, sprachen sie: »Laßt Simson holen, daß er uns durch seine Späße vergnüge!« Da holten sie Simson aus dem Gefängnis, und er machte ihnen seine Späße. Dabei stellten sie ihn zwischen die Säulen.

Simson aber sprach zu dem Knaben, der ihn an der Hand leitete: »Laß mich los, daß ich die Säulen ertaste, auf denen das Haus steht. Ich möchte mich an sie lehnen. Das Haus aber war voller Männer und Frauen. Auch die Fürsten der Philister waren alle da, und auf dem Dach waren an die dreitausend Leute, die zusahen, wie Simson seine Späße trieb. Der aber rief den Herrn an und sprach: »Herr, Herr, gedenke mein und stärke mich doch, Gott, dieses eine Mal, daß ich für meine beiden Augen mich einmal räche an den Philistern!« Und er umgriff die zwei Mittelsäulen, auf denen das Haus ruhte, die eine mit seiner rechten und die andere mit seiner linken Hand,

Und Simson ergriff die zwei
Mittelsäulen, stemmte sich gegen sie und sprach:
»Ich möge sterben mit den Philistern.«
(Richter 16, 29—30)

stemmte sich gegen sie und sprach: »Ich möge sterben mit den Philistern!« und neigte sich mit voller Kraft. Da fiel das Haus auf die Fürsten und auf alles Volk, das darin war, so daß es mehr Tote gab, die mit ihm starben, als er zu Lebzeiten erschlagen hatte. Da kamen seine Brüder herab und seines Vaters ganzes Haus. Die hoben ihn auf und trugen ihn hinauf und begruben ihn in seines Vaters Manoah Grab. (Richter 16, 4 bis 31)

DIE GESCHICHTE DER NICHT-ISRAELITIN RUTH

Zwischen dem Richterbuch und den Davidgeschichten ist die einzig schöne Geschichte von der Moabiterin Ruth eingeordnet. Goethe hat sie mit besonderer Liebe charakterisiert: »Ein großer Teil des Alten Testamentes«, so sagt er, »ist enthusiastisch geschrieben und gehört dem Felde der Dichtkunst an.« Als Beispiel dafür nennt er das Buch Ruth, »welches bei seinem hohen Zweck, einem König von Israel (David) anständige, interessante Voreltern zu verschaffen, zugleich als das lieblichste kleine Ganze betrachtet werden kann, das uns episch und idyllisch überliefert worden ist.«[22]

Ob es freilich stimmt, daß dieses kleine Kunstwerk gedichtet wurde, um dem Hause Davids einen genealogischen Hintergrund zu verleihen, ist ebenso fraglich wie die Abfassungszeit des Büchleins, über die sich die Gelehrten streiten. Richtig ist aber sicher die Beobachtung Goethes, daß das Buch Ruth Ausblicke in größere heilsgeschichtliche Zusammenhänge eröffnet: Jahwe, der Gott Israels, umgreift zugleich die Welt. Auch anderen als den Angehörigen seines Volkes gewährt er Zuflucht. Ja noch mehr: Der heilsgeschichtliche Zusammenhang, in den diese Novelle eingefügt ist, umgreift auch den Stammbaum Jesu: In ihm taucht nämlich Ruth auf. (Matthäus-Evangelium 1,5)

Zu der Zeit, als die Richter regierten, ward eine Teuerung im Lande. Und ein Mann von Bethlehem in Juda zog aus in der Moabiter Land mit seiner Frau und seinen zwei Söhnen. Er hieß Elimelech, seine

Frau hieß Naemi und seine zwei Söhne Machlon und Kiljon ... Als sie nun ins Land der Moabiter kamen, blieben sie dort. Elimelech, der Naemi Mann, starb dann, und sie blieb übrig mit ihren zwei Söhnen. Die nahmen moabitische Frauen, eine hieß Orpa, die andere Ruth. Und als sie dort ungefähr zehn Jahre gewohnt hatten, starben ihre beiden Söhne, so daß Naemi alle die Ihren überlebte.

Da machte sie sich auf mit ihren beiden Schwiegertöchtern und verließ der Moabiter Land wieder; denn sie hatte dort erfahren, daß der Herr sich seinem Volk erneut zugewandt und ihnen Brot gegeben hatte ...

Als sie nun auf dem Wege waren, um ins Land Juda zurückzukehren, sprach sie zu ihren beiden Schwiegertöchtern: »Gehet hin und kehret um, jede von euch in ihrer Mutter Haus. Der Herr tue an euch Barmherzigkeit, wie ihr sie an den Toten und an mir getan habt! Der Herr gebe euch, daß ihr Ruhe findet, beide in eures Mannes Hause.« Und sie küßte sie.

Da erhoben sie ihre Stimme und sagten unter Tränen zu ihr: »Wir wollen mit dir zu deinem Volk gehen.« Doch Naemi antwortete: »Kehret um, meine Töchter! Warum wollt ihr mit mir gehen? Wie kann ich fürderhin noch Kinder in meinem Schoße haben, die eure Männer werden könnten? Kehret um, meine Töchter, und gehet eurer Wege! Denn ich bin nun zu alt, um wieder einen Mann zu nehmen. Selbst wenn ich aber dächte: ›Es ist zu hoffen, daß ich diese Nacht einen Mann nehme und Kinder gebäre‹, wie könntet ihr so lange warten, bis sie groß würden? Wollt ihr euch bis dahin zurückziehen und keinen Mann nehmen? Nicht so, meine Töchter, ihr jammert mich, weil des Herrn Hand mich so schwer getroffen hat.« Da erhoben sie ihre Stimme und weinten noch mehr. Und Orpa küßte ihre Schwiegermutter, Ruth aber blieb bei ihr.

Da sagte Naemi zu ihr: »Siehe, deine Schwägerin ist umgekehrt zu ihrem Volk und zu ihrem Gott. Kehre auch du um, deiner Schwägerin nach!« Ruth aber antwortete: »Rede mir nicht ein, daß ich dich verlassen und von dir abkehren sollte! Wo du hingehst, da will ich auch hingehen; wo du bleibst, da bleibe ich auch. Dein Volk ist mein Volk, und dein Gott ist mein Gott. Wo du stirbst, da sterbe ich auch;

da will ich auch begraben werden. Der Herr tue mir dies und das, nur der Tod wird mich und dich scheiden.« Als sie nun sah, daß sie darauf beharrte, mit ihr zu gehen, ließ sie ab, mit ihr davon zu reden. Also gingen die beiden miteinander, bis sie gen Bethlehem kamen.

Als sie dort eintrafen, erregte sich die ganze Stadt über sie, und die Frauen fragten: »Ist das die Naemi?« Sie aber sprach zu ihnen: »Nennt mich nicht Naemi (das heißt: die Liebliche), sondern Mara (die Bittere), denn der Allmächtige hat mir sehr Bitteres zugefügt. Voll zog ich aus, aber leer hat mich der Herr wieder heimgebracht ...« Es war aber um die Zeit, daß die Gerstenernte anging, als Naemi mit ihrer Schwiegertochter Ruth, der Moabitin, wiederkam vom Moabiterlande gen Bethlehem. (Ruth 1, 1 bis 22)

Da war nun ein Mann, ein Verwandter des Mannes der Naemi, von dem Geschlecht Elimelechs, mit Namen Boas, der war ein wohlhabender Mann. Ruth, die Moabitin, sagte nun zu Naemi: »Laß mich aufs Feld gehen und Ähren auflesen, hinter dem her, der es gewiß gnädig erlauben wird!« Sie erwiderte: »Gehe hin, meine Tochter.« Da ging sie hin, kam und las vom Felde auf, hinter den Schnittern her.

Es traf sich nun, daß eben dies Feld dem Boas gehörte, der von dem Geschlecht Elimelechs war. Und siehe, der kam eben von Bethlehem und sprach zu den Schnittern: »Der Herr sei mit euch!« Sie antworteten: »Der Herr segne dich!« Und Boas sprach zu seinem Knechte, der über die Schnitter gestellt war: »Wem gehört das Mädchen da?« Der Großknecht antwortete: »Es ist die Moabitin, die mit Naemi wiedergekommen ist aus ihrer Heimat. Sie bat: ›Laßt mich doch auflesen und sammeln hinter den Garben, den Schnittern nach!‹ So ist sie gekommen und da geblieben vom Morgen an bis jetzt und hat kaum ausgeruht.«

Da sagte Boas zu Ruth: »Hörst du, meine Tochter? Du sollst nicht gehen auf einen anderen Acker, um aufzulesen. Gehe auch nicht von hier weg, sondern halte dich zu meinen Mägden. Und siehe, wo sie schneiden im Felde, da gehe ihnen nach. Ich habe meinen Knechten geboten, daß dich niemand antaste. Wenn dich dürstet, so gehe hin zu den Krügen und trinke von dem, was auch meine Knechte schöpfen.«

Da fiel sie auf ihr Angesicht, beugte sich nieder zur Erde und sprach zu ihm: »Womit habe ich die Gnade gefunden vor deinen Augen, daß du so freundlich zu mir bist, die ich doch eine Fremde bin?« Boas antwortete und sprach zu ihr: »Es ist mir angesagt alles, was du getan hast an deiner Schwiegermutter nach deines Mannes Tod, daß du verlassen hast deinen Vater und deine Mutter und dein Vaterland und bist zu einem Volk gezogen, das du zuvor nicht kanntest. Der Herr vergelte dir deine Tat, und dein Lohn möge vollkommen sein bei dem Herrn, dem Gott Israels! Zu ihm bist du ja gekommen, daß du unter seinen Flügeln Zuflucht hättest.« Sie sprach: »Laß mich Gnade finden vor deinen Augen, mein Herr, denn du hast mich getröstet und deine Magd freundlich angesprochen. Dabei bin ich nicht einmal wie eine deiner Mägde.«

Als nun Essenszeit war, sagte Boas zu ihr: »Komm doch herzu und iß vom Brot und tauche deinen Bissen in den Essig!« Und sie gesellte sich zu den Schnittern. Er aber legte ihr geröstete Körner vor, und sie aß und wurde satt, ließ sogar noch übrig.

Als sie sich dann wieder aufmachte zu lesen, gebot Boas seinen Knechten: »Laßt sie auch zwischen den Garben lesen und beschämt sie nicht! Zieht auch Ähren aus den Bündeln und laßt sie für sie liegen. Niemand schelte sie deshalb.« So las sie auf dem Felde bis zum Abend und klopfte die Ähren aus, die sie aufgelesen hatte. Es war etwa ein Scheffel Gerste.

Sie hob's auf und kam in die Stadt, und ihre Schwiegermutter sah, was sie gelesen hatte. Da zog sie auch das hervor und gab ihr von dem, was sie übrig gelassen hatte, als sie satt geworden war. Da sprach ihre Schwiegermutter zu ihr: »Wo hast du heute gelesen und wo gearbeitet? Gesegnet sei, der dich so annahm!« Sie sagte dann ihrer Schwiegermutter, bei wem sie gearbeitet hätte, und sprach: »Der Mann, bei dem ich heute gearbeitet habe, heißt Boas.« Naemi erwiderte: »Gesegnet sei er dem Herrn, der seine Barmherzigkeit nicht abgewandt hat von den Lebendigen und den Toten.« Weiter sagte Naemi: »Der Mann gehört uns zu und kommt für uns auf, wenn wir

So las sie Ähren
auf dem Felde bis zum Abend.
(Ruth 2, 17)

verarmt sind.«[23] Ruth, die Moabitin, erwiderte noch: »Er sprach auch das zu mir: ›Du sollst dich zu meinen Leuten halten, bis sie mir alles eingeerntet haben.‹« Naemi antwortete ihr: »Es ist gut, meine Tochter, daß du mit seinen Mägden hinausgehst, damit dir nicht jemand auf einem anderen Acker etwas zufügt.« Also hielt sie sich beim Lesen zu den Mägden des Boas, bis die Gerstenernte und die Weizenernte zu Ende war. Dann kam sie wieder zu ihrer Schwiegermutter.
(Ruth 2, 1 bis 23)

Naemi, ihre Schwiegermutter, sagte zu Ruth: »Meine Tochter, ich muß dir ein sicheres Heim schaffen, damit du versorgt bist. Siehe, Boas, unser Verwandter, bei dessen Mägden du warst, worfelt diese Nacht Gerste auf seiner Tenne. So bade nun, salbe dich, lege dein Kleid an und gehe hinab auf die Tenne. Gib dich dem Mann nicht zu erkennen, bis er gegessen und getrunken hat. Wenn er sich dann schlafen legt, merke dir die Stelle, wo er sich hinlegt. Dann geh hin, decke zu seinen Füßen auf und lege dich hin. Er wird dir schon sagen, was du tun sollst.« Ruth antwortete ihr: »Alles, was du mir sagst, will ich tun.«

So ging sie hinab zur Tenne und tat alles, was ihre Schwiegermutter geboten hatte. Als Boas nun gegessen und getrunken hatte, ward sein Herz guter Dinge, und er kam und legte sich hinter einen Kornhaufen. Sie kam leise und deckte auf zu seinen Füßen und legte sich nieder. Als nun die Mitternacht kam, erschrak der Mann und beugte sich vor; und siehe, eine Frau lag zu seinen Füßen. Er fragte sie: »Wer bist du?« Sie antwortete: »Ich bin Ruth, deine Magd. Breite den Zipfel deiner Decke über deine Magd; denn du bist ja unser Verwandter, der für mich aufkommt, der ›Löser‹.« Er aber sprach: »Gesegnet seist du dem Herrn, meine Tochter! Du hast deine Liebe noch besser bewiesen als zuvor: Du bist nicht den Jünglingen nachgegangen, weder den reichen noch den armen. Nun, meine Tochter, fürchte dich nicht. Alles, was du sagst, will ich dir tun, denn alles Volk in meiner Stadt weiß, daß du ein tugendsames Weib bist. Nun, es ist wahr, daß ich euer ›Löser‹ bin. Doch gibt es einen, der euch noch näher steht als ich. Bleibe nun über Nacht hier. Morgen, wenn er dich ›lösen‹ will, gut! Mag er dich aber nicht ›lösen‹, so will ich dich ›lösen‹, so wahr der Herr lebt. Schlaf bis zum Morgen!«

Und sie schlief bis zum Morgen zu seinen Füßen. Dann stand sie auf, ehe einer den anderen erkennen konnte. Er aber sann darauf, daß ja niemand merkte, daß die Frau in die Tenne gekommen war, und sprach: »Nimm das Umschlagtuch, das du anhast, und halte es auf.« Sie hielt es ihm hin. Und er maß sechs Maß Gerste hinein und legte es auf sie. Danach ging er in die Stadt.

Sie aber kam zu ihrer Schwiegermutter, die fragte sie: »Nun, wie steht's mit dir, meine Tochter?« Sie sagte ihr dann alles, was ihr der Mann getan hatte: »Diese sechs Maß Gerste gab er mir; denn er sagte: ›Du sollst nicht leer zu deiner Schwiegermutter kommen.‹« Sie aber sprach: »Sei still, meine Tochter, bis du erfährst, wo es hinaus will; denn der Mann wird nicht ruhen, er bringe es denn heute zu Ende.« (Ruth 3, 1 bis 18)

Boas ging hinauf ins Tor und setzte sich dort nieder. Und siehe, als der »Löser« vorüberging, von dem er geredet hatte, sprach Boas: »Komm und setze dich hierher!« Und er kam und setzte sich. Dann nahm er zehn Männer von den Ältesten der Stadt und sprach: »Setzt euch her.« Und sie setzten sich.

Hierauf sagte er zu dem »Löser«: »Naemi, die vom Lande der Moabiter wiedergekommen ist, bietet feil das Stück Feld, das unserem Bruder Elimelech zueigen war. Darum gedachte ichs, vor deine Ohren zu bringen und zu sagen: Willst du es auslösen, so kaufe es vor den Bürgern und vor den Ältesten meines Volks; willst du es aber nicht auslösen, so sage mir's, daß ich's wisse; denn es ist kein ›Löser‹ da außer dir, und ich nach dir.« Er sprach: »Ich will's auslösen.« Darauf Boas: »An dem Tage, da du das Feld kaufst von der Hand Naemis, mußt du auch Ruth, die Moabiterin, des Verstorbenen Frau, nehmen, um den Namen des Toten zu erhalten auf seinem Erbe.« – Da aber sagte er: »Ich vermag es nicht auszulösen, sonst würde ich wohl mein Erbteil schädigen. Erwirb du, was ich hätte auslösen sollen. Ich kann es nicht auslösen.«

Nun war es von alters her üblich in Israel: Wenn einer einen Handel endgültig bestätigen wollte, zog er seinen Schuh aus und gab ihn dem anderen. Das galt als Beglaubigung in Israel. So sprach der ›Löser‹ zu Boas: »Kaufe du es!« und zog seinen Schuh aus.

Da sagte Boas zu den Ältesten und zu allem Volk: »Ihr seid heute Zeugen, daß ich alles von Naemi gekauft habe, was dem Elimelech, und alles, was dem Kiljon und dem Machlon gehört hat. Dazu habe ich mir auch Ruth, die Moabiterin, Machlons Frau zum Weibe erworben, daß ich dem Verstorbenen den Namen erhalte auf sein Erbteil und sein Name nicht ausgerottet werde unter seinen Brüdern und aus dem Tor seines Orts. Heute seid ihr die Zeugen dessen.« – Und alles Volk, das im Tor war, samt den Ältesten sprach: »Wir sind Zeugen. Der Herr gebe, daß die Frau, die in dein Haus kommt, werde wie Rahel und Lea, die beide das Haus Israels gebaut haben ...«

So nahm Boas die Ruth, daß sie seine Frau ward. Und als er zu ihr einging, gab ihr der Herr, daß sie schwanger ward und gebar einen Sohn. Da sprachen die Frauen zu Naemi: »Gelobt sei der Herr, der dir einen ›Löser‹ nicht versagt hat zu dieser Zeit. Sein Name möge in Israel bleiben! Er wird dich erquicken und dein Alter versorgen. Denn deine Schwiegertochter, die dich geliebt hat, hat ihn geboren, und sie ist dir mehr wert als sieben Söhne.«

Naemi nahm das Kind, legte es auf ihren Schoß und ward seine Wärterin. Und ihre Nachbarinnen gaben ihm einen Namen und sprachen: »Naemi ist ein Sohn geboren.« Sie nannten ihn Obed. Er ist der Vater Isais, der dann Davids Vater wurde. (Ruth 4, 1 bis 17)

SAUL UND DAVID

Wir übergehen – nicht ohne Bedauern – die vielen bedeutungsvollen Geschichten um den Seher, Propheten und Richter Samuel (1. Samuel, 1 bis 14) sowie um die Anfänge des Königs Saul. Obwohl Saul im Kampf mit den Feinden Israels erfolgreich ist, wird er wegen seines Ungehorsams später von Gott verworfen (Kapitel 15). Von da an ist sein Leben eine Geschichte der Unseligkeit und der Torschlußpanik. Das zeigt sich unter anderem in seiner Auseinandersetzung mit

David, seinem späteren Nachfolger. Samuel muß den jungen David im Namen Gottes zum kommenden König Israels designieren.

Davids Königssalbung

Der Herr sprach zu Samuel: »Wie lange trägst du Leid um Saul, den ich verworfen habe, daß er nicht König sei über Israel? Fülle dein Horn mit Öl und gehe hin; ich will dich senden zu dem Bethlehemiter Isai; denn unter seinen Söhnen habe ich mir einen neuen König ersehen.« – Samuel aber sprach: »Wie soll ich hingehen? Saul wird's erfahren und mich erwürgen.« Der Herr sprach: »Nimm ein Kalb von den Rindern zu dir und sprich: ›Ich bin gekommen, dem Herrn zu opfern.‹ Und sollst Isai zum Opfer laden; da will ich dir weisen, was du tun sollst: Du sollst mir salben, den ich dir sagen werde.«

Samuel tat, wie ihm der Herr gesagt hatte, und kam gen Bethlehem. Da wurden die Ältesten der Stadt bange, gingen ihm entgegen und fragten: »Bedeutet es Gutes, daß du kommst?« Er antwortete: »Ja, ich bin gekommen, dem Herrn zu opfern; heiligt euch und kommt mit mir zum Opfer.« Und er ließ den Isai und seine Söhne sich heiligen und lud sie zum Opfer.

Da sie nun hereinkamen, sah er den Eliab an und dachte, der sei vor dem Herrn sein Gesalbter. Doch der Herr sprach zu Samuel: »Siehe nicht an seine Gestalt noch seinen hohen Wuchs; den habe ich verworfen. Denn bei mir geht es nicht nach dem, was ein Mensch sieht. Ein Mensch sieht, was vor Augen ist, der Herr aber sieht das Herz an.« (1. Samuel 16, 1 bis 7)

Auch die übrigen Söhne Isais werden Samuel vorgeführt, ohne daß der Erwählte Gottes darunter wäre. Schließlich fragt Samuel den Vater:

»Sind das die Knaben alle?« Er aber sprach: »Es ist noch übrig der jüngste; und siehe, er hütet die Schafe.« Da sprach Samuel zu Isai: »Sende hin und laß ihn holen; denn wir werden uns nicht eher zu Tische setzen, bis er hierherkomme.« – Da sandte er hin und ließ ihn holen. Und er war bräunlich, mit schönen Augen und guter Gestalt. Da sprach der Herr: »Auf! und salbe ihn; der ist's!« Da nahm Samuel sein Ölhorn und salbte ihn mitten unter seinen Brüdern. Und der Geist des Herrn geriet über David von dem Tage an und fürderhin. Samuel aber machte sich auf und ging gen Rama.

(1. Samuel 16, 11 bis 13)

David am Hofe Sauls

Der Geist des Herrn aber wich von Saul, und ein böser Geist vom Herrn machte ihn sehr unruhig. Da sprachen die Diener Sauls zu ihm: »Siehe, ein böser Geist von Gott treibt dich um. Unser Herr gebiete nun seinen Knechten, die vor ihm stehen, daß sie einen Mann suchen, der auf der Harfe wohl spielen könne, damit, wenn der böse Geist Gottes über dich kommt, er mit seiner Hand spiele, daß es besser mit dir werde.« Da sprach Saul zu seinen Knechten: »Sehet nach einem Mann, der des Saitenspiels kundig ist, und bringet ihn zu mir.« Da antwortete einer der Jünglinge und sprach: »Siehe, ich habe gesehen einen Sohn Isais, des Bethlehemiters, der ist des Saitenspiels kundig; ein tapferer Mann, streitbar im Kampf, verständig in seinen Reden, dazu schön von Gestalt, und der Herr ist mit ihm.«

Da sandte Saul Boten zu Isai und ließ ihm sagen: »Sende deinen Sohn David zu mir, der bei den Schafen ist!« Da nahm Isai einen Esel mit Brot, einen Schlauch Wein und ein Ziegenböcklein und sandte es Saul durch seinen Sohn David. So kam David zu Saul und tat seinen Dienst bei ihm. Saul gewann ihn sehr lieb, und er ward sein Waffenträger. Saul sandte zu Isai und ließ ihm sagen: »Laß David in meinem Dienst bleiben; denn er hat Gnade gefunden vor meinen Augen!« Wenn nun der böse Geist von Gott her über Saul kam, nahm David die Harfe und spielte darauf mit seiner Hand. Dann wurde es Saul leichter, er fühlte sich wohler, und der böse Geist wich von ihm. (1. Samuel 16, 14 bis 23)

David und Goliath

Die Philister sammelten ihre Heere zum Streit ... Auch Saul und die Männer Israels ... rüsteten sich zum Kampf. Da trat hervor aus den Reihen der Philister ein Riese, mit Namen Goliath aus Gath, sechs Ellen und eine Hand breit hoch. Er hatte einen ehernen Helm auf seinem Haupt und einen Schuppenpanzer an. Das Gewicht seines Panzers war 5000 Lot Erz. Auch hatte er eherne Beinharnische an seinen Schenkeln und einen ehernen Wurfspieß auf seinen Schultern. Der Schaft seines Spießes war wie ein Weberbaum, und die eiserne Spitze seines Spießes war aus 600 Lot Eisen.

Er stellte sich nun hin und rief dem Heer Israels zu: »Was seid ihr ausgezogen, euch für einen Streit zu rüsten? Bin ich nicht ein Philister und ihr die Knechte Sauls? Erwählt einen unter euch, der zu mir herabkomme. Vermag er wider mich zu streiten und erschlägt mich, so wollen wir eure Knechte sein. Siege ich aber über ihn und erschlage ihn, so sollt ihr unsre Knechte sein und uns dienen!« ... Da Saul und ganz Israel diese Rede des Philisters hörten, entsetzten sie sich und fürchteten sich sehr. (1. Samuel 17, 1 bis 11)

Um diese Zeit wird David, der für den Kampf der Männer noch zu jung war und daheim die Schafe hütete, von seinem Vater in den »Eichgrund« geschickt, um seinen kämpfenden Brüdern und deren Offizier Brote und frischen Käse zu bringen. Zugleich soll er sich nach dem Ergehen seiner Brüder erkundigen und dem besorgten Vater ein Lebenszeichen von ihnen bringen.

David machte sich so des Morgens früh auf, überließ die Schafe einem Hüter, lud die Gaben auf und ging hin, wie ihm Isai geboten hatte. So kam er zum Lager. Das Heer war schon ausgezogen und hatte sich zum Kampf gerüstet. Es war ein mächtiges Kriegsgeschrei. Da ließ David das Gepäck, das er mit sich hatte, einem Hüter, lief zu dem Heer, mischte sich unter die Krieger und fragte seine Brüder, ob's ihnen wohlginge. Als er noch mit ihnen redete, siehe, da kam wieder herauf der Riese mit dem Namen Goliath, aus den Reihen der Philister, und führte dieselben Reden wie vorher. David

Also überwand David den
Philister mit der Schleuder und dem
Stein und traf ihn und tötete ihn.
(1. Samuel 17, 50)

hörte es. Jedermann aber in Israel, der den Mann sah, floh vor ihm und fürchtete sich sehr, so daß die Männer von Israel zueinander sagten: »Habt ihr den Mann gesehen, der da vortrat? Er ist hergekommen, Israel zu verhöhnen! Und wer ihn erschlägt, den will der König sehr reich machen und ihm seine Tochter geben, und will seines Vaters Haus freimachen von Steuerlasten in Israel.«

Da sprach David zu den Männern, die bei ihm standen: »Was wird man dem geben, der diesen Philister schlägt und die Schande von Israel wendet? Wer ist schließlich der Philister, dieser Unbeschnittene, der das Heer des lebendigen Gottes höhnt?« Da sagte ihm das Volk wie vorhin: »So und so wird man tun dem, der ihn schlägt.« Eliab, sein ältester Bruder, hörte ihn so reden mit den Männern und ergrimmte im Zorn über David. Er sprach: »Warum bist du herabgekommen? Und wem hast du die wenigen Schafe dort in der Wüste überlassen? Ich kenne deine Vermessenheit wohl und deines Herzens Bosheit. Du bist nur herabgekommen, um dem Kampf zuzuschauen!« David antwortete: »Was habe ich denn getan? Ich habe doch nur gefragt!« Und er wandte sich von ihm zu einem andern und sprach, wie er vorher gesagt hatte. Da antwortete ihm das Volk ebenso wie vorher.

Als sie die Worte hörten, die David gesprochen hatte, erzählten sie Saul davon. Der ließ ihn dann holen, und David sprach zu Saul: »Keinem Menschen entfalle das Herz um dieses Philisters willen! Dein Knecht wird hingehen und mit dem Philister kämpfen.« Saul aber antwortete David: »Du kannst nicht hingehen, mit diesem Philister zu streiten, denn du bist noch ein Knabe, der aber ist ein Kriegsmann von seiner Jugend auf.« David jedoch erwiderte Saul: »Als dein Knecht die Schafe seines Vaters hütete, kam ein Löwe oder auch ein Bär und trug ein Schaf weg von der Herde. Ich lief ihm dann nach und schlug ihn und errettete es aus seinem Maul. Als er auf mich losging, ergriff ich ihn bei seinem Bart und schlug ihn tot. So hat dein Knecht beide geschlagen, den Löwen und den Bären. So soll es nun diesem Philister, dem Unbeschnittenen, gehen wie diesen. Denn er hat verhöhnt das Heer des lebendigen Gottes.« Und David fügte noch hinzu: »Der Herr, der mich von dem Löwen und Bären errettet hat, der wird mich auch erretten von diesem Philister.« Da sagte Saul zu David: »Dann gehe hin, der Herr sei mit dir.«

Saul zog nun David seinen Waffenrock an, setzte ihm einen ehernen Helm auf sein Haupt und legte ihm einen Panzer an. Sodann gürtete David sein Schwert über seine Rüstung und mühte sich vergeblich, damit zu gehen. Er hatte so etwas vorher noch nie versucht. Da sprach David zu Saul: »Ich kann so nicht gehen, ich bin's nicht gewohnt.« Er legte alles wieder ab, nahm seinen Stab in seine Hand, wählte fünf glatte Steine aus dem Bach und tat sie in die Hirtentasche, die sein Schleudersack war, nahm dann die Schleuder in seine Hand und machte sich auf, dem Philister entgegen.

Der Philister aber kam ebenfalls immer näher auf David zu, sein Schildträger ging vor ihm her. Als nun der Philister aufsah und David erblickte, verachtete er ihn, denn er war ein Knabe, bräunlich und schön. Und der Philister sprach zu David: »Bin ich denn ein Hund, daß du mit einem Stecken zu mir kommst?« Er fluchte dem David bei seinem Gott und sprach zu ihm: »Komm nur her zu mir, ich will dein Fleisch den Vögeln unter dem Himmel geben und den Tieren auf dem Felde.« David aber sprach zu dem Philister: »Du kommst zu mir mit Schwert, mit Lanze und Spieß, ich aber komme zu dir im Namen des Herrn Zebaoth, des Gottes über Israels Heer, den du verhöhnt hast. Heute noch wird dich der Herr in meine Hand geben, daß ich dich erschlage und dir den Kopf abhaue und gebe deinen Leichnam und die Leichname des Philisterheeres noch heute den Vögeln unter dem Himmel und den Tieren auf dem Felde, damit alle Welt innewerde, daß Israel einen Gott hat, und damit diese alle merken, daß der Herr nicht durch Schwert noch Spieß hilft. Denn der Herr ist es, der über den Kampf entscheidet, und er wird euch in unsere Hände geben!«

Da sich nun der Philister aufmachte und daherstolzierte und sich an David heranmachte, lief David schnell vor die Front seines Heeres dem Philister entgegen. Dann griff er mit seiner Hand in die Tasche, nahm einen Stein heraus, schleuderte ihn und traf den Philister an der Stirn, so daß der Stein in seine Stirn fuhr und er zur Erde fiel stracks auf sein Angesicht. Also überwand David den Philister mit der Schleuder und mit dem Stein und traf ihn und tötete ihn. David aber hatte nicht einmal ein Schwert in seiner Hand.

Da lief er hin, trat zu dem Philister, nahm dessen Schwert, zog's aus der Scheide, tötete ihn vollends und hieb ihm den Kopf damit ab. Als die Philister sahen, daß ihr Stärkster tot war, ergriffen sie die Flucht... Die Kinder Israel aber kehrten, nachdem sie die Philister verfolgt hatten, wieder um und plünderten deren Lager. Als David dann zurückkam von seinem Sieg über den Philister, nahm ihn Abner und brachte ihn vor Saul. Dabei hielt David des Philisters Haupt in seiner Hand. Da fragte ihn Saul: »Wes Sohn bist du, Knabe?« David sprach: »Ich bin ein Sohn deines Knechtes Isai, des Bethlehemiters.« (1. Samuel 17, 20; 22 bis 51; 53; 57 bis 58)

Davids Freundschaft mit Jonathan, dem Sohne Sauls

Als Davids Gespräch mit Saul zu Ende war, da verband sich das Herz Jonathans mit dem Herzen Davids, und Jonathan gewann ihn lieb wie sein eigen Herz. Saul nahm ihn an diesem Tage zu sich und ließ ihn nicht wieder in seines Vaters Haus zurückkehren. Jonathan und David schlossen dann einen Bund miteinander; denn er hatte ihn lieb wie sein eigen Herz. Und Jonathan zog seinen Rock aus, den er anhatte, und gab ihn David, dazu seinen Waffenrock, sein Schwert, seinen Bogen und seinen Gürtel. (1. Samuel 18, 1 bis 4)

Davids Beliebtheit macht Saul eifersüchtig

David zog nun aus zum Kampf, wohin immer Saul ihn sandte, und er hielt sich klüglich. Daher setzte ihn Saul auch über die Kriegsleute. Und er gefiel wohl allem Volk, auch den Hofleuten um Saul.

Es begab sich aber, als David wiedergekommen war vom Sieg über die Philister, daß die Frauen aus allen Städten Israels herausgingen mit Gesang und Reigen, dem König Saul entgegen, mit Jubelgeschrei, mit Pauken und mit Zimbeln. Sie sangen im Reigen und sprachen: »Saul hat tausend geschlagen, David aber zehntausend.«

Da ergrimmte Saul sehr, das Wort gefiel ihm übel, und er sprach: »Sie haben David zehntausend gegeben und mir tausend; das Königreich will noch sein werden!« Und Saul sah David von dem Tag an und immerfort scheel an. Schon am nächsten Tage geriet wieder der böse Geist von Gott über Saul, und er raste daheim in seinem Hause. David aber spielte auf den Saiten mit seiner Hand, wie er es täglich zu tun pflegte. Währenddem hielt Saul einen Spieß in seiner Hand. Den zückte er und dachte: »Ich will David an die Wand spießen.« David jedoch wich ihm zweimal aus.

Saul fürchtete sich nunmehr vor David; denn der Herr war mit ihm, von Saul aber war er gewichen. Da tat ihn Saul weg von sich und setzte ihn zum Obersten über tausend Mann. Von da an zog David aus und ein vor dem Kriegsvolk. Er verhielt sich klüglich in allem seinem Tun, und der Herr war mit ihm. Als nun Saul sah, daß er sich so klüglich hielt, geriet er geradezu in Angst vor ihm. Ganz Israel aber und Juda hatte David lieb; denn er zog aus und ein vor ihnen her. (1. Samuel 18, 5 bis 16)

Jonathan setzt sich für seinen Freund erfolgreich ein

Saul aber eröffnete seinem Sohn Jonathan und auch seinen Bediensteten, daß er David töten wolle. Jonathan, Sauls Sohn, hatte aber David sehr lieb und sagte ihm das weiter: »Mein Vater Saul trachtet darnach, daß er dich töte. Nun, so nimm dich morgen in acht, bleibe verborgen und verstecke dich. Ich aber will hinausgehen und neben meinem Vater stehen auf dem Felde, wo du bist. Dann will ich von dir mit meinem Vater reden und dir kundtun, was ich feststelle.«

Jonathan sprach dann das Beste über David zu seinem Vater Saul und sagte ihm: »Es versündige sich der König nicht an seinem Knechte David; denn er hat keine Sünde wider dich getan, und sein Tun ist dir sehr nütze. Er hat sein Leben für dich gewagt, und er schlug den Philister. So hat der Herr durch ihn großes Heil dem ganzen Israel zugewandt. Das hast du gesehen und dich dessen gefreut. Warum willst du dich denn an unschuldigem Blut versündigen, wenn du David ohne Grund tötest?« – Da hörte Saul auf die Stimme Jonathans und schwur: »So wahr der Herr lebt, er soll nicht sterben!« Nun rief Jonathan David, sagte ihm alle diese Worte und brachte ihn dann zu Saul, daß er bei ihm wäre wie vorher. (1. Samuel 19, 1 bis 7)

Angst und eifersüchtige Aufwallungen gegenüber David legen sich aber nur vorübergehend. Bald brachen sie wieder ungestüm auf, so daß David entweichen mußte und wie ein flüchtiges Wild von Saul verfolgt wurde.

David verschont seinen Verfolger, als er ihn wehrlos in der Hand hat

Als David sah, daß Saul ausgezogen war, um ihm nach dem Leben zu trachten, blieb er in der Wüste Siph, auf dem Gebirge. Da machte sich Jonathan, der Sohn Sauls, auf, ging hin zu David und stärkte ihn im Vertrauen auf Gott und sprach zu ihm: »Fürchte dich nicht! Meines Vaters Saul Hand wird dich nicht finden. Du wirst König werden über Israel, und ich werde der Zweite nach dir sein. Das weiß auch mein Vater sehr wohl.« Sie schlossen beide einen Bund miteinander vor dem Herrn. Und David blieb auf dem Gebirge, Jonathan aber zog wieder heim.

Hierauf zogen einige Siphiter hinauf zu Saul gen Gibea und sprachen: »David hält sich bei uns verborgen an sicherem Ort im Gebirge, auf dem Hügel Hachila... Beliebt es dem König, so komme er zu uns herab, dann wollen wir ihn in des Königs Hände ausliefern.« Da sprach Saul: »Gesegnet seid ihr vom Herrn, daß ihr euch meiner erbarmt habt!«

Eben erst hatte Saul mit den Seinen die Verfolgung Davids aufgenommen...

Da kam jedoch ein Bote zu Saul und sprach: »Eile und komm; denn die Philister sind ins Land gefallen!« Da brach Saul die Verfolgung Davids ab und zog hin, den Philistern entgegen... Als nun Saul zurückkam von den Philistern, ward ihm gesagt: »Siehe, David ist in der Wüste Engedi.« Da nahm Saul dreitausend erlesene Männer aus ganz Israel und zog hin, David samt seinen Männern zu suchen in der Gegend der Steinbock-Felsen. Als er nun zu den Schafhürden am Wege kam, war daselbst eine Höhle. Saul ging da hinein, seine Füße zu decken. David aber und seine Männer saßen hinten in der Höhle.

Da sprachen die Männer Davids zu ihm: »Siehe, das ist der Tag, von dem der Herr dir gesagt hat: ›Siehe, ich will deinen Feind in deine Hände geben, daß du mit ihm tust, was dir gefällt.‹« Und David stand auf und schnitt leise einen Zipfel vom Rock Sauls. Danach aber schlug ihm sein Herz, daß er den Zipfel vom Rock Sauls abgeschnitten hatte, und er sprach zu seinen Männern: »Das lasse der Herr ferne von mir sein, daß ich das tun sollte und meine Hand legen an meinen Herrn, den Gesalbten des Herrn, denn er ist der Gesalbte des Herrn.« So wies David seine Männer mit harten Worten von sich und ließ sie sich nicht an Saul vergreifen.

Als nun Saul sich aufmachte aus der Höhle und seines Weges ging, machte sich David ebenfalls auf, verließ die Höhle und rief Saul von hinten nach: »Mein Herr König!« Saul sah sich um. Da neigte David sein Antlitz zur Erde, fiel nieder und sprach zu Saul: »Warum hörst du auf das Reden der Leute, die da sagen: ›David sucht dein Unglück?‹ Siehe, heutigen Tages sehen deine Augen, daß dich der Herr eben in meine Hand gegeben hatte in der Höhle, und man redete auf mich ein, daß ich dich umbringen sollte. Doch ich habe dich verschont; denn ich dachte: Ich will meine Hand nicht an meinen Herrn legen; er ist ja der Gesalbte des Herrn. Mein Vater, siehe doch hier den Zipfel von deinem Rock und erkenne daran, daß ich dich nicht erwürgen wollte, als ich nur den Zipfel von deinem Rock schnitt. Erkenne und sieh, daß nichts Böses von meiner Hand kommt und ich keinen Verrat im Schilde führe. Dennoch trachtest du mir nach meinem Leben. Der Herr wird Richter sein zwischen mir und dir und mich an dir rächen. Meine Hand soll dir nichts widerfahren lassen. In dem alten Sprichwort heißt es: ›Vom Gottlosen kommt Gottloses.‹ Meine Hand soll dir nichts antun! . . .«

Als nun David solche Worte zu Saul geredet hatte, sprach Saul: »Ist das nicht deine Stimme, mein Sohn David?« Dabei begann Saul laut zu weinen. Dann sprach er zu David: »Du bist gerechter denn ich. Du hast mir Gutes bewiesen; ich aber habe dir Böses getan. Und heute hast du mir angezeigt, wie du Gutes an mir getan hast, als mich der Herr in deine Hände gegeben hatte und du mich doch nicht getötet hast. Wie sollte jemand seinen Feind finden und ihn doch im Frieden seines Weges ziehen lassen? Der Herr vergelte dir Gutes für das, was du heute an mir getan hast. Siehe, ich weiß, daß du König werden wirst, und das Königreich Israel wird in deiner Hand Bestand haben. So schwöre mir nun bei dem Herrn, daß du nicht ausrottest mein Geschlecht nach mir und meinen Namen nicht austilgest aus meines Vaters Hause!« Und David schwur es Saul. Da zog Saul heim; David aber mit seinen Männern machte sich hinauf auf die Berghöhe. (1. Samuel 23, 15 bis 21; 27 bis 28; 1. Samuel 24, 2 bis 23)

Saul sucht eine Totenbeschwörerin auf

Als Samuel gestorben war und ganz Israel Leid getragen hatte um ihn, begruben sie ihn in seiner Stadt Rama. Saul aber hatte aus dem Lande die Wahrsager und Zeichendeuter vertrieben. Als nun die Philister sich versammelten und zu Sunem lagerten, sammelte auch Saul das ganze Israel; sie schlugen ihr Lager zu Gilboa auf. Wie nun Saul das Heer der Philister sah, fürchtete er sich, und sein Herz verzagte sehr. Er befragte daher den Herrn; doch der Herr antwortete ihm nicht, weder durch Träume noch durchs Orakel noch durch Propheten.[24] Da sprach Saul zu seinen Dienern: »Sucht mir ein Weib, die Tote beschwören kann, daß ich zu ihr gehe und sie frage.« Seine Diener antworteten ihm: »Siehe, zu Endor ist ein Weib, die kann Tote beschwören.«

Da machte sich Saul unkenntlich, zog andere Kleider an und ging hin mit zwei Männern, und sie kamen bei Nacht zu dem Weibe. Da sprach Saul zu ihr: »Weissage mir doch, du kannst ja Geister beschwören, und bringe mir herauf, wen ich dir sage!« Das Weib erwiderte ihm: »Siehe, du weißt sehr wohl, was Saul getan hat: daß er die

Wahrsager und Zeichendeuter ausgerottet hat im Lande; warum stellst du mir dann eine Falle, daß es mich das Leben kostet?« Saul aber schwur ihr bei dem Herrn und sprach: »So wahr der Herr lebt, es soll dir dies nicht als Missetat gelten.« Da sprach das Weib: »Wen soll ich dir denn heraufbringen?« Er antwortete: »Bringe mir Samuel herauf.«

Als nun das Weib Samuel sah, schrie sie laut und sprach zu Saul: »Warum hast du mich betrogen? Du bist Saul!« Und der König sprach zu ihr: »Fürchte dich nicht! Was siehst du?« Das Weib sprach zu Saul: »Ich sehe einen Geist heraufsteigen aus der Erde.« Er fragte: »Wie sieht er aus?« Darauf sie: »Es kommt ein alter Mann herauf und ist bekleidet mit dem Priesterrock.« Da erkannte Saul, daß es Samuel war, und neigte sich mit seinem Antlitz zur Erde und fiel nieder.

Samuel aber sprach zu Saul: »Warum hast du meine Ruhe gestört, daß du mich heraufbringen lässest?« Saul antwortete: »Ich bin sehr geängstet: Die Philister streiten wider mich, Gott aber ist von mir gewichen und antwortet mir nicht, weder durch Propheten noch durch Träume. Darum habe ich dich rufen lassen, daß du mir kundtust, was ich tun soll.«

Samuel sprach: »Wieso willst du mich fragen, wo doch der Herr von dir gewichen und dein Feind geworden ist? Der Herr hat dir getan, was er durch mich angekündigt hat: Er hat das Königtum aus deiner Hand gerissen und David, deinem Nächsten, gegeben. Darum daß du der Stimme des Herrn nicht gehorcht und den Grimm seines Zorns nicht vollstreckt hast an Amalek, darum hat dir der Herr das alles jetzt widerfahren lassen.[25] Dazu wird der Herr auch Israel – zusammen mit dir! – in der Philister Hände fallen lassen. Morgen schon wirst du mit deinen Söhnen bei mir sein...«

Da fiel Saul zur Erde, so lang er war, und erschrak sehr vor den Worten Samuels. Es war keine Kraft mehr in ihm, denn er hatte nichts gegessen den ganzen Tag und die ganze Nacht. Das Weib trat dann zu Saul und sprach zu ihm: »Siehe, deine Magd hat deiner Stimme gehorcht, und ich habe mein Leben aufs Spiel gesetzt, daß ich deinen Worten nachkam, die du zu mir gesagt hast. So willfahre nun auch du der Stimme deiner Magd. Ich will dir einen Bissen Brot vorsetzen, daß du essest, wieder zu Kräften kommst und dann deiner Wege gehest.« Er aber weigerte sich und sprach: »Ich will nicht essen!« Da nötigten ihn seine Leute und das Weib, bis er auf sie hörte. Danach stand er auf von der Erde und setzte sich aufs Bett. Das Weib aber hatte daheim ein gemästetes Kalb. Das schlachtete sie geschwind, nahm Mehl, knetete es, buk ungesäuertes Brot und setzte es Saul und seinen Leuten vor. Und als sie gegessen hatten, standen sie auf und gingen fort noch in derselben Nacht. (1. Samuel 28, 3 bis 25)

Der verzweifelte Saul gewinnt aus diesem Gebrauch der Wahrsagerei (die er ja selber verboten hatte: 1. Samuel 28, 3b!) keinen Trost. Nachdem Samuel die Niederlage Israels, den Tod des Königs und seiner Söhne angekündigt hat, kommt es zur Entscheidungsschlacht mit den Philistern, in der Israel unterliegt und die Weissagung Samuels sich erfüllt. Der schwerverwundete Saul stürzt sich in sein Schwert; die triumphierenden Feinde lassen ihren Siegermutwillen an der Leiche aus. – So endet das Leben eines Königs, dem in Sieg und Niedergang Größe nicht abzusprechen ist. Trotz guten Willens gerät sein Leben unter den Fluch Gottes, weil er im entscheidenden Augenblick auf den eigenen Willen baute und sich dem Willen Gottes versagte (1. Samuel 15).

David als König

Als Saul tot war, hat David ihn ehrlich betrauert. Trotz aller Zerwürfnisse blieb er für ihn der Gesalbte Gottes. Bis alle Stämme sein Königtum anerkannten und er über ganz Israel herrschte, bedurfte es noch eines weiten Weges und vieler Kämpfe. Vor allem eroberte er Jerusalem und machte es zu seiner Hauptstadt. Dorthin hatte er auch die Bundeslade bringen lassen.[26] Das sollte ein Zeichen dafür sein, daß Jerusalem nicht nur die politische, sondern auch die »religiöse« Hauptstadt war. – Das 2. Samuelbuch berichtet von Kapitel 2 an über die Königszeit Davids und weist ihn als großen Herrscher aus, der die Geschichte seines Volkes maßgeblich bestimmt hat. Wieder einmal ist es bezeichnend für den biblischen Bericht, daß er neben der Größe Davids, seiner Tapferkeit, seinem musischen Sinn und seiner

Großmut auch dunkle, ja schockierende Seiten seines Wesens nicht verschweigt. Gleich die erste Geschichte, mit der wir einsetzen, läßt in Abgründe blicken, macht aber auch seine Bereitschaft zu Reue und Umkehr deutlich. David ist alles andere als ein »gemalter Heiliger«.

Davids Sündenfall und seine Reue

Als das Jahr um war, sandte David zu der Zeit, wo die Könige ins Feld zu ziehen pflegen, Joab samt seinen Hauptleuten und dem Heer von ganz Israel, damit sie das Land der Ammoniter verheerten und Rabba belagerten. David selbst aber blieb in Jerusalem. Da begab es sich, daß David um den Abend aufstand von seinem Lager und sich auf dem Dach des Königshauses erging. Von dort aus sah er eine Frau sich waschen; sie war von sehr schöner Gestalt. Und David sandte hin und ließ nach der Frau fragen. Man sagte ihm dann: »Das ist doch Bathseba, die Tochter Eliams, die Frau Urias, des Hethiters.« Da sandte David Boten zu ihr und ließ sie holen. Und als sie zu ihm kam, schlief er bei ihr. Als sie sich gereinigt hatten von ihrer Unreinheit, kehrte sie in ihr Haus zurück. Und die Frau ward schwanger und sandte hin und ließ David sagen: »Ich bin schwanger geworden.«

David aber sandte zu Joab: »Sende zu mir Uria, den Hethiter.« Und Joab sandte Uria zu David. Und als Uria zu ihm kam, fragte David, ob es mit Joab und mit dem Heer und mit dem Kriege gut stünde. Und David sprach zu Uria: »Geh hinab in dein Haus und wasch deine Füße.« Und als Uria aus des Königs Haus hinausging, wurde ihm ein Geschenk des Königs nachgetragen. Uria aber legte sich schlafen vor der Tür des Königshauses, wo alle Kriegsleute seines Herrn lagen, und ging nicht hinab in sein Haus.

Als man aber David ansagte: »Uria ist nicht hinab in sein Haus gegangen«, sprach David zu ihm: »Bist du nicht von weither gekommen? Warum bist du nicht hinab in dein Haus gegangen?« Uria aber sprach zu David: »Die Lade und Israel und Juda wohnen in Zelten, und Joab, mein Herr, und meines Herrn Kriegsleute liegen auf freiem Felde, und ich sollte in mein Haus gehen, um zu essen und zu

David und Bethseba
(2. Samuel 11)

trinken und bei meinem Weibe zu liegen? So wahr der Herr lebt und so wahr du lebst: ich tue so etwas nicht.« David sprach zu Uria: »Bleib heute hier, morgen will ich dich gehen lassen.« So blieb Uria in Jerusalem an diesem Tage und auch am nächsten. Und David lud ihn ein, so daß er bei ihm aß und trank, und machte ihn betrunken. Aber am Abend ging er hinaus, um sich schlafen zu legen auf sein Lager bei den Männern seines Herrn, und ging nicht hinab in sein Haus.

Am andern Morgen schrieb David einen Brief an Joab und gab ihn Uria mit. Er schrieb aber in dem Brief: »Stellt Uria vornehin, wo der Kampf am härtesten ist, und zieht euch hinter ihm zurück, daß er erschlagen werde und sterbe.« Als nun Joab die Stadt belagerte, stellte er Uria dorthin, wo er wußte, daß streitbare Männer standen. Und als die Männer aus der Stadt einen Ausfall machten und mit Joab in ein Kampfgetümmel gerieten, fielen einige von den Männern Davids, und Uria, der Hethiter, starb auch. Da sandte Joab hin und ließ David alles sagen, was sich bei dem Kampf begeben hatte ...

David sprach zum Boten: »So sollst du Joab sagen: ›Laß dir das nicht leid sein, denn das Schwert frißt bald diesen, bald jenen. Fahre fort mit dem Kampf gegen die Stadt und zerstöre sie.‹ So sollst du ihm Mut zusprechen.«

Als Urias Frau hörte, daß ihr Mann tot war, hielt sie die Totenklage um ihren Eheherrn. Sobald sie aber ausgetrauert hatte, sandte David hin und ließ sie in sein Haus holen, und sie wurde seine Frau und gebar ihm einen Sohn. Dem Herrn aber mißfiel die Tat, die David getan hatte.

Da sandte der Herr Nathan zu David. Als der zu ihm kam, sprach er zu ihm: »Es waren zwei Männer in einer Stadt, der eine reich, der andere arm. Der Reiche hatte sehr viel Schafe und Rinder; der Arme aber hatte nichts als ein einziges kleines Schäflein, das er gekauft hatte. Und er nährte es, daß es groß wurde, und es war um ihn, zusammen mit seinen Kindern. Es aß von seinem Bissen und trank aus seinem Becher und schlief in seinem Schoß, und er hielt's wie eine Tochter. Als aber zu dem reichen Mann ein Gast kam, brachte er's nicht über sich, von seinen eigenen Schafen und Rindern zu nehmen, um dem Gast etwas zuzurichten, der zu ihm gekommen war, sondern er nahm das Schaf des armen Mannes und richtete es seinem Gaste zu.«

Da geriet David in großen Zorn über den Mann und sprach zu Nathan: »So wahr der Herr lebt: Der Mann, der das getan hat, ist ein Kind des Todes! Dazu soll er das Lamm vierfach bezahlen, weil er das getan und sein eigenes Schaf geschont hat.«

Da sprach Nathan zu David: »Du bist der Mann! So spricht der Herr, der Gott Israels: ›Ich habe dich zum König gesalbt über Israel und habe dich errettet aus der Hand Sauls und habe dir deines Herrn Haus gegeben, dazu seine Frauen. Überdies habe ich dir das Haus Israel und Juda gegeben, und falls das noch nicht genug sein sollte, will ich noch dies und das dazu tun!‹ Warum hast du denn das Wort des Herrn verachtet, daß du getan hast, was ihm mißfiel? Uria, den Hethiter, hast du erschlagen mit dem Schwert, seine Frau hast du dir zur Frau genommen, ihn aber hast du umgebracht durchs Schwert der Ammoniter. Nun, so soll auch von deinem Hause das Schwert nimmermehr lassen, weil du mich verachtet und die Frau Urias, des Hethiters, genommen hast, daß sie deine Frau sei. So spricht der Herr:
›Siehe, ich will Unheil über dich kommen lassen aus deinem eigenen Hause und will deine Frauen nehmen vor deinen Augen und will sie deinem Nächsten geben, daß er bei ihnen liegen soll an der lichten Sonne. Denn du hast's heimlich getan; ich aber will dies tun vor ganz Israel und im Licht der Sonne.‹«

Da sprach David zu Nathan: »Ich habe gesündigt gegen den Herrn.« Nathan sprach zu David: »So hat auch der Herr deine Sünde weggenommen; du wirst nicht sterben. Weil du aber die Feinde des Herrn durch diese Sache zum Lästern gebracht hast, wird der Sohn, der dir geboren ist, des Todes sterben.« Nathan ging danach heim.

Und der Herr schlug das Kind, das Urias Frau David geboren hatte, so daß es todkrank wurde. David aber suchte Gott um des Knäblein willen und fastete, und wenn er heimkam, lag er über Nacht auf der Erde. Da traten herzu die Ältesten seines Hauses und wollten ihn aufrichten von der Erde; er aber wollte nicht und aß auch nicht mit ihnen. Am siebenten Tage aber starb das Kind. Und die Männer Davids fürchteten sich, ihm zu sagen, daß das Kind tot sei; denn sie dachten: Siehe, als das Kind noch am Leben war, redeten wir mit ihm, und er hörte nicht auf uns; wie könnten wir ihm nun sagen: Das Kind ist tot! Er könnte ein Unheil anrichten. Als aber David sah, daß seine Männer leise redeten, merkte er, daß das Kind tot sei, und sprach zu seinen Männern: »Ist das Kind tot?« Sie sprachen: »Ja.«

Da stand David von der Erde auf und wusch sich und salbte sich, zog andere Kleider an und ging in das Haus des Herrn und betete an. Als er wieder heimkam, ließ er sich Speise auftragen und aß. Da sprachen seine Männer zu ihm: »Was soll das, was du tust? Als das Kind lebte, hast du gefastet und geweint; nun es aber gestorben ist, stehst du auf und issest?« Er sprach: »Als das Kind noch lebte, fastete ich und weinte; denn ich dachte: Wer weiß, ob mir der Herr nicht gnädig wird und das Kind am Leben bleibt. Nun es aber tot ist, was soll ich fasten? Kann ich es wieder zurückholen? Ich werde wohl zu ihm fahren; es kommt aber nicht wieder zu mir zurück.«

Als David seine Frau Bathseba getröstet hatte, ging er zu ihr hinein und wohnte ihr bei. Und sie gebar einen Sohn, den nannte er Salomo. Und der Herr liebte ihn. Und er tat ihn unter die Hand des Propheten Nathan: Der nannte ihn Jedidja (Liebling des Herrn) um des Herrn willen. (2. Samuel 11, 1 bis 18; 25 bis 27; 2. Samuel 12, 1 bis 25)

Der Aufruhr des Sohnes Absalom gegen David

Es begab sich danach, daß Absalom sich einen Wagen anschaffte und Rosse und fünfzig Mann, die seine Leibwache waren. Auch machte sich Absalom des Morgens auf und trat an den Weg vor dem Tor. Und wenn jemand einen Rechtshandel hatte und deshalb zum König vor Gericht gehen wollte, rief Absalom ihn zu sich und sprach: »Aus welcher Stadt bist du?« Wenn der dann sprach: »Dein Knecht ist aus dem und dem Stamm Israels«, so sprach Absalom zu ihm: »Siehe, deine Sache ist gut und recht; aber du hast keinen beim König, der dich hört.« Und Absalom sprach: »Oh, wer setzt mich zum Richter im Lande, daß jedermann zu mir käme, der eine Sache und Gerichtshandel hat, damit ich ihm zum Recht hülfe!«

Wenn jemand ihm nahte und vor ihm niederfallen wollte, streckte er seine Hand aus und ergriff ihn und küßte ihn. Auf diese Weise tat Absalom mit ganz Israel, wenn sie vor Gericht kamen zum König. So stahl Absalom das Herz der Männer Israels.

Nach vier Jahren sprach Absalom zum König: »Ich will hingehen und mein Gelübde in Hebron erfüllen, das ich dem Herrn gelobt habe. Denn dein Knecht hat ein Gelübde getan, als ich in Geschur in Aram wohnte, und gesprochen: ›Wenn mich der Herr nach Jerusalem zurückbringt, so will ich dem Herrn ein Dankopfer darbringen.‹« Der König sprach zu ihm: »Geh hin mit Frieden!« Und er machte sich auf und ging nach Hebron.

Absalom aber hatte heimlich Boten ausgesandt in alle Stämme Israels und sagen lassen: »Wenn ihr den Schall der Posaune hört, so ruft: ›Absalom ist König geworden zu Hebron.‹« Mit Absalom gingen zweihundert Mann von Jerusalem, die von ihm (zu seinem Dankopfer) geladen waren, und sie waren ganz ohne Argwohn und wußten nichts von der Sache. Als aber Absalom die Opfer darbrachte, sandte er auch zu Ahitofel, dem Giloniter, Davids Ratgeber, und ließ ihn holen aus seiner Stadt Gilo. So wurde die Verschwörung stark, und es sammelte sich immer mehr Volk um Absalom.

Da ging einer hin und sagte es David und sprach: »Jedermanns Herz in Israel hat sich Absalom zugewandt.« David aber sagte zu allen seinen Bediensteten, die bei ihm in Jerusalem waren: »Auf, laßt uns fliehen! Denn hier wird es kein Entrinnen geben vor Absalom. Eilt, daß wir gehen, damit er uns nicht einholt, uns ergreift und Unheil über uns bringt und die Stadt schlägt mit der Schärfe des Schwerts.« Da sprachen die Großen des Königs zu ihm: »Ganz wie unser Herr und König will; siehe, wir sind deine Knechte.«

(2. Samuel 15, 1 bis 15)

Nach langer, bewegter Flucht entschließt sich David zu aktiver Gegenwehr und bereitet mit den ihm verbliebenen Getreuen den Entscheidungskampf gegen den aufständischen Sohn vor.

Absaloms Verhängnis
(2. Samuel 18)

David ordnete das Kriegsvolk, das bei ihm war, und setzte über sie Hauptleute, je über tausend und über hundert...

Und der König gebot Joab und Abisai und Ittai und sprach: »Verfahrt mir fein schonsam mit meinem Sohn Absalom!« Das ganze Kriegsvolk hörte es, als der König allen Hauptleuten Absaloms wegen diesen Befehl gab. Und als das Heer hinauskam aufs Feld, Israel entgegen, kam es zum Kampf im Walde Ephraim. Und das Heer Israels wurde dort geschlagen von den Männern Davids, so daß an diesem Tag eine große Schlacht geschah, zwanzigtausend Mann fielen. Der Kampf breitete sich dort aus über die ganze Gegend, und der Wald fraß an diesem Tag viel mehr Volk, als das Schwert fraß.

Und Absalom begegnete den Männern Davids und ritt auf einem Maultier. Als das Maultier unter eine große Eiche mit dichten Zweigen kam, blieb sein Haupt an der Eiche hängen, und er schwebte zwischen Himmel und Erde; denn sein Maultier lief unter ihm weg. Als das ein Mann sah, tat er's Joab kund und sprach: »Siehe, ich sah Absalom an einer Eiche hängen.« Da sagte Joab zu dem Mann, der's ihm kundgetan hatte: »Wenn du das gesehen hast, warum schlugst du ihn nicht gleich zu Boden? So hätte ich dir zehn Silberstücke und einen Gürtel gegeben.« Der Mann erwiderte Joab: »Auch wenn du mir tausend Silberstücke in meine Hand gewogen hättest, so hätte ich dennoch meine Hand nicht an des Königs Sohn gelegt; denn der König gebot dir und Abisai und Ittai vor unsern Ohren: ›Gebt ja acht auf meinen Sohn Absalom!‹«...

Joab sprach: »Ich kann nicht so lange meine Zeit mir dir vertun.« Dann nahm er drei Speere in seine Hand und stieß sie Absalom ins Herz, als er noch lebend an der Eiche hing. Und zehn Knappen, Joabs Waffenträger, umringten ihn und schlugen ihn vollends tot.

Da ließ Joab die Posaune blasen, und das Volk jagte Israel nicht weiter nach; denn Joab gebot dem Volk Halt. Und sie nahmen Absalom und warfen ihn im Wald in eine große Grube und legten einen sehr großen Haufen Steine auf ihn. Und ganz Israel floh, ein jeder in sein Zelt. Absalom aber hatte sich eine Säule aufgerichtet, als er noch lebte; die steht im Königsgrund. Denn er sprach: »Ich habe keinen Sohn, der meinen Namen lebendig erhält.« Und er nannte die

Da hieß Joab die Posaune blasen,
und das Volk jagte Israel nicht weiter nach.
(2. Samuel 18, 16)

Säule nach seinem Namen, und sie heißt auch bis auf diesen Tag ›Absaloms Mal‹. (2. Samuel 18, 1; 5 bis 12; 14 bis 18)

Als David die Nachricht vom Tode seines Sohnes Absalom überbracht wird, ...

... erbebte der König und ging hinauf in das Obergemach des Tores und weinte; noch im Gehen rief er: »Mein Sohn Absalom! Mein Sohn Absalom! Wollte Gott, ich wäre für dich gestorben! O Absalom, mein Sohn, mein Sohn!«

Und es wurde Joab angesagt: »Siehe, der König weint und trägt Leid um Absalom.« So wurde aus dem Sieg an diesem Tag eine Trauer unter dem ganzen Kriegsvolk; denn das Volk hatte an diesem Tag gehört, daß sich der König um seinen Sohn gräme.

Das Kriegsvolk stahl sich dann weg an diesem Tage in die Stadt, wie Kriegsvolk sich wegstiehlt, das sich schämen muß, weil es im Kampf geflohen ist. Der König aber hatte sein Angesicht verhüllt und schrie laut: »Ach, mein Sohn Absalom! Absalom, mein Sohn, mein Sohn!«

Joab aber kam zum König ins Haus und sprach:

»Du hast heute schamrot gemacht alle deine Knechte, die dir heute das Leben gerettet haben, dir, deinen Söhnen und deinen Töchtern, deinen Frauen und Nebenfrauen. Denn du hast lieb, die dich hassen, du hassest, die dich liebhaben. Du lässest es dir anmerken, daß dir nichts gelegen ist an den Obersten und Kriegsleuten. Ja, ich merke heute wohl: wenn nur Absalom lebte, wir aber heute alle tot wären, das wäre dir ganz recht. So mache dich nun auf und komm heraus und rede mit deinen Knechten freundlich. Denn ich schwöre dir bei dem Herrn: Wirst du dich ihnen nicht zeigen, so wird auch nicht ein Mann bei dir bleiben diese Nacht. Das würde für dich ärger sein als alles Übel, das über dich gekommen ist von deiner Jugend auf bis hierher.«

Da stand der König auf und setzte sich ins Tor. Und man sagte es allem Kriegsvolk: »Siehe, der König sitzt im Tor.« Da kam alles Volk vor den König. (2. Samuel 19, 1 bis 9)

Davids Danklied und seine letzten Worte

Das große Danklied Davids für seine Bewahrung in allen durchgestandenen Kämpfen, auch bei den Verfolgungen durch Saul, ist nicht nur bedeutsam durch seinen geistlichen Gehalt als »Choral«, sondern ebenso durch die dichterische Kraft, mit der David über das Wort verfügt. Das Lied ist eng verwandt mit dem 18. Psalm, als dessen Autor ebenfalls der König galt. Ähnlich wie bei Mose ziehen auch Davids »letzte Worte« so etwas wie die Summe seines Lebens. Er kann es nur als ein Leben mit Gott verstehen, als eine Auseinandersetzung zwischen Glaube und Unglaube, zwischen dem, was im Bunde mit Gott verharrt und dann bestehen bleibt, und dem, was ohne ihn vergehen muß.

Der Herr ist mein Fels und meine Burg
und mein Erretter.
Gott ist mein Hort, auf den ich traue,
mein Schild und Berg meines Heils,
mein Schutz und meine Zuflucht,
mein Heiland, der du mir hilfst vor Gewalt.
Es hatten mich umfangen die Wogen des Todes,
und die Fluten des Unheils erschreckten mich.
Des Totenreichs Bande umfingen mich,
und des Todes Stricke überwältigten mich.
Als mir angst war, rief ich den Herrn an
und schrie zu meinem Gott.
Da erhörte er meine Stimme von seinem Tempel,
und mein Schreien kam vor ihn zu seinen Ohren.
Er neigte den Himmel und fuhr herab,
und Dunkel war unter seinen Füßen.
Er streckte seine Hand aus von der Höhe und faßte mich
und zog mich aus großen Wassern.
Er errettete mich von meinen starken Feinden,
von meinen Hassern, die mir zu mächtig waren.
Er führte mich hinaus ins Weite,
er riß mich heraus; denn er hatte Lust zu mir.

Denn alle seine Rechte hab ich vor Augen,
und seine Gebote werfe ich nicht von mir.
Mit dir kann ich Kriegsvolk zerschlagen
und mit meinem Gott über Mauern springen.
Darum will ich dir danken, Herr, unter den Heiden
und deinem Namen lobsingen,
der seinem Könige großes Heil gibt
und Gnade erweist seinem Gesalbten,
David und seinem Hause ewiglich.
(2. Samuel 22, 2.3.5. bis 7.10.17.18.20.23.30.50.51)

Die letzten Worte Davids – sein Vermächtnis sozusagen – lauten:

Der Geist des Herrn hat durch mich geredet, und sein Wort ist auf meiner Zunge. Es hat der Gott Israels zu mir gesprochen, der Fels Israels hat geredet.

Wer gerecht herrscht unter den Menschen, wer herrscht in der Furcht Gottes, der ist wie das Licht des Morgens, wenn die Sonne aufgeht, am Morgen ohne Wolken. Und wie das Gras nach dem Regen aus der Erde bricht, so ist mein Haus fest bei Gott; denn er hat mir einen ewigen Bund gesetzt, in allem wohl geordnet und gesichert. All mein Heil und all mein Begehren wird er gedeihen lassen.

Aber die nichtswürdigen Leute sind allesamt wie verwehte Disteln, die man nicht mit der Hand fassen kann; sondern wer sie angreifen will, muß Eisen und Spieß in der Hand haben; sie werden mit Feuer verbrannt an ihrer Stätte. (2. Samuel 23, 2 bis 7)

AUS DEN PSALMEN »DAVIDS«

Das Wort »David« ist hier in Anführungszeichen gesetzt, weil es einer alten Überlieferung entspricht, den großen Dichtungen des Alten Testamentes – wie es auch sonst in der antiken Literaturgeschichte vorkommt – berühmte Autoren-Namen zu unterlegen. In diesem Sinne werden außer David noch Salomo (Psalm 72 und

König David als Psalmensänger

127), Mose (Psalm 90) und andere genannt. Daß David, auch in der Luther-Bibel, als Psalm-Dichter besonders häufig genannt wird, hat wohl zweierlei Gründe:
Einmal berichtet die Bibel, daß er das Saitenspiel pflegte, aber auch Texte dichtete, Trauer- und Lobgesänge gleichermaßen, so das Klagelied über Sauls und Jonathans Tod (2. Samuel 1, 19ff.) und den zitierten Dank- und Lob-Psalm aus Kapitel 22.
Zum anderen legen einige Psalmen Assoziationen zu bestimmten Lebenssituationen Davids sehr nahe, so daß sie den Späteren als unmittelbarer Ausdruck seiner inneren Geschichte erschienen. Das gilt zum Beispiel von dem Bußgebet in Psalm 51. Man hat diese ergreifenden Worte immer wieder so verstanden, daß David in ihnen das Reue-Wort nach seinem großen Fall (2. Samuel 12, 13) dichterisch entfaltete.
So benutzen wir die Gelegenheit der vorausgegangenen David-Texte, um – ganz unabhängig von der Verfasserfrage – einige der großen Psalm-Lieder zu bringen, die in Freude und Leid durch alle Jahrhunderte hin das Christenleben begleitet haben und weiter begleiten werden.[27]

Was ist der Mensch?

Herr, unser Herrscher, wir herrlich ist dein Name
in allen Landen,
der du zeigst deine Hoheit am Himmel!
Aus dem Munde der jungen Kinder und Säuglinge
hast du eine Macht
zugerichtet um deiner Feinde willen,
daß du vertilgest den Feind und den Rachgierigen.
Wenn ich sehe die Himmel, deiner Finger Werk,
den Mond und die Sterne, die du bereitet hast:
Was ist der Mensch, daß du seiner gedenkst
und des Menschen Kind, daß du dich seiner annimmst?
Du hast ihn wenig niedriger gemacht als Gott,
mit Ehre und Herrlichkeit hast du ihn gekrönt.
Du hast ihn zum Herrn gemacht über deiner Hände Werk,
alles hast du unter seine Füße getan:
Schafe und Rinder allzumal,

dazu auch die wilden Tiere,
die Vögel unter dem Himmel und die Fische im Meer
und alles, was die Meere durchzieht.
Herr, unser Herrscher,
wie herrlich ist dein Name in allen Landen!
(Psalm 8, 1 bis 10)

Das [spätere] Gebet des Gekreuzigten

Mein Gott, mein Gott, warum hast du mich verlassen?
Ich schreie, aber meine Hilfe ist ferne.
Mein Gott, des Tages rufe ich, doch antwortest du nicht,
und des Nachts, doch finde ich keine Ruhe.
Du aber bist heilig,
der du thronst über den Lobgesängen Israels.
Unsere Väter hofften auf dich;
und da sie hofften, halfst du ihnen heraus.
Zu dir schrien sie und wurden errettet,
sie hofften auf dich und wurden nicht zuschanden.
Sei nicht ferne von mir, denn Angst ist nahe;
es ist ja hier kein Helfer.
Du aber, o Herr, sei nicht ferne;
du, meine Stärke, eile, mir zu helfen!
Ich will deinen Namen kundtun meinen Brüdern,
ich will dich in der Gemeinde rühmen.
(Psalm 22, 1 bis 5. 12. 20. 23)

Geborgenheit

Der Herr ist mein Hirte,
mir wird nichts mangeln.
Er weidet mich auf einer grünen Aue
und führet mich zum frischen Wasser.
Er erquicket meine Seele.
Er führet mich auf rechter Straße um seines Namens willen.
Und ob ich schon wanderte im finstern Tal,
fürchte ich kein Unglück;

denn du bist bei mir,
dein Stecken und Stab trösten mich.
Du bereitest vor mir einen Tisch
im Angesicht meiner Feinde.
Du salbest mein Haupt mit Öl
und schenkest mir voll ein.
Gutes und Barmherzigkeit werden mir folgen mein Leben lang,
und ich werde bleiben im Hause des Herrn immerdar.
(Psalm 23)

Gemeinschaft mit Gott

Der Herr ist mein Licht und mein Heil;
vor wem sollte ich mich fürchten?
Der Herr ist meines Lebens Kraft;
vor wem sollte mir grauen?
Eines bitte ich vom Herrn, das hätte ich gerne:
daß ich im Hause des Herrn bleiben möge mein Leben lang.
Mein Herz hält dir vor dein Wort:
»Ihr sollt mein Antlitz suchen.«
Darum suche ich auch, Herr, dein Antlitz.
Denn du bist meine Hilfe, verlaß mich nicht,
zieh deine Hand nicht von mir ab, Gott mein Heil!
Denn mein Vater und meine Mutter verlassen mich,
doch der Herr nimmt mich auf.
Harre des Herrn!
Sei getrost und unverzagt und harre des Herrn!
(Psalm 27, 1.2.4.8.9.10.14)

In der Anfechtung

Herr, lehre mich doch, daß es ein Ende mit mir haben muß,
daß mein Leben ein Ziel hat und ich davon muß.
Siehe, meine Tage sind eine Handbreit bei dir,
und mein Leben ist wie nichts vor dir.
Wie gar nichts sind alle Menschen,
die doch so sicher leben!

Sie gehen daher wie ein Schatten
und machen sich viel vergebliche Unruhe;
sie sammeln und wissen nicht, wer es einbringen wird.
Nun, Herr, wessen soll ich mich trösten?
Ich hoffe auf dich.
(Psalm 39, 5 bis 8)

Verlangen nach Gott in der Fremde
Wie der Hirsch lechzt nach frischem Wasser,
so schreit meine Seele, Gott, zu dir.
Meine Seele dürstet nach Gott,
nach dem lebendigen Gott.
Wann werde ich dahin kommen,
daß ich Gottes Angesicht schaue?
Meine Tränen sind meine Speise Tag und Nacht,
weil man täglich zu mir sagt:
»Wo ist nun dein Gott?«
Was betrübst du dich, meine Seele,
und bist so unruhig in mir?
Harre auf Gott; denn ich werde ihm noch danken,
daß er meines Angesichts Hilfe und mein Gott ist.
(Psalm 42, 2 bis 4, 6)

Vertrauen
Gott ist unsre Zuversicht und Stärke,
eine Hilfe in den großen Nöten,
die uns getroffen haben.
Darum fürchten wir uns nicht,
wenngleich die Welt unterginge
und die Berge mitten ins Meer sänken,
wenngleich das Meer wütete und wallte
und von seinem Ungestüm die Berge einfielen.
Dennoch soll die Stadt Gottes fein lustig bleiben
mit ihren Brünnlein, da die heiligen Wohnungen
des Höchsten sind.

Gott ist bei ihr drinnen, darum wird sie fest bleiben;
Gott hilft ihr früh am Morgen.
(Psalm 46, 2 bis 6)

Reue, Buße, Umkehr

Gott, sei mir gnädig nach deiner Güte,
und tilge meine Sünden nach deiner großen Barmherzigkeit.
Wasche mich rein von meiner Missetat
und reinige mich von meiner Sünde;
denn ich erkenne meine Missetat,
und meine Sünde ist immer vor mir.
An dir allein habe ich gesündigt
und übel vor dir getan.
Schaffe in mir, Gott, ein reines Herz,
und gib mir einen neuen, gewissen Geist.
Verwirf mich nicht von deinem Angesicht,
und nimm deinen heiligen Geist nicht von mir.
Erfreue mich wieder mit deiner Hilfe,
und mit einem willigen Geist rüste mich aus.
Herr, tue meine Lippen auf,
daß mein Mund deinen Ruhm verkündige.
(Psalm 51, 3 bis 6; 12 bis 14; 17)

Dennoch halte ich an dir fest

Ich wäre fast gestrauchelt mit meinen Füßen;
mein Tritt wäre beinahe geglitten.
Denn ich ereiferte mich über die Ruhmredigen,
als ich sah, daß es den Gottlosen so gut ging.
Denn für sie gibt es keine Qualen,
gesund und feist ist ihr Leib.
Sie sind nicht in Mühsal verstrickt wie sonst die Leute
und werden nicht wie andere Menschen geplagt.
Darum prangen sie in Hoffart
und hüllen sich in Frevel.
Sie brüsten sich wie ein fetter Wanst,

sie tun, was ihnen in den Sinn kommt.
Darum fällt ihnen auch der Pöbel zu
und läuft ihnen nach in Haufen wie Wasser.
Sie sprechen: »Wie sollte Gott es wissen?
Wie sollte der Höchste etwas merken?«
Siehe, so steht's mit den Gottlosen:
die sind glücklich in der Welt und werden reich.
Soll es denn umsonst sein, daß ich mein Herz rein hielt
und meine Hände in Unschuld wasche?
Hätte ich gedacht: Ich will so reden wie jene,
siehe, dann hätte ich verleugnet das Geschlecht deiner Kinder.

So sann ich denn nach, ob ich's begreifen könnte,
aber es war mir zu schwer,
bis ich ging in das Heiligtum Gottes
und merkte auf ihr Ende.
Ja, du stellst sie auf schlüpfrigen Grund
und stürzest sie zu Boden.
Wie ein Traum verschmäht wird, wenn man erwacht,
so verschmähst du, Herr, ihr Bild,
wenn du dich erhebst.

Dennoch bleibe ich stets bei dir;
denn du hälst mich bei meiner rechten Hand,
du leitest mich nach deinem Rat
und nimmst mich endlich mit Ehren an.
Wenn ich nur dich habe,
so frage ich nichts nach Himmel und Erde.
Wenn mir gleich Leib und Seele verschmachtet,
so bist du doch, Gott, allezeit meines Herzens Trost
und mein Teil.
Das ist meine Freude, daß ich mich zu Gott halte
und meine Zuversicht setze auf Gott, den Herrn,
daß ich verkündige all dein Tun.
(Psalm 73, 2 bis 7; 10 bis 13; 15 bis 18; 20; 23 bis 26; 28)

Freude am Hause Gottes

Wie lieb sind mir deine Wohnungen, Herr Zebaoth!
Meine Seele verlangt und sehnt sich nach
den Vorhöfen des Herrn;
mein Leib und Seele freuen sich in dem lebendigen Gott.
Wohl den Menschen, die dich für ihre Stärke halten
und von Herzen dir nachwandeln!
Wenn sie durchs dürre Tal ziehen, wird es ihnen
zum Quellgrund,
und Frühregen hüllt es in Segen.
Denn ein Tag in deinen Vorhöfen
ist besser als sonst tausend.
Ich will lieber die Tür hüten in meines Gottes Hause
als wohnen in der Gottlosen Hütten.
Denn Gott der Herr ist Sonne und Schild.
(Psalm 84, 2 bis 3; 6 bis 7; 11 bis 12)

Ausblick aus der Vergänglichkeit

Herr, du bist unsre Zuflucht für und für.
Ehe denn die Berge wurden
und die Erde und die Welt geschaffen wurden,
bist du, Gott, von Ewigkeit zu Ewigkeit.
Der du die Menschen lässest sterben
und sprichst: »Kommt wieder, Menschenkinder!«
Denn tausend Jahre sind vor dir wie der Tag,
der gestern vergangen ist,
und wie eine Nachtwache.
Du lässest sie dahinfahren wie einen Strom,
sie sind wie ein Schlaf,
wie ein Gras, das am Morgen noch sproßt,
das am Morgen blüht und sproßt,
des Abends aber welkt und verdorrt.

Das macht dein Zorn, daß wir so vergehen,
und dein Grimm, daß wir so plötzlich dahin müssen.

Denn unsre Missetaten stellst du vor dich,
unsre unerkannte Sünde ins Licht vor deinem Angesicht.
Darum fahren alle unsre Tage dahin durch deinen Zorn,
wir bringen unsre Jahre zu wie ein Geschwätz.
Unser Leben währet siebzig Jahre,
und wenn's hoch kommt, so sind's achtzig Jahre,
und was daran köstlich scheint,
ist doch nur vergebliche Mühe,
denn es fähret schnell dahin,
als flögen wir davon.
Lehre uns bedenken, daß wir sterben müssen,
auf daß wir klug werden.
Herr, kehre dich doch endlich wieder zu uns
und sei deinen Knechten gnädig!
Fülle uns frühe mit deiner Gnade,
so wollen wir rühmen und fröhlich sein unser Leben lang.
(Psalm 90, 1 bis 10; 12 bis 14)

Gott unser Schutz

Wer unter dem Schirm des Höchsten sitzt
und unter dem Schatten des Allmächtigen bleibt,
der spricht zu dem Herrn:
Meine Zuversicht und meine Burg,
mein Gott, auf den ich hoffe.
Denn er errettet dich vom Strick des Jägers
und von der verderblichen Pest.
Er wird dich mit seinen Fittichen decken,
und Zuflucht wirst du finden unter seinen Flügeln,
daß du nicht erschrecken mußt vor dem Grauen der Nacht,
vor den Pfeilen, die des Tages fliegen.
Denn er hat seinen Engeln befohlen,
daß sie dich behüten auf allen deinen Wegen,
daß sie dich auf Händen tragen
und du deinen Fuß nicht an einen Stein stoßest.
(Psalm 91, 1 bis 4a; 5; 11 bis 12)

Rühmung Gottes

Lobe den Herrn, meine Seele,
und was in mir ist, seinen heiligen Namen!
Lobe den Herrn, meine Seele,
und vergiß nicht, was er dir Gutes getan hat:
der dir alle deine Sünde vergibt
und heilet alle deine Gebrechen,
der dein Leben vom Verderben erlöst,
der dich krönet mit Gnade und Barmherzigkeit,
der deinen Mund fröhlich macht,
und du wieder jung wirst wie ein Adler.
Barmherzig und gnädig ist der Herr,
geduldig und von großer Güte.
Er handelt nicht mit uns nach unsern Sünden
und vergilt uns nicht nach unsrer Missetat.
Denn so hoch der Himmel ist über der Erde,
läßt er seine Gnade walten über denen, die ihn fürchten.
So ferne der Morgen ist vom Abend,
läßt er unsre Übertretungen von uns sein.
Wie sich ein Vater über Kinder erbarmt,
so erbarmt sich der Herr über die, so ihn fürchten.
Denn er weiß, was für ein Gebilde wir sind;
er gedenkt daran, daß wir Staub sind.
Lobe den Herrn, meine Seele!
(Psalm 103, 1 bis 5. 8. 10 bis 14. 22)

Der Schöpfer in seiner Herrlichkeit[28]

Lobe den Herrn, meine Seele!
Herr, mein Gott, du bist sehr herrlich;
du bist schön und prächtig geschmückt.
Licht ist dein Kleid, das du anhast.
Du breitest den Himmel aus wie einen Teppich;
du baust deine Gemächer über den Wassern.
Du fährst auf den Wolken wie auf einem Wagen
und kommst daher auf den Fittichen des Windes,

der du machst Winde zu deinen Boten
und Feuerflammen zu deinen Dienern,
der du das Erdreich gegründet hast auf festen Boden,
daß es bleibt immer und ewiglich.
Herr, wie sind deine Werke so groß und viel!
Du hast sie alle weise geordnet,
und die Erde ist voll deiner Güter.
Es warten alle auf dich,
daß du ihnen Speise gebest zur rechten Zeit.
Wenn du ihnen gibst, so sammeln sie;
wenn du deine Hand auftust,
so werden sie mit Gutem gesättigt.
Verbirgst du dein Angesicht, so erschrecken sie;
nimmst du weg ihren Odem, so vergehen sie
und werden wieder Staub.
Du sendest aus deinen Odem, so werden sie geschaffen,
und du machst neu die Gestalt der Erde.
Die Sünder sollen ein Ende nehmen auf Erden
und die Gottlosen nicht mehr sein.
Lobe den Herrn, meine Seele! Halleluja!
(Psalm 104, 1 bis 5. 24. 27 bis 30. 35)

Zuversicht

Ich hebe meine Augen auf zu den Bergen.
Woher kommt mir Hilfe?
Meine Hilfe kommt vom Herrn,
der Himmel und Erde gemacht hat.
Er wird deinen Fuß nicht gleiten lassen,
und der dich behütet, schläft nicht.
Siehe, der Hüter Israels
schläft und schlummert nicht.
Der Herr behütet dich;
der Herr ist dein Schatten über deiner rechten Hand,
daß dich des Tages die Sonne nicht steche
noch der Mond des Nachts.

Der Herr behüte dich vor allem Übel,
er behüte deine Seele.
Der Herr behüte deinen Ausgang und Eingang
von nun an bis in Ewigkeit!
(Psalm 121, 1 bis 8)

Der Allwissende und Barmherzige

Herr, du erforschest mich
und kennest mich.
Ich sitze oder stehe auf, so weißt du es;
du verstehst meine Gedanken von ferne.
Ich gehe oder liege, so bist du um mich
und siehst alle meine Wege.
Denn siehe, es ist kein Wort auf meiner Zunge,
das du, Herr, nicht schon wüßtest.
Von allen Seiten umgibst du mich
und hältst deine Hand über mir.
Diese Erkenntnis ist mir zu wunderbar und zu hoch,
ich kann sie nicht begreifen.
Wo soll ich hingehen vor deinem Geist,
und wo soll ich hinfliehen vor deinem Angesicht?
Führe ich gen Himmel, so bist du da;
bettete ich mich bei den Toten, siehe, so bist du auch da.
Nähme ich Flügel der Morgenröte
und bliebe am äußersten Meer,
so würde selbst dort deine Hand mich führen
und deine Rechte mich halten.
Spräche ich: Finsternis möge mich decken
und Nacht statt Licht um mich sein –
so wäre auch Finsternis nicht finster bei dir,
und die Nacht müßte dir leuchten wie der Tag.
Finsternis wäre für dich wie das Licht.
Denn du hast meine Nieren bereitet
und hast mich gebildet im Mutterleibe.
Ich danke dir dafür,

daß ich wunderbar gemacht bin;
wunderbar sind deine Werke;
das erkennt meine Seele wohl.
Mein Gebein war dir nicht verborgen,
als ich im Geheimen gebildet wurde,
kunstvoll gewirkt in den Tiefen der Erde.
Deine Augen sahen mich,
als ich noch nicht bereitet war.
Und alle Tage waren in dein Buch geschrieben,
die noch werden sollten und von denen keiner da war.
Erforsche mich, Gott, und erkenne mein Herz;
prüfe mich und durchschaue, wie ich's meine.
Und sieh, ob ich auf bösem Wege bin,
und leite mich auf ewigem Wege.
(Psalm 139, 1 bis 16, 23 bis 24)

Gottes Fürsorge

Aller Augen warten auf dich,
und du gibst ihnen ihre Speise zur rechten Zeit.
Du tust deine Hand auf
und sättigst alles, was lebt, nach deinem Wohlgefallen.
Der Herr ist nahe allen, die ihn anrufen,
allen, die ihn mit Ernst anrufen.
(Psalm 145, 15; 16; 18)

SALOMO, DER WEISE KÖNIG

Der große Sohn Davids aus seiner Ehe mit Bathseba lebt in der Geschichte fort mit dem schmückenden Beinamen eines Weisen. Er gilt als Autor eines großen Teils der Weisheitsliteratur Israels, in der vielerlei Lebenserfahrungen – auch solche ganz »weltlicher« Art – ausgesprochen werden.[29]

Salomo ist zugleich der Erbauer des Tempels in Jerusalem, den er als Priester-König mit einem Gebet von großer spiritueller Tiefe einweiht. In seiner

Ära blühten Handel und Wandel. Er schloß mit seinen Nachbarvölkern, besonders mit Tyrus, groß angelegte Handelsverträge ab. Der Ruf seines immensen Reichtums war in aller Welt verbreitet. Seine Goldschiffe drangen bis nach Ophir (wahrscheinlich in Südostarabien) vor. Die Überlieferung weiß von keinen Kriegen, die er geführt hätte, so daß ihm zu allem auch noch der Ruhm eines Friedenskönigs zuteil wurde.
Diese leuchtenden Farben seines Porträts sind aber im biblischen Bericht wiederum – genau wie bei den Erzvätern – mit dunklen, ja düsteren Tönungen vermischt. Es ist so, als ob die Erzähler der Bibel jede Verklärung zu Idolen, jede Idealisierung von Menschen geradezu fürchteten: Alles Menschliche bleibt eben darauf angewiesen, den Segen Gottes nur als gnadenvolles Widerfahrnis und nicht als eigenes Verdienst zu erfahren. Die Bibel kennt Helden nur so, daß sie zugleich den Anti-Helden in ihnen sichtbar macht.
Auch der weise Salomo ist so nicht ohne die Indizien von Torheit und Fall. So löst selbst sein Bild zwiespältige Empfindungen bei uns aus: Vor allem sind es die Frauen in seinem Leben, die eine verhängnisvolle Rolle spielen. Er sucht sie mit Vorliebe unter heidnischen Nachbarvölkern und wendet sich unter ihrem Einfluß schließlich vom Gott seiner Väter ab. Er beteiligt sich sogar an heidnischen Götterkulten (1. Könige 11, 1 bis 11). Selbst bei diesen Verfehlungen aber gibt Gott ihn in seiner Geduld nicht ganz auf (11, 33 bis 36).

Salomo bittet Gott um Weisheit

Der Herr erschien Salomo zu Gibeon im Traume des Nachts, und Gott sprach: »Bitte, was ich dir geben soll!« Da erwiderte Salomo:

»Du hast an meinem Vater David, deinem Knecht, große Barmherzigkeit getan, wie er denn vor dir gewandelt ist in Wahrheit und Gerechtigkeit und mit aufrichtigem Herzen gegen dich. Du hast ihm auch die große Barmherzigkeit erwiesen und ihm einen Sohn gegeben, der jetzt auf seinem Thron sitzt. Nun, Herr, mein Gott, hast du deinen Knecht zum König gemacht an meines Vaters David Statt. Ich aber bin noch jung, weiß weder aus noch ein. Und dein Knecht steht in der Mitte deines Volkes, das du erwählt hast, eines Volkes, so

Salomo, nach alter
Tradition Dichter des Hohen Liedes

groß, daß es niemand in seiner Menge zählen noch berechnen kann. So wolltest du deinem Knecht ein gehorsames Herz geben, damit er dein Volk richten könne und zwischen gut und böse zu unterscheiden wisse. Denn wer vermöchte sonst dies dein mächtiges Volk zu richten?«

Es gefiel dem Herrn wohl, daß Salomo um solches bat, und er sprach zu ihm:

»Weil du darum bittest und flehst weder um langes Leben noch um Reichtum noch um deiner Feinde Tod, sondern um Verstand, zu hören und recht zu richten, siehe, so will ich tun nach deinen Worten. Siehe, ich gebe dir ein weises und verständiges Herz, so daß deinesgleichen vor dir nicht gewesen ist und nach dir nicht erstehen wird. Dazu gebe ich dir noch, worum du nicht gebeten hast: Reichtum und Ehre, so daß deinesgleichen unter den Königen niemand sein wird zu deinen Zeiten. Und wenn du in meinen Wegen wandeln wirst, daß du hältst meine Satzungen und Gebote, wie dein Vater David gewandelt ist, so werde ich dir ein langes Leben geben.«

Als Salomo dann erwachte, merkte er, daß es ein Traum (von Bedeutung) gewesen war. Und er kam nach Jerusalem, trat vor die Lade des Bundes des Herrn und opferte Brandopfer und Dankopfer und machte ein großes Festmahl für alle seine Bediensteten.

(1. Könige 3, 5 bis 15)

Salomo erbaut Gott einen Tempel und weiht ihn feierlich ein:

Das Weihegebet für den Tempel[30]

»Nun, Herr, Gott Israels, halte deinem Knecht, meinem Vater David, was du ihm zugesagt hast: ›Es soll dir nie fehlen an einem Mann, der vor meinem Angesicht sitzt auf dem Thron Israels, wenn nur deine Söhne auf ihren Weg achthaben, daß sie vor mir wandeln, wie du vor mir gewandelt bist.‹ Nun, Gott Israels, laß dein Wort wahr werden, das du deinem Knecht, meinem Vater David, zugesagt hast.

Aber – sollte Gott wirklich auf Erden (in einem Tempel!) wohnen? Siehe, der Himmel und aller Himmel Himmel können dich

Weihe des salomonischen Tempels
(1. Könige 8)

nicht fassen – wie sollte es dann dies Haus tun, das ich gebaut habe? Wende dich aber zum Gebet deines Knechts und zu seinem Flehen, Herr, mein Gott, damit du hörest das Flehen und Gebet deines Knechtes heute vor dir:

Laß deine Augen offen stehen über diesem Hause Nacht und Tag, über der Stätte, von der du gesagt hast: Da soll mein Name sein. Du wollest hören das Gebet, das dein Knecht an dieser Stätte betet, und wollest erhören das Flehen deines Knechts und deines Volkes Israel.

Als Salomo dies Gebet und Flehen vor dem Herrn vollendet hatte, stand er auf von dem Altar des Herrn und hörte auf, die Hände zum Himmel auszubreiten; er trat hin und segnete die ganze Gemeinde Israel mit lauter Stimme und sprach:

»Gelobt sei der Herr, der seinem Volk Israel Ruhe gegeben hat, wie er es zugesagt hat. Es ist nicht eins dahingefallen von allen seinen guten Worten, die er geredet hat durch seinen Knecht Mose. Der Herr, unser Gott, sei mit uns, wie er mit unsern Vätern gewesen ist. Er verlasse uns nicht und ziehe die Hand nicht von uns ab. Er neige unser Herz zu ihm, daß wir wandeln in allen seinen Wegen und halten seine Gebote, Satzungen und Rechte, die er unsern Vätern geboten hat.« (1. Könige 8, 25 bis 29; 54 bis 58)

Ein »salomonisches Urteil«

Zu der Zeit kamen zwei Frauen zum König und traten vor ihn, und die eine sprach: »Ach, mein Herr, ich und diese Frau wohnten in einem Hause, und ich gebar bei ihr im Hause. Drei Tage, nachdem ich geboren hatte, gebar auch sie. Und wir waren beieinander, und kein Fremder war mit uns im Hause, nur wir beide. Der Sohn dieser Frau starb dann in der Nacht; denn sie hatte ihn im Schlaf erdrückt. Und sie stand in der Nacht auf, nahm meinen Sohn von meiner Seite, als deine Magd schlief, und legte ihn in ihren Arm, ihren toten Sohn aber legte sie in meinen Arm. Als ich nun des Morgens aufstand, um meinen Sohn zu stillen, siehe, da war er tot. Am Morgen aber sah ich ihn genau an, und siehe: es war gar nicht mein Sohn, den ich geboren hatte.«

Das Urteil des Salomo

(1. Könige 3)

Die andre Frau sprach: »Nein, mein Kind ist das lebende und dein Kind ist tot.« Jene aber sprach: »Nein, dein Kind ist tot und meines lebt.« So zankten sie miteinander vor dem König.

Darauf der König: »Die eine von euch sagt also: ›Mein Kind lebt und dein Kind ist tot‹, die andere aber behauptet: ›Nein, dein Kind ist tot, doch mein Sohn lebt‹.« Und der König sprach weiter: »Holt mir ein Schwert!« Als dann das Schwert vor den König gebracht wurde, sagte der König: »Teilt das lebende Kind in zwei Teile und gebt dieser die Hälfte und jener die Hälfte.« Da sagte die Frau, deren Sohn lebte, zum König, denn ihr mütterliches Herz entbrannte in Liebe für ihren Sohn: »Ach, mein Herr, gebt ihr das Kind und laßt es leben, tötet es ja nicht!« Jene aber sprach: »Es sei weder mein noch dein; laßt es teilen!«

Da antwortete der König und sprach: »Gebt dieser das Kind lebendig und tötet's nicht; die ist seine Mutter!«

Und ganz Israel hörte von dem Urteil, das der König gefällt hatte, und sie fürchteten den König; denn sie sahen, daß die Weisheit Gottes in ihm war, Gericht zu halten. (1. Könige 3, 16 bis 28)

Salomos Weisheit

Gott gab Salomo sehr große Weisheit und Verstand und einen Geist, so weit, wie Sand am Ufer des Meeres liegt, daß die Weisheit Salomos größer war als die Weisheit von allen, die im Osten wohnten, und als die Weisheit der Ägypter.

Und er war weiser als alle Menschen, auch weiser als Etan, der Esrachiter, Heman, Kalkol und Darda, die Söhne Mahols, und war berühmt unter allen Völkern ringsum. Er dichtete dreitausend Sprüche und tausendundfünf Lieder. Er dichtete von den Bäumen, von der Zeder an auf dem Libanon bis zum Ysop, der aus der Wand wächst. Auch dichtete er von den Tieren des Landes, von Vögeln, vom Gewürm und von Fischen.

Und aus allen Völkern kam man, zu hören die Weisheit Salomos, und von allen Königen auf Erden, die von seiner Weisheit gehört hatten. (1. Könige 5, 9 bis 14)

Die Rede von Salomo lockt die Königin von Saba herbei

Als die Königin von Saba die Kunde von Salomo vernahm, kam sie, um Salomo mit Rätselfragen zu prüfen. Sie kam nach Jerusalem mit einem sehr großen Gefolge, mit Kamelen, die Spezerei trugen und viel Gold und Edelsteine. Und als sie zum König Salomo kam, redete sie mit ihm über alles, was sie sich vorgenommen hatte. Salomo blieb ihr keine Antwort schuldig: Es war dem König nichts verborgen, was er ihr nicht hätte sagen können.

Als die Königin von Saba so alle Weisheit Salomos sah, dazu das Haus, das er gebaut hatte, die Speisen für seinen Tisch und die Rangordnung seiner Großen, das Aufwarten seiner Diener und ihre Kleider, seine Mundschenken und seine Brandopfer, die er in dem Hause des Herrn opferte, geriet sie vor Staunen außer sich und sprach zu dem König: »Es ist wahr, was ich in meinem Lande von deinen Taten und von deiner Weisheit gehört habe. Ich hab's aber nicht glauben wollen, bis ich gekommen bin und es mit eigenen Augen gesehen habe. Und siehe, nicht einmal die Hälfte hat man mir gesagt! Du hast mehr Weisheit und Güter, als die Kunde berichtete, die ich vernommen habe. Glücklich sind deine Männer und deine Großen, die allezeit vor dir stehen und deine Weisheit hören. Gelobt sei der Herr, dein Gott, der an dir Wohlgefallen hat, so daß er dich auf den Thron Israels gesetzt hat! Weil der Herr Israel lieb hat ewiglich, hat er dich zum König gesetzt, daß du Recht und Gerechtigkeit übst.«[31]

(1. Könige 10, 1 bis 9)

DIE WEISHEITSDICHTUNG DER BIBEL

Bei den Psalmen haben wir den Namen des als Urheber geltenden »David« in Anführungsstriche gesetzt, weil er nur den Namen dafür hergab. Wenn wir nun die Weisheitsdichtung der Bibel gleich im Anschluß an die Salomo-Geschichten bringen, sind wir in

Die Königin von Saba bei Salomo
(1. Könige 10)

einer ähnlichen Lage. Wir haben schon gesehen, daß der weise König Salomo als so etwas wie der mythische Urvater aller Weisheits-Spruchsammlungen galt. Hierbei könnte man unter Weisheit verdichtete, auf eine prägnante Formel gebrachte Lebenserfahrungen verstehen. Ein Beispiel aus unserm eigenen Kulturkreis für diese Art von Aussage-Konzentration wäre etwa der Satz »Lügen haben kurze Beine«. Damit soll die Lebenserfahrung wiedergegeben werden: Lügen stellt sich auf die Dauer als Torheit heraus; sie kommen nämlich sehr bald ans Licht. Am weitesten kommt man immer noch mit den »langen Beinen« der Wahrheit.

Eine derart praktische Philosophie, verbunden mit allerhand nützlichen Lebens- und Verhaltensregeln, findet sich weit verstreut auch in der antiken Umwelt der Bibel, zum Beispiel in Ägypten. In der Bibel selbst sind außer der ausgesprochenen Weisheitsdichtung (Sprüche, Prediger Salomo) vor allem die Psalmen und prophetischen Schriften voll derartiger Sprüche, auch das Buch Hiob.

Dabei können wir uns nicht nur auf die sogenannten »kanonischen« Schriften des Alten Testaments, sondern auch und sogar vor allem auf die »Apokryphen« beziehen (wie etwa Sirach, Tobias und Weisheit). Hier sind besondere Reichtümer dieser Art gestapelt.

Trotzdem wäre es falsch, in einem nur allgemeinen und verblassenden Sinn von »der« antiken Weisheitsliteratur zu sprechen. Beim Eintritt in die Bibel wird die weltliche Weisheit schon mit einem neuen spirituellen Auftrag, wenn man so will: mit einer religiösen Pointe ausgestattet. So kann es etwa zu dem dafür typischen Satz kommen: »Die Furcht des Herrn ist der Weisheit Anfang« (Psalm 111, 10; Sprüche 9, 10; Sirach 1, 10). Wie sollte die Begegnung mit dem, aus dessen Gedanken diese unsere Welt entsprungen ist, nicht eine Art Vorbedingung dafür sein, daß wir die in allem Geschehen verborgenen »höheren Gedanken« erraten und mit ihnen rechnen?

Der Prediger Salomo:
»Alles ist eitel«

Es ist alles ganz eitel, spricht der Prediger, es ist alles ganz eitel. Was hat der Mensch für Gewinn von all seiner Mühe, womit er sich abmüht unter der Sonne? Ein Geschlecht vergeht, das andere kommt, die Erde bleibt ewig. Die Sonne geht auf und geht unter und läuft an ihren Ort, daß sie dort wieder aufgehe. Der Wind geht nach Süden und kehrt herum nach Norden und wieder zurück an den Ort, wo er anfing. Alle Wasser laufen ins Meer, doch wird das Meer nicht voller; an den Ort, wohin sie fließen, dahin fließen sie immer wieder. Es sind alle Dinge so voll Mühe, daß es niemand völlig sagen kann. Das Auge sieht sich nimmer satt, und das Ohr hört sich nimmer satt. Was ist's, das geschehen ist? Eben das, was hernach geschehen wird. Was ist's, das man getan hat? Eben das, was man hernach wieder tun wird; und es geschieht nichts Neues unter der Sonne.

(Prediger 1, 2 bis 9)

Ein jegliches hat seine Zeit,
und alles Vornehmen unter dem Himmel hat seine Stunde.
Geboren werden und sterben,
pflanzen und ausrotten,
töten und heilen,
einreißen und bauen,
weinen und lachen,
klagen und tanzen,
Steine zerstreuen und Steine sammeln,
sich herzen und sich meiden,
suchen und verlieren,
behalten und wegwerfen,
zerreißen und zunähen,
schweigen und reden,
lieben und hassen,
Streit und Frieden;
alles hat seine Zeit.
Ich sah die Arbeit, die Gott den Menschen gab,
daß sie sich damit plagen.
Er hat alles schön gemacht zu seiner Zeit,
auch hat er die Ewigkeit in ihr Herz gelegt. –
Nur daß der Mensch nicht ergründen kann das Werk,
das Gott tut, weder Anfang noch Ende.
Da merkte ich, daß es nichts Besseres dabei gibt,

Salomos Weisheit

als fröhlich sein und sich gütlich tun in seinem Leben.
Denn ein Mensch, der da ißt und trinkt
und hat guten Mut bei all seinem Mühen,
das ist eine Gabe Gottes.
(Prediger 3, 1 bis 13)

Ich wandte mich und sah an alles Unrecht,
das geschah unter der Sonne:
und siehe, da flossen die Tränen der Unterdrückten,
die keinen Tröster hatten;
sie litten Gewalt an ihren Unterdrückern
und fanden keinen Rächer. Da pries ich glücklich die Toten,
die schon gestorben waren,
mehr als die Lebendigen, die noch das Leben hatten;
und glücklicher als beide ist,
wer noch nicht da ist und des Bösen nicht innewird,
das unter der Sonne geschieht.
Ich sah an alle Arbeit und alle Geschicklichkeit im Handeln;
da neidet einer den anderen.
Das ist auch eitel und Haschen nach Wind.
(Prediger 4, 1 bis 4)

Ich sah Gottlose, die Ehre fanden
und zu der heiligen Stätte kamen;
aber die recht getan hatten,
mußten in die Ferne wandern
und wurden vergessen in der Stadt.
Weil das Urteil über die bösen Werke nicht alsbald geschieht,
so wird das Herz der Menschen voll Frevelmut, Böses zu tun.
Es sind Gerechte, denen geht es,
als hätten sie Werke der Gottlosen,
und sind Gottlose, denen geht es,
als hätten sie Werke der Gerechten.
Ich sprach: »Das ist auch eitel.«
(Prediger 8, 10 f.; 14)

Gedenke an deinen Schöpfer in deiner Jugend,
ehe die bösen Tage kommen
und die Jahre nahen, von denen du sagen wirst:
sie gefallen mir nicht.
Ehe die Sonne finster wird samt dem Licht
des Mondes und der Sterne.
Wenn die Hüter des Hauses zittern
und die Starken sich krümmen
und die Müllerinnen feiern, weil ihrer so wenig geworden,
und dunkel werden, die durch die Fenster sehen.
Wenn die Türen nach der Straße geschlossen werden
und der Gang der Mühle leise wird,
wenn der Vogel nicht mehr singt
und alle Sängerinnen verstummen.
Ehe der silberne Strick zerreißt
und die goldene Schale zerbricht
und der Krug zerschellt an der Quelle
und das Schöpfrad zerbricht am Brunnen.
Denn der Staub muß wieder zur Erde kommen, wie er gewesen,
und der Geist wieder zu Gott, der ihn gegeben.
Es ist alles ganz eitel, spricht der Prediger, ganz eitel.
(Prediger 12, 1 bis 4; 6 bis 8)

Lob der Weisheit

Wohl dem Menschen, der Weisheit findet, und dem Mann, der Verstand bekommt; denn es ist besser, sie zu erwerben als Silber, und ihr Ertrag ist besser als Gold. (Sprüche 3, 13 bis 14)

Doch die Weisheit – wo ist sie zu finden? Wo ist die Stätte der Erkenntnis? Der Mensch kennt nicht den Weg zu ihr, sie ist nicht zu finden im Lande der Lebendigen. Die Tiefe spricht: »In mir ist sie nicht«, und das Meer spricht: »Bei mir ist sie auch nicht«. . . Der Abgrund und der Tod sprechen: »Nur ein Gerücht von ihr haben wir gehört.« Gott weiß den Weg zu ihr, er allein kennt ihre Stätte. Denn er schaut die Enden der Welt; was unter dem Himmel ist, sieht er

alles ... Und er sprach zum Menschen: »Siehe, die Furcht des Herrn, das ist die Weisheit, und Böses meiden, das ist die Erkenntnis.
(Hiob 28, 12 bis 28)

Gottesfurcht und Gottvertrauen

Vertraue auf den Herrn von ganzem Herzen; auf deine Klugheit aber verlaß dich nicht. Denke an ihn auf all deinen Wegen, so wird er deine Pfade ebnen. Dünke dich nicht, selbst weise zu sein, sondern fürchte den Herrn und meide das Böse. (Sprüche 3, 5 bis 7)

Der Weisheit Anfang ist die Furcht des Herrn, und die Erkenntnis des Heiligen ist Verstand. (Sprüche 9, 10)

Menschenfurcht bringt leicht zu Fall; wer aber auf den Herrn vertraut, der wird beschützt. Die Hoffart des Menschen wird ihn stürzen, aber der Demütige wird Ehre erlangen. (Sprüche 29, 25; 23)

Des Menschen Herz erdenkt sich seinen Weg, aber der Herr lenkt seinen Schritt. (Sprüche 16, 9)

Gib mir, mein Sohn, dein Herz, und laß deinen Augen meine Wege wohlgefallen. (Sprüche 23, 26)

Dein Leben lang habe Gott vor Augen und im Herzen und hüte dich, daß du in keine Sünde willigst noch tust wider Gottes Gebote.
(Tobias 4, 6)

Aber du, unser Gott, bist freundlich, treu und geduldig und regierst alles mit Barmherzigkeit. Denn dich kennen ist vollkommene Gerechtigkeit, und deine Macht wissen ist eine Wurzel des ewigen Lebens. (Weisheit 15, 1 bis 3)

Je größer du bist, um so mehr erniedrige dich selbst, und vor dem Angesicht des Herrn findest du Gnade. Denn groß ist die Macht des Herrn, und von den Demütigen wird er gepriesen. (Sirach 3, 20 bis 21)

Segen des Leidens

Mein Sohn, verwirf nicht die Zucht des Herrn und sei nicht unmutig ob seiner Zurechtweisung; denn wen der Herr lieb hat, den weist er zurecht, wie ein Vater den Sohn, dem er wohlwill. (Sprüche 3, 11 bis 12)

Wer Gott dient, der wird nach der Anfechtung getröstet; er wird aus der Trübsal erlöst, und nach der Züchtigung findet er Gnade.

(Tobias 3, 22)

Alles, was dir widerfährt, das leide und sei geduldig in allerlei Trübsal. Denn das Gold wird durchs Feuer geprüft, die aber Gott gefallen, im Ofen des Elends. (Sirach 2, 4 bis 5)

Rechter Gottesdienst
und was ihm widerspricht

Recht und Gerechtigkeit üben, gefällt dem Herrn besser als Opfer. (Sprüche 21, 3)

Denke nicht: »Gott wird meine große Gabe ansehen; und wenn ich dem Allmächtigen opfere, so wird er's annehmen.« Wenn du betest, so zweifle nicht; und sei nicht säumig, Almosen zu geben. Laß die Weinenden nicht ohne Trost, sondern traure mit den Traurigen.

(Sirach 7, 9 bis 12)

Gottes Gesetz halten, das ist ein reiches Opfer. Gottes Gebote groß achten, das ist das rechte Dankopfer. Wer Gott dankt, das ist das rechte Speiseopfer. Wer Barmherzigkeit übt, das ist das rechte Lobopfer. Von Sünden lassen, das ist ein Gottesdienst, der dem Herrn gefällt, und aufhören, Unrecht zu tun, das ist ein rechtes Sühnopfer.

(Sirach 35, 1 bis 5)

Wer sich rächt, an dem wird sich der Herr wieder rächen und wird ihm seine Sünden sicher behalten. Vergib deinem Nächsten, was er dir zuleide getan hat; bittest du darum, so werden auch dir deine Sünden vergeben. Ein Mensch hält fest am Zorn gegen den andern

und will bei dem Herrn Gnade suchen? Er ist unbarmherzig gegen seinesgleichen und will für seine eigenen Sünden bitten?
(Sirach 28, 1 bis 4)

Gerechte und Ungerechte

Der Gerechte erbarmt sich seines Viehs, aber das Herz des Gottlosen ist grausam. (Sprüche 12, 10)

Gerechtigkeit erhöhet ein Volk, aber die Sünde ist der Völker Verderben. (Sprüche 14, 34)

Habt Gerechtigkeit lieb, ihr Regenten; gedenkt des Herrn in frommem Sinn und suchet ihn mit einfältigem Herzen. (Weisheit 1, 1)

Ungerechtigkeit verwüstet alle Lande, und Übeltat stürzt die Stühle der Gewaltigen. (Weisheit 6, 1)

Gott ist keine Ausrede

Du darfst nicht sagen: »Von Gott kam meine Sünde.« Denn was er haßt, das bewirkt er auch nicht. Du darfst nicht sagen: »Er hat mich verführt.« Denn er hat nichts gemein mit dem Gottlosen. Gott hat den Menschen von Anfang geschaffen und ihm die freie Wahl gegeben. Willst du, so halte die Gebote; und Treue üben kannst du, wenn es dir gefällt. (Sirach 15, 11 bis 5)

Selbsterkenntnis und Selbstbeherrschung

Welcher Mensch erkennt Gottes Rat, oder wer kann begreifen, was der Herr will? Denn der Sterblichen Gedanken sind nichtig, und hinfällig sind ihre Anschläge. (Weisheit 9, 13 bis 14)

Wer darf sagen: ich habe mein Herz geläutert, ich bin rein von meiner Sünde? (Sprüche 20, 9)

Ein anderer rühme dich, und nicht dein eigener Mund, ein Fremder und nicht deine eigenen Lippen! (Sprüche 27, 2)

Wer seine Sünden verhehlen will, hat kein Gelingen; wer sie aber bekennt und läßt, der findet Erbarmen. (Sprüche 28, 13)

Womit jemand sündigt, damit wird er auch gestraft. (Weisheit 11, 16)

Daß einer so verzagt ist, das macht seine eigene Bosheit, die ihn überführt und verdammt. Ein erschrockenes Gewissen versieht sich immer des Ärgsten. Wo wenig Trost im Herzen ist, da macht das Verzagen bänger denn die Plage selbst. (Weisheit 17, 10 bis 13)

Hochmut kommt vor dem Sturz und hoffärtiger Sinn vor dem Fall. Ein Geduldiger ist besser als ein Kriegsheld; wer seines Zornes Herr ist, besser als einer, der Städte bezwingt. (Sprüche 16, 18, 32)

Bei allem, was du tust, bedenke das Ende! So wirst du nimmermehr Übles tun. (Sirach 7, 40)

Was dir zu hoch ist, das erforsche nicht; was über deine Kräfte geht, das untersuche nicht. (Sirach 3, 22)

Was dir von Gott aufgetragen ist, dem denke nach; denn das Verborgene geht dich nichts an. (Sirach 3, 23)

Reich und arm

Reiche und Arme begegnen einander; der Herr hat sie beide gemacht. (Sprüche 22, 2)

Unrecht Gut hilft nicht; Gerechtigkeit aber rettet vom Tode. (Sprüche 10, 2)

Besser wenig mit Gottesfurcht als große Schätze mit Unruhe. Besser ein Gericht Gemüse mit Liebe als ein gemästeter Ochse mit Haß. (Sprüche 15, 16 bis 17)

Ein guter Ruf ist köstlicher als viel Reichtum, und Gunst ist besser als Silber und Gold. (Sprüche 22, 1)

Es ist besser, einer sei arm, aber frisch und gesund, als reich und mit Krankheit geschlagen. Gesundheit und Kraft ist besser als Gold, ein gesunder Leib besser als unermeßliches Gut. (Sirach 30, 14 bis 15)

Mancher kargt und spart und wird dadurch reich. Er spricht: »Nun will ich mir Ruhe gönnen, will essen und trinken von meinem Gut.« Und er weiß nicht, daß sein Stündlein so nahe ist, und muß alles ändern lassen und sterben. (Sirach 11, 17 bis 19)

Wer sich des Armen erbarmt, leihet dem Herrn; der wird ihm seine Wohltat vergelten. (Sprüche 19, 17)

Wer gütigen Auges ist, wird gesegnet; denn er gibt von seinem Brot den Armen. (Sprüche 22, 9)

Von deinen Gütern hilf dem Armen. Hast du viel, so gib reichlich, hast du wenig, so gib doch das Wenige mit treuem Herzen. Dann sammelst du einen guten Schatz für den Tag der Not. Denn die Almosen erretten vom Tode und bewahren vor dem Weg ins Dunkle. (Tobias 4, 7 bis 10)

Eltern und Kinder

Die Krone der Alten sind Kindeskinder, und der Ruhm der Kinder sind ihre Väter. (Sprüche 17, 6)

Ehre deinen Vater von ganzem Herzen und vergiß nicht, wie sauer du deiner Mutter geworden bist. Gedenke, daß du von ihnen geboren bist; was kannst du ihnen tun für das, was sie an dir getan haben? (Sirach 7, 29 bis 30)

Mein Kind, gehorche der Zucht deines Vaters und verwirf nicht das Gebot deiner Mutter. (Sprüche 1, 8)

Mein Sohn, wenn dich die bösen Buben locken, so folge ihnen nicht. (Sprüche 1, 10)

Ein Auge, das den Vater verspottet und die greise Mutter verachtet, das werden die Raben im Tal aushacken, das werden die jungen Adler ausfressen. (Sprüche 30, 17)

Ehre Vater und Mutter mit der Tat, mit Worten und Geduld, auf daß ihr Segen über dich komme. Denn des Vaters Segen bauet den Kindern Häuser, aber der Mutter Fluch reißet sie nieder. (Sirach 3, 9 bis 11)

Liebes Kind, pflege deinen Vater im Alter und betrübe ihn ja nicht, solange er lebt; übe Nachsicht, wenn sein Verstand abnimmt, und verachte ihn nicht, weil du noch voller Kraft bist. (Sirach 3, 14 bis 15)

Graues Haar ist eine herrliche Krone; auf dem Wege der Gerechtigkeit wird sie gefunden. (Sprüche 16, 31)

Der Alten Krone ist reiche Erfahrung, und ihre Ehre ist, Gott zu fürchten. (Sirach 25, 8)

Frauen-Lob und -Tadel

Ein tugendsames Weib – wer mag es finden? Sie ist viel edler als köstliche Perlen. Ihres Mannes Herz darf sich auf sie verlassen, denn sie erweist ihm Gutes und nichts Böses ihr Leben lang. Gar frühe, noch bei Nacht, steht sie auf und gibt ihrem Hause die Speise. In Kraft gürtet sie ihre Lenden, und rüstig regt sie die Arme. Sie legt die Hand an den Rocken, und ihre Finger ergreifen die Spindel. Sie bietet ihre Hand dem Elenden, streckt ihren Arm dem Dürftigen entgegen. Kraft und Hoheit ist ihr Gewand, sie lacht des kommenden Tages. Sie öffnet den Mund zu verständiger Rede, und freundliche Weisung ist auf ihrer Zunge. Sie überwacht, was vorgeht im Hause, und nicht in Müßiggang ißt sie ihr Brot. Ihre Söhne treten auf und preisen sie glücklich; ihr Gatte ist voll ihres Lobes: »Viele Frauen halten sich wacker, doch du übertriffst sie alle.« Wandelbar ist die Anmut, ein flüchtiger Hauch die Schönheit, aber ein gottesfürchtiges Weib ist des Ruhmes wert. (Sprüche 31, 10 bis 30, gekürzt)

Wohl dem, der ein tugendsames Weib hat, der lebt noch einmal so lange. Ein tugendsames Weib ist eine edle Gabe und wird dem ans Herz gelegt, der Gott fürchtet. Er sei reich oder arm, so ist's ihm ein Trost und macht ihn allezeit fröhlich. (Sirach 26, 1 bis 4)

Wie die Sonne leuchtet am hohen Himmel, so ist ein tugendsames Weib eine Zierde in ihrem Hause. Ein schönes Weib, das fromm bleibt, ist wie die helle Lampe auf dem heiligen Leuchter.
(Sirach 26, 21 bis 22)

Aber auch das negative Kontrastbild wird diesem Tugendkatalog beigesellt. Es bezeugt zugleich den Sinn für drastischen Humor:

Ein schönes Weib ohne Zucht ist wie eine Sau mit einem goldenen Ring durch die Nase. (Sprüche 11, 22)

Freund und Feind

Freue dich nicht über den Fall deines Feindes, und dein Herz frohlocke nicht, wenn er strauchelt. (Sprüche 24, 17)

Wenn deinen Feind hungert, so speise ihn, dürstet ihn, so gib ihm zu trinken; so wirst du feurige Kohlen auf sein Haupt sammeln, und der Herr wird es dir vergelten. (Sprüche 25, 21 bis 22)

Wenn das Holz ausgeht, verlischt das Feuer; wo kein Verleumder ist, da ruht der Streit. Wer eine Grube gräbt, fällt selbst hinein, und wer einen Stein wälzt, auf den rollt er zurück. (Sprüche 26, 20; 27)

Wer eine Verfehlung zudeckt, sucht Liebe; wer aber eine Sache weiterträgt, bringt Freunde auseinander. (Sprüche 17, 9)

Vertraue keinem Freunde, du habest ihn denn erprobt in der Not. Denn viele sind Freunde in den guten Tagen, aber in der Not halten sie nicht stand. Ein treuer Freund ist ein starker Schutz; wer ihn findet, der hat einen großen Schatz. Ein treuer Freund ist nicht zu bezahlen; und es gibt keinen Preis für seinen Wert. Ein treuer Freund ist ein Trost des Lebens; wer Gott fürchtet, der findet solchen Freund. (Sirach 6, 7 bis 8; 14 bis 16)

Hüte deine Zunge

Ein Vernünftiger mäßigt seine Rede, und ein verständiger Mann wird nicht hitzig. Ein Narr, wenn er schwiege, würde auch für weise gerechnet, und für verständig, wenn er das Maul hielte.

(Sprüche 17, 27 bis 28)

Wer seinen Mund und seine Zunge behütet, der behütet sein Leben vor mancher Gefahr. (Sprüche 21, 23)

Sei beständig in deinem Sinn und bleibe bei einerlei Rede. Sei schnell zu hören, antworte was recht ist und übereile dich nicht. Verstehst du die Sache, so unterrichte deinen Nächsten; wo nicht, so lege deine Hand auf dein Maul. Denn Reden bringt Ehre, aber Reden bringt auch Schande, und den Menschen bringt seine eigene Zunge zu Fall. (Sirach 5, 12 bis 15)

Offenbare dein Herz nicht jedermann; er möchte es dir übel danken. (Sirach 8, 22)

Ein weiser Mann schweigt, bis seine Zeit kommt; aber der Übermütige kann die Zeit nicht abwarten. (Sirach 20, 7)

Allerlei Lebensratschläge

Geh hin zur Ameise, du Fauler; sieh ihre Weise und lerne. Obwohl sie keinen Fürsten noch Hauptmann oder Herrn hat, bereitet sie doch ihr Brot im Sommer und sammelt ihre Speise in der Ernte. Wie lange liegst du Fauler? Wann willst du aufstehen von deinem Schlaf?

Ja, schlaf noch ein wenig, schlummre noch ein wenig, schlag die Hände ineinander zum Schlaf; so wird dich die Armut ereilen wie ein Strolch und der Mangel wie ein gewappneter Mann.

(Sprüche 6, 6 bis 11)

Der Faule spricht: »Es ist ein Jungleu auf dem Wege und ein Löwe auf den Gassen.« Ein Fauler wendet sich im Bett, wie die Tür in der Angel. Der Faule steckt seine Hand in den Topf, und es wird ihm sauer, sie zum Munde zu bringen. (Sprüche 26, 13 bis 15)

Müßiggang lehrt viel Böses. (Sirach 33, 29)

Wo ist Weh, wo ist Leid, wo ist Zank, wo ist Klage? Wo sind Wunden ohne Ursache, wo sind trübe Augen? Wo man bis in die späte Nacht beim Wein sitzt und kommt, um den Mischtrank zu kosten. Schau nicht nach dem Wein, wie rötlich er spielt, wie er im Becher so herrlich funkelt! Glatt geht er ein, hinterher aber beißt er wie eine Schlange, spritzt sein Gift wie eine Natter. (Sprüche 23, 29 bis 32)

Rühme dich nicht des morgenden Tages; denn du weißt nicht, was ein Tag bringen mag. (Sprüche 27, 1)

Was du nicht willst, das man dir tue, das tue einem andern auch nicht. (Tobias 4, 16)

Mache dich selbst nicht traurig und plage dich nicht mit deinen eigenen Gedanken. Denn ein fröhlich Herz ist des Menschen Leben, und Frohsinn verlängert seine Tage. Viele Leute tötet der Kummer, und Traurigkeit dient zu nichts. Eifer und Zorn verkürzen das Leben, und Sorge macht alt vor der Zeit. (Sirach 30, 22 bis 26)

Gottes Ewigkeit und des Menschen Zeit

Der Herr allein ist gerecht. Wer kann seine Werke aussprechen? Wer kann seine großen Wunder begreifen? Wer kann seine große Macht messen? Man kann sie weder mindern noch mehren und kann seine großen Wunder nicht ergründen. Ein Mensch, wenn er gleich sein Bestes getan hat, so ist's noch kaum angefangen; und wenn er meint, er habe es vollendet, so fehlt es noch weit. Denn was ist der Mensch? Wenn er lange lebt, lebt er hundert Jahre. Gleichwie ein Tröpflein Wasser gegen das Meer, wie ein Körnlein gegen den Sand am Ufer, so gering sind seine Jahre gegen die Ewigkeit. Darum hat Gott Geduld mit ihnen und schüttet seine Barmherzigkeit aus über sie. Er sieht und weiß wohl, wie böse ihrer aller Ende ist. Darum erbarmt er sich desto reichlicher über sie. Eines Menschen Barmherzigkeit geht allein über seinen Nächsten; aber Gottes Barmherzigkeit geht über alle Welt. (Sirach 18, 2 bis 12)

Nun danket alle Gott, der große Dinge tut an allen Enden, der uns vom Mutterleibe an lebendig erhält und tut uns alles Gute. Er gebe uns ein fröhlich Herz und verleihe immerdar Frieden zu unserer Zeit. Seine Gnade bleibe stets bei uns und erlöse uns, solange wir leben. (Sirach 50, 24 bis 26)

ELIA: WIDER ALLE SYNTHESEN VON JAHWE-GLAUBEN UND HEIDNISCHEM KULT

In den Berichten des 1. Königsbuches über die Zeit nach Salomo heißt es immer wieder: Dieser und jener König tat, ›was dem Herrn übel gefiel‹. Es ist in vielem eine Abfall- und Absagegeschichte, eine Periode der Untreue Israels. Dazu gehörte auch, daß der Jahwe-Glaube vielerorts sein altes und strenges Ausschließlichkeits-Profil verlor und sich mit allerhand Natur- und Fruchtbarkeitskulten — so dem Gotte ›Baal‹ — verband. Es kam auf diese Weise zu Überfremdungen, die man selbst kaum bemerkte, so daß die meisten ahnungslos in dieser synkretistischen Grauzone lebten. Für Elia aber war diese Mixtur aus letztlich unvereinbaren Elementen schlechthin unerträglich. Sie verstieß ihn zugleich in die Einsamkeit dessen, der als der einzig Nüchterne und Klarsehende in einer verwirrten Welt lebt.

Und Raben brachten Elia
Brot am Morgen und Fleisch am Abend.
(1. Könige 17, 6)

Es gelang ihm, bei einer großen Kultversammlung auf dem Karmel, zu der das Volk von weither zusammengeströmt war, öffentlich die Frage zu stellen, wer zukünftig in Israel Herr sein sollte, und an die Stelle bisher für selbstverständlich gehaltener Synthesen schneidende Alternativen – also Entscheidungs- und Scheidungsaufrufe – zu setzen.

Als Elia zum ersten Mal diese Alternativ-Forderung »Jahwe oder Baal« so dezidiert stellte, habe das versammelte Volk geschwiegen, ihm also seine Akklamation versagt. Der Erzähler erwähnt das wohl vor allem, um damit anzudeuten, daß es im allgemeinen Bewußtsein, das von einem Religions-Allerlei erfüllt war, kaum eine Sensibilität gab, die auch nur die Fragestellung des Elia hätte verstehen lassen (1. Könige 18, 21). Zu seiner Zeit war es Elia, der zum ersten Male die Menschen mobilisierte, »die Geister zu scheiden«. Wer dieser Elia im einzelnen war, ist historisch kaum noch zu eruieren. Dem alten Erzähler fehlt das moderne Interesse an der »Persönlichkeit«. Gerhard von Rad meint, in dieser von Legenden umkränzten Gestalt spiegele sich »eine geschichtliche Gestalt von fast übermenschlicher Größe«, gefürchtet und verehrt, unnahbar und zugleich voll menschlicher Zuwendung, auf jeden Fall mit einem unerbittlich durchgehaltenen geschichtlichen Auftrag. Die Gestalt des Elia hat die Volksphantasie schon damals und noch lange danach beschäftigt. Selbst in der Geschichte von der Kreuzigung Jesu spielt sie noch eine Rolle: Als der Gekreuzigte seinen Ruf ausstößt: »Eli, Eli, lama asabtani? Mein Gott, mein Gott, warum hast du mich verlassen?« führte der ähnliche Klang des hebräischen Eingangswortes zu dem Mißverständnis, er habe nach Elia gerufen, an den sich auch damals noch viele als einen Nothelfer in Bedrängnissen wandten. Die Konkordanz zeigt, in wie vielerlei Assoziation sein Name noch im Neuen Testament auftaucht.

Elias Auftrag: Seine Begegnung mit der Witwe von Zarpath

Elia, der Thisbiter, aus den Bürgern Gileads, sprach zu Ahab: »So wahr der Herr, der Gott Israels, lebt, vor dem ich stehe, es soll diese Jahre weder Tau noch Regen kommen, ich sage es denn.«

Elia bei der Witwe von Zarpath
(1. Könige 17)

Da kam das Wort des Herrn zu ihm und sprach: »Mache dich auf und gehe gen Zarpath, welches bei Sidon liegt, und bleibe daselbst; denn ich habe daselbst einer Witwe geboten, daß sie dich versorge.« Und er machte sich auf und ging nach Zarpath. Und da er kam an das Tor der Stadt, siehe, da war eine Witwe und las Holz auf. Und er rief: »Hole mir ein wenig Wasser im Gefäß, daß ich trinke.« Da sie aber hinging zu holen, rief er sie und sprach: »Bringe mir auch einen Bissen Brot mit.«

Sie sprach: »So wahr der Herr, dein Gott, lebt, ich habe nichts Gebackenes, nur eine Handvoll Mehl im Kad und ein wenig Öl im Krug. Und siehe, ich habe ein Holz oder zwei aufgelesen und gehe hinein und will mir und meinem Sohn zurichten, daß wir essen und sterben.«

Elia sprach zu ihr: »Fürchte dich nicht; gehe hin und mach's, wie du gesagt hast; doch mache mir am ersten ein kleines Gebackenes davon und bringe mir's heraus; dir aber und deinem Sohn sollst du darnach auch machen. Denn also spricht der Herr, der Gott Israels: ›Das Mehl im Kad soll nicht verzehrt werden, und dem Ölkrug soll nichts mangeln bis auf den Tag, da der Herr regnen lassen wird auf Erden.‹« Sie ging hin und machte, wie Elia gesagt hatte. Und er aß, und sie auch und ihr Haus eine Zeitlang. Das Mehl im Kad ward nicht verzehrt, und dem Ölkrug mangelte nichts nach dem Wort des Herrn, das er geredet hatte durch Elia.

Und nach diesen Geschichten ward des Weibes, seiner Hauswirtin, Sohn krank, und seine Krankheit war so sehr hart, daß kein Odem mehr in ihm blieb. Und sie sprach zu Elia: »Was habe ich mit dir zu schaffen, du Mann Gottes? Du bist zu mir hereingekommen, daß meiner Missetat gedacht und mein Sohn getötet würde.«

Er sprach zu ihr: »Gib mir her deinen Sohn.« Und er nahm ihn von ihrem Schoß und ging hinauf auf den Söller, da er wohnte, und legte ihn auf sein Bett und rief den Herrn an und sprach: »Herr, mein Gott, hast du auch der Witwe, bei der ich ein Gast bin, so übel getan, daß du ihren Sohn tötetest?« Und er streckte sich dreimal über dem Knaben hin und rief den Herrn an und sprach: »Herr, mein Gott, laß die Seele dieses Kindes wieder zu ihm kommen.«

Und der Herr erhörte die Stimme Elias, und die Seele des Kindes kam wieder zu ihm, und es ward lebendig. Und Elia nahm das Kind und brachte es hinab vom Söller ins Haus und gab's seiner Mutter und sprach: »Siehe da, dein Sohn lebt.«

Und das Weib sprach zu Elia: »Nun erkenne ich, daß du ein Mann Gottes bist, und des Herrn Wort in deinem Munde ist Wahrheit.« (1. Könige 17, 1; 8 bis 24)

Das Gottesgericht auf dem Karmel

Und über eine lange Zeit kam das Wort des Herrn zu Elia, im dritten Jahr, und sprach: »Gehe hin und zeige dich Ahab, daß ich regnen lasse auf Erden.« Und Elia ging hin, daß er sich Ahab zeigte. Es war aber eine große Teuerung zu Samaria.

Und da Ahab Elia sah, sprach Ahab zu ihm: »Bist du es, der Israel verwirrt?« Er aber sprach: »Ich verwirre Israel nicht, sondern du und deines Vaters Haus, damit daß ihr des Herrn Gebote verlassen habt und wandelt den Baalim nach. Wohlan, so sende nun hin und versammle zu mir das ganze Israel auf den Berg Karmel und die vierhundertfünfzig Propheten Baals, auch die vierhundert Propheten der Aschera, die vom Tisch Isebels essen.«

Also sandte Ahab hin unter alle Kinder Israel und versammelte die Propheten auf den Berg Karmel. Da trat Elia zu allem Volk und sprach: »Wie lange hinket ihr auf beide Seiten? Ist der Herr Gott, so wandelt ihm nach; ist's aber Baal, so wandelt ihm nach.« Und das Volk antwortete ihm nichts. Da sprach Elia zum Volk: »Ich bin allein übrig geblieben als Prophet des Herrn; aber der Propheten Baals sind vierhundertundfünfzig Mann. So gebt uns nun zwei Farren und laßt sie erwählen einen Farren und ihn zerstücken und aufs Holz legen und kein Feuer daran legen; so will ich den anderen Farren nehmen und aufs Holz legen und auch kein Feuer daran legen. So rufet ihr den Namen eures Gottes, und ich will den Namen des Herrn anrufen. Welcher Gott nun mit Feuer antworten wird, der sei Gott.« Und das ganze Volk antwortete und sprach: »Das ist recht.«

Und Elia sprach zu den Propheten Baals: »Erwählet ihr einen

Stier und richtet zu am ersten, denn euer ist viel, und rufet eures Gottes Namen an und leget kein Feuer daran.« Und sie nahmen den Stier, den man ihnen gab, und richteten zu und riefen an den Namen Baals vom Morgen an bis an den Mittag und sprachen: »Baal, erhöre uns!« Aber es war da keine Stimme noch Antwort. Und sie hinkten um den Altar, den sie gemacht hatten.

Da es nun Mittag ward, spottete ihrer Elia und sprach: »Rufet laut! denn er ist ein Gott, er dichtet oder hat zu schaffen oder ist über Feld oder schläft vielleicht, daß er aufwache.« Da riefen sie laut und ritzten sich mit Messern und Pfriemen nach ihrer Weise, bis daß ihr Blut herabfloß. Da aber der Mittag vergangen war, weissagten sie bis um die Zeit, da man das Speiseopfer tun sollte; und war da keine Stimme noch Antwort noch Aufmerken.

Da sprach Elia zu allem Volk: »Kommt her, alles Volk, zu mir!« Da alles Volk zu ihm trat, baute er den Altar des Herrn wieder auf, der zerbrochen war. Und da die Zeit war, Speiseopfer zu opfern, trat Elia, der Prophet, herzu und sprach: »Herr, Gott Abrahams, Isaaks und Israels, laß heute kund werden, daß du Gott in Israel bist und ich dein Knecht, und daß ich solches alles nach deinem Wort getan habe. Erhöre mich, Herr, erhöre mich, daß dies Volk wisse, daß du, Herr, Gott bist, daß du ihr Herz darnach bekehrest.« Da fiel das Feuer des Herrn herab und fraß Brandopfer, Holz, Steine und Erde und leckte das Wasser auf in der Grube. Da das alles Volk sah, fiel es auf sein Angesicht und sprach: »Der Herr ist Gott, der Herr ist Gott!« Elia aber sprach zu ihnen: »Greift die Propheten Baals, daß ihrer keiner entrinne!« Und sie griffen sie. Und Elia führte sie hinab an den Bach Kison und schlachtete sie daselbst.[32]

Elia sprach zu Ahab: »Zieh hinauf, iß und trink; denn es rauscht, als wollte es sehr regnen.« Und ehe man zusah, ward der Himmel schwarz von Wolken und Wind, und kam ein großer Regen. Ahab aber fuhr und zog gen Jesreel.

(1. Könige 18, 1 bis 2; 17 bis 30; 36 bis 41; 45)

Das Gottesgericht auf dem Karmel
(1. Könige 18)

Elia am Horeb

Und Ahab sagte Isebel an alles, was Elia getan hatte, und wie er hatte alle Propheten Baals mit dem Schwert erwürgt. Da sandte Isebel einen Boten zu Elia und ließ ihm sagen: »Die Götter tun mir dies und das, wo ich nicht morgen um diese Zeit deiner Seele tue wie dieser Seelen einer.«

Da er das sah, machte er sich auf und ging hin um seines Lebens willen und kam gen Beerseba in Juda und ließ seinen Diener daselbst. Er aber ging hin in die Wüste eine Tagereise und kam hinein und setzte sich unter einen Wacholder und bat, daß seine Seele stürbe, und sprach: »Es ist genug, so nimm nun, Herr, meine Seele; ich bin nicht besser denn meine Väter.«

Und legte sich und schlief unter dem Wacholder. Und siehe, ein Engel rührte ihn an und sprach zu ihm: »Stehe auf und iß.« Und er sah sich um, und siehe, zu seinen Häupten lag ein geröstetes Brot und eine Kanne mit Wasser. Und da er gegessen und getrunken hatte, legte er sich wieder schlafen.

Und der Engel des Herrn kam zum andern Mal wieder und rührte ihn an und sprach: »Stehe auf und iß; denn du hast einen großen Weg vor dir.« Und er stand auf und aß und trank und ging durch die Kraft derselben Speise vierzig Tage und vierzig Nächte bis an den Berg Gottes Horeb. Und kam daselbst in eine Höhle und blieb daselbst über Nacht. Und siehe, das Wort des Herrn kam zu ihm und sprach zu ihm: »Was machst du hier, Elia?«

Er sprach: »Ich habe geeifert um den Herrn, den Gott Zebaoth; denn die Kinder Israel haben deinen Bund verlassen und deine Altäre zerbrochen und deine Propheten mit dem Schwert erwürgt; und ich bin allein übrig geblieben, und sie stehen darnach, daß sie mir mein Leben nehmen.«

Er sprach: »Gehe heraus und tritt auf den Berg vor den Herrn!« Und siehe, der Herr ging vorüber und ein großer starker Wind, der die Berge zerriß und die Felsen zerbrach, vor dem Herrn her; der Herr aber war nicht im Winde. Nach dem Winde aber kam ein Erdbeben; aber der Herr war nicht im Erdbeben. Und nach dem Erdbeben kam ein Feuer; aber der Herr war nicht im Feuer. Und nach dem Feuer kam ein stilles sanftes Sausen. Da das Elia hörte, verhüllte er sein Antlitz mit seinem Mantel und ging heraus und trat an die Tür der Höhle. Und siehe, da kam eine Stimme zu ihm und sprach: »Was hast du hier zu suchen, Elia?« Er sprach: »Ich habe um den Herrn, den Gott Zebaoth, geeifert; denn die Kinder Israel haben deinen Bund verlassen, deine Altäre zerbrochen, deine Propheten mit dem Schwert erwürgt; und ich bin allein übrig geblieben, und sie stehen darnach, daß sie mir das Leben nehmen.« Aber der Herr sprach zu ihm: »Gehe wiederum deines Weges durch die Wüste gen Damaskus.« Und ich will lassen übrigbleiben siebentausend in Israel: alle Kniee, die sich nicht gebeugt haben vor Baal, und allen Mund, der ihn nicht geküßt hat. (1. Könige 19, 1 bis 15a; 18)

Die Geschichte von Naboths Weinberg

Nach diesen Geschichten begab sich's, daß Naboth, ein Jesreeliter, einen Weinberg hatte zu Jesreel, bei dem Palast Ahabs, des Königs zu Samaria. Und Ahab redete mit Naboth und sprach: »Gib mir deinen Weinberg, ich will mir einen Kohlgarten daraus machen, weil er so nahe an meinem Hause liegt... Ich will dir einen bessern Weinberg dafür geben; oder, so dir's gefällt, will ich dir Silber dafür geben, soviel er gilt.« Aber Naboth sprach zu Ahab: »Das lasse der Herr fern von mir sein, daß ich dir meiner Väter Erbe sollte geben!«

Da kam Ahab heim voll Unmuts und zornig um des Wortes willen, das Naboth, der Jesreeliter, zu ihm hatte gesagt und gesprochen: ›Ich will dir meiner Väter Erbe nicht geben.‹ Und er legte sich auf sein Bett und wandte sein Antlitz und aß kein Brot. Da kam zu ihm hinein Isebel, sein Weib, und redete mit ihm: »Was ist's, daß dein Geist so voll Unmuts ist und daß du nicht Brot issest?«

Er sprach zu ihr: »Ich habe mit Naboth, dem Jesreeliten, geredet und gesagt: ›Gib mir deinen Weinberg um Geld, oder so du Lust dazu hast, will ich dir einen andern dafür geben.‹ Er aber sprach: ›Ich will dir meinen Weinberg nicht geben.‹«

Da sprach Isebel, sein Weib, zu ihm: »Was wäre für ein Königreich in Israel, wenn du nicht tätig wärest! Stehe auf und iß Brot und sei guten Mutes. Ich will dir den Weinberg Naboths, des Jesreeliten, verschaffen.« Und sie schrieb Briefe unter Ahabs Namen und versiegelte sie mit seinem Siegel und sandte sie zu den Ältesten und Obersten in seiner Stadt, die um Naboth wohnten, und schrieb also in den Briefen: »Lasset ein Fasten ausschreien und setzet Naboth obenan im Volk und stellet zwei lose Buben vor ihn, die da zeugen und sprechen: ›Du hast Gott und den König gelästert, und führet ihn hinaus und steinigt ihn, daß er sterbe.«

Und die Ältesten und Obersten seiner Stadt, die in seiner Stadt wohnten, taten, wie ihnen Isebel entboten hatte, wie sie in den Briefen geschrieben hatte, die sie zu ihnen sandte, und ließen ein Fasten ausschreien und ließen Naboth obenan unter dem Volk sitzen. Da kamen die zwei losen Buben und stellten sich vor ihn und zeugten wider Naboth vor dem Volk und sprachen: ›Naboth hat Gott und den König gelästert.‹ Da führten sie ihn vor die Stadt hinaus und steinigten ihn, daß er starb. Und sie entboten Isebel und ließen ihr sagen: ›Naboth ist gesteinigt und tot.‹ Da aber Isebel hörte, daß Naboth gesteinigt und tot war, sprach sie zu Ahab: »Stehe auf und nimm ein den Weinberg Naboths, des Jesreeliten, welchen er sich weigerte dir um Geld zu geben; denn Naboth lebt nimmer, sondern ist tot. Da Ahab hörte, daß Naboth tot war, stand er auf, daß er hinabging zum Weinberge Naboths, des Jesreeliten, und ihn einnähme. Aber das Wort des Herrn kam zu Elia, dem Thisbiter: »Mache dich auf und gehe hinab, Ahab, dem König Israels, entgegen, der zu Samaria ist; siehe, er ist im Weinberge Naboths, dahin ist er hinabgegangen, daß er ihn einnehme. Und rede mit ihm und sprich: ›So spricht der Herr: Du hast totgeschlagen, dazu auch in Besitz genommen.‹ Und sollst mit ihm reden und sagen: ›So spricht der Herr: An der Stätte, da Hunde das Blut Naboths geleckt haben, sollen auch Hunde dein Blut lecken.‹« Und Ahab sprach zu Elia: »Hast du mich gefunden, mein Feind?« Er aber sprach: »Ja, ich habe dich gefunden, darum daß du dich verkauft hast, nur Übles zu tun vor dem Herrn.«

Und über Isebel redete der Herr auch und sprach: »Die Hunde sollen Isebel fressen an der Mauer Jesreels.« (1. Könige 21, 1 bis 20; 23)

LEIDEN, ANFECHTUNG UND LÄUTERUNG DES GERECHTEN HIOB

Das Hiob-Buch ist eine der großen Dichtungen des Alten Testamentes. Das Einleitungskapitel, in dem Satan mit Gott wettet, daß er seinen Knecht Hiob an ihm irre machen könne, findet – mit einigen bezeichnenden Nuancen – seine Neugestaltung beim »Prolog im Himmel« in Goethes Faust-Dichtung. Auch in dem biblischen Kunstwerk erhält Satan (der »Mephistopheles« im Faust) von Gott die Erlaubnis, Hiobs Geist »von seinem Urquell abzuziehen« und ihn seinen diabolischen Versuchungen auszusetzen.

Was ist dieser »Urquell« bei Hiob? Hier geht es wohl um seine Vertrauensbindung an Gott. Der Satan will sie dadurch erschüttern, daß er ihr die Voraussetzung entreißt, auf der sie nach seiner zynischen Deutung beruht: die Annahme nämlich, daß Frömmigkeit und Gottvertrauen sich »lohnten«, daß man davon profitiere und den Lohn göttlichen Segens herbeizwingen könne. Sobald du, Gott – dies das Argument Satans – den Hiob trotz seiner Gerechtigkeit in die Misere von Armut und Not verstößest, sobald sich also sein gottwohlgefälliger Wandel nicht mehr auszahlt, wird er an dir irre werden und sich enttäuscht abwenden.

Damit ironisiert Satan eine religiöse Weltanschauung, die im damaligen Israel, auch und gerade in seiner Weisheitsliteratur, tatsächlich verbreitet war, wie sie aber ebenso heute und wohl immer als kritische Anfrage an unsere Frömmigkeit, ebenso an jede Gestalt von Ethik, lebendig bleibt: Es geht um die Annahme, daß das Gute sich lohne, daß also eine Korrespondenz zwischen Gut-sein und Es-gut-haben bestehe. Auch bei Immanuel Kant ist dies das Hintergrund-Thema seiner Ethik, wenn er darauf insistiert, gerade diese Korrespondenz zu zerstören und im Bereich des Ethischen selbst die kleinsten Spurenelemente von Eudämonismus (von Glücks-Motiven) zu tilgen.

So wird im Hiob-Buch eine große und immerwährende Menschheitsfrage aufgegriffen, die über eine bloß zeitgeschichtliche Thematik weit hinausgreift.

Eine Zeitlang noch widersteht Hiob, als Satan ihn ins Unglück stürzt, der teuflischen Versuchung, Gott abzuschwören. Schließlich aber beginnt er doch zu hadern. Die gleiche Anfechtung, die der 73. Psalm in ihren Grundlinien aufzeigt — daß den Frommen oft übel mitgespielt wird, während die Gottlosen sich eines satten Glückes erfreuen —, wird bei Hiob in dramatischen Dialogen durchgespielt. Dennoch geht es nicht um das, was man mit einem neuzeitlichen Begriff als »Theodizee«, als rationale Verteidigung Gottes, bezeichnet. Es kommt bei Hiob schließlich zu einem »glaubenden« Wiederfinden Gottes, einem Wiederfinden also, das nicht in irgendeiner Form intellektueller Einsicht gründet.

Die drei Freunde Hiobs, die ihm in seiner Lebens- und Gedankennot helfen wollen, bewegen sich in bilderreicher Gedankenlyrik weithin um die gleiche Thematik: Um die Frage, wie Gott es zulassen könne, einen scheinbar Gerechten leiden zu lassen, ihn also gewissermaßen zu bestrafen, statt ihn zu belohnen. Sie wandeln dieses Thema in immer neuen Anreden, Vorwürfen und Trostsprüchen ab. Es fällt hier besonders schwer, das aus Platzgründen Auszulassende mit dürftigen prosaischen Hilfstexten zu überbrücken und das Dichterwort mit vielleicht allzu schulmeisterlichen Kommentaren zu durchsetzen. Doch meinte ich, auf diese Anleitungen zum Verständnis nicht verzichten zu können. Vielleicht regen sie dazu an, diesen israelitischen »Faust« einmal selbst im Zusammenhang zu lesen.[33]

Hiobs Glück auf der Erde und ein Dialog im Himmel

Es war ein Mann im Lande Uz, der hieß Hiob. Der war fromm und rechtschaffen, gottesfürchtig und mied das Böse. Er zeugte sieben Söhne und drei Töchter, und besaß siebentausend Schafe, dreitausend Kamele, fünfhundert Joch Rinder und fünfhundert Eselinnen, dazu sehr viel Gesinde. Er war reicher als alle, die im Osten wohnten.

Seine Söhne pflegten nun jeweils ein Festmahl zu machen, ein jeder in seinem Hause an seinem Tag. Sie sandten dann hin und luden dazu auch ihre drei Schwestern ein, mit ihnen zu essen und zu trinken. Und wenn die Tage des Mahles um waren, sandte Hiob hin und heiligte sie und machte sich früh am Morgen auf und opferte Brandopfer nach ihrer aller Zahl; denn Hiob dachte: Meine Söhne könnten gesündigt und Gott abgesagt haben in ihrem Herzen. So tat Hiob allezeit.

Es begab sich nun eines Tages, da die Gottessöhne kamen und vor den Herrn traten, erschien auch der Satan unter ihnen. Der Herr aber sprach zu dem Satan: »Wo kommst du her?« Der Satan antwortete dem Herrn und sprach: »Ich habe die Erde hin und her durchzogen.« Der Herr sprach weiter zum Satan: »Hast du auch achtgegeben auf meinen Knecht Hiob? Denn es ist seinesgleichen nicht auf Erden, fromm und rechtschaffen, gottesfürchtig und meidet das Böse.« Der Satan antwortete dem Herrn und sprach: »Meinst du etwa, daß Hiob Gott umsonst fürchtet? Hast du doch ihn, sein Haus und alles, was er hat, ringsumher beschützt. Du hast das Werk seiner Hände gesegnet, und sein Besitz hat sich ausgebreitet im Lande. Strecke aber nur einmal deine Hand aus und taste alles an, was er hat: was gilt's, er wird dir ins Angesicht hinein absagen.«

Da sagte der Herr zum Satan: »Siehe, alles, was er hat, sei in deiner Hand; nur an ihn selbst lege deine Hand nicht.« Da ging der Satan hinaus von dem Herrn. (Hiob 1, 1 bis 12)

Hiobs erste Bewährung im Unglück

An dem Tage nun, da seine Söhne und Töchter aßen und Wein tranken im Hause ihres Bruders, des Erstgeborenen, kam ein Bote zu Hiob und sprach: »Die Rinder pflügten, und die Eselinnen gingen neben ihnen auf der Weide, da fielen die aus Saba ein und nahmen sie weg und erschlugen die Knechte mit der Schärfe ihres Schwerts, und ich allein bin entronnen, daß ich dir's ansagte.«

Als der noch redete, kam ein anderer und sprach: »Feuer Gottes fiel vom Himmel und traf Schafe und Knechte und verzehrte sie, und ich allein bin entronnen, daß ich dir's ansagte.«

Als der noch redete, kam wieder einer und sprach: »Die Chaldäer machten drei Heerhaufen; und fielen über die Kamele her, nahmen sie weg und erschlugen die Knechte mit der Schärfe des Schwerts, und ich allein bin entronnen, daß ich dir's ansagte.«

Der hatte noch nicht ausgeredet, da kam noch einer und sprach:

»Deine Söhne und Töchter aßen und tranken im Hause ihres Bruders, des Erstgeborenen, und siehe, da kam ein großer Wind von der Wüste her und stieß an die vier Ecken des Hauses; da fiel es auf die jungen Leute, daß sie starben, und ich allein bin entronnen, daß ich dir's ansagte.«

Da stand Hiob auf, zerriß sein Kleid, schor sein Haupt und fiel auf die Erde und neigte sich tief und sprach: »Ich bin nackt von meiner Mutter Leibe gekommen, nackt werde ich wieder dahinfahren. Der Herr hat's gegeben, der Herr hat's genommen; der Name des Herrn sei gelobt!«

In diesem allen sündigte Hiob nicht und tat nichts Törichtes wider Gott. (Hiob 1, 13 bis 22)

Hiob überwindet eine zweite Versuchung

Es begab sich nun eines Tages, daß die Gottessöhne wiederum kamen und vor den Herrn traten; dabei war der Satan abermals unter ihnen, um vor dem Herrn zu erscheinen. Da sprach der Herr zu dem Satan: »Wo kommst du her?« Der Satan antwortete ihm und sprach: »Ich habe die Erde hin und her durchzogen.« Der Herr sprach zu dem Satan: »Hast du acht auf meinen Knecht Hiob gehabt? Denn es ist seinesgleichen auf Erden nicht, fromm und rechtschaffen, gottesfürchtig und meidet das Böse und hält noch fest an seiner Frömmigkeit; du aber hast mich bewogen, ihn ohne Grund zu verderben.«

Der Satan antwortete dem Herrn und sprach: »Haut für Haut! Und alles, was ein Mann hat, läßt er für sein Leben. Strecke nur deine Hand einmal aus und taste sein Gebein und Fleisch an: was gilt's, er wird dir ins Angesicht absagen!« Der Herr sprach zu dem Satan: »Siehe da, er sei in deiner Hand, doch schone sein Leben!«

So ging der Satan hinaus vom Angesicht des Herrn und schlug Hiob mit bösen Geschwüren von der Fußsohle an bis auf seinen Scheitel. Da nahm Hiob eine Scherbe, schabte sich damit und saß in der Asche. Seine Frau redete auf ihn ein: »Hältst du immer noch fest an deiner Frömmigkeit? Sage Gott ab und stirb!« Er aber sprach zu ihr: »Du redest, wie die törichten Weiber reden. Haben wir Gutes empfangen von Gott und sollten das Böse nicht auch annehmen?« In diesem allen versündigte sich Hiob nicht mit seinen Lippen.

Als aber die drei Freunde Hiobs von all dem Unglück hörten, das über ihn gekommen war, kamen sie, ein jeder aus seinem Ort: Eliphas von Teman, Bildad von Schuach und Zophar von Naema. Denn sie waren eins geworden, hinzugehen, um ihn zu beklagen und zu trösten. Und als sie ihre Augen aufhoben von ferne, erkannten sie ihn nicht und erhoben ihre Stimme und weinten, und ein jeder zerriß sein Kleid, und sie warfen Staub gen Himmel auf ihr Haupt und saßen mit ihm auf der Erde sieben Tage und sieben Nächte und redeten nichts mit ihm; denn sie sahen, daß der Schmerz sehr groß war.

(Hiob 2, 1 bis 13)

Hiobs Zusammenbruch: Seine Klage

Danach tat Hiob seinen Mund auf und verfluchte seinen Tag.
Und Hiob sprach:
Ausgelöscht sei der Tag, an dem ich geboren bin,
und die Nacht, da man sprach: Ein Knabe wurde empfangen.
Jener Tag soll finster sein,
und Gott droben frage nicht nach ihm!
Kein Glanz soll über ihm scheinen!
Siehe, jene Nacht sei unfruchtbar und kein Jauchzen darin!
Ihre Sterne sollen finster sein in ihrer Dämmerung.
Die Nacht hoffe aufs Licht, doch es komme nicht,
und sie sehe nicht die Wimpern der Morgenröte,
weil sie nicht verschlossen hat den Leib meiner Mutter
und nicht verborgen das Unglück vor meinen Augen!
Warum hat man mich auf den Schoß genommen?
Warum bin ich an den Brüsten gesäugt?
Warum bin ich nicht gestorben bei meiner Geburt?
Dann läge ich da und wäre still,
dann schliefe ich und hätte Ruhe;
wie eine Fehlgeburt, die man verscharrt hat,

hätte ich nie gelebt,
wie Kinder, die das Licht nie gesehen haben.
Dort haben die Gottlosen aufgehört mit Toben;
dort ruhen, die viel Mühe gehabt haben.
Warum gibt Gott das Licht dem Mühseligen
und das Leben den betrübten Herzen,
die auf den Tod warten, und er kommt nicht,
und nach ihm suchen mehr als nach Schätzen?
Denn was ich gefürchtet habe, ist über mich gekommen,
und wovor mir graute, hat mich getroffen.
Ich hatte keinen Frieden, keine Rast, keine Ruhe,
da kam schon wieder ein Ungemach!
(Hiob 3, 1 bis 4; 7; 9 bis 11a; 12 bis 13; 16 bis 17; 20 bis 21; 25 bis 26)

Wie kommt es dazu, daß der Dulder Hiob plötzlich zum klagenden Hiob wird? Eine Zeitlang konnte er den Glauben an die Sinnhaftigkeit seines Leidens noch aufrechterhalten. Gott mochte sich ja bei seinem Wegnehmen, ja selbst bei dem Bösen, das er zuließ, etwas denken (Hiob 1, 21; 2, 10).

Sieben Tage und Nächte, als die Freunde ihn besuchen, hält Hiob stille und tut seinen Mund nicht auf. Dann aber überstürzen sich seine Weherufe. Kommt darin nicht ein sehr menschlicher Vorgang zum Ausdruck? Der Glaube an die Sinnhaftigkeit eines Geschehens – und damit auch an einen sinnstiftenden, sich »etwas dabei denkenden« Gott – kann unter zwei Bedingungen zu Bruche gehen: Einmal dann, wenn das Leiden einfach weitergeht, obwohl ich den Reifegrad, den es bei mir erzeugen sollte, erreicht oder sogar überschritten habe. Das trotzdem weitergehende Leiden ist dann in seinem Sinn nicht mehr zu begreifen. Auch die »höheren Gedanken« Gottes, an die ich mich hielt, überzeugen dann nicht mehr und lösen sich in Dunst auf. Ferner wird das Leiden sinnlos, wenn es zu bestimmten Graden der Qual führt, die mich betäuben, gar keine Besinnung mehr erlauben und mich nur noch ein »Häufchen Elend« sein lassen. In einer solchen Grenzsituation schlägt Hiobs Dulden in einen Aufschrei des Protestes um. Erst als dieser Punkt des Äußersten erreicht ist, beginnen die Freunde, mit Argumenten zu helfen. Das ist ein geschlossener dramatischer Bogen.

Die ersten Reden der Freunde Eliphas, Bildad und Zophar

Eliphas argumentiert vom Standpunkt jener Weisheitslehrer aus, die meinen: Gott bekennt sich mit seinem Segen zu den Gerechten, während er die Frevler züchtigt. So rät er Hiob, seiner vermeintlichen Gerechtigkeit nicht allzu sehr zu trauen und lieber nach geheimen Sünden zu forschen, die das Strafgericht Gottes ausgelöst haben. Sobald er sich so als Büßer an Gott wende, werde sich dieser als großmütig erweisen und sein Unglück enden lassen.

Ist nicht deine Gottesfurcht dein Trost,
und die Unsträflichkeit deiner Wege deine Hoffnung?
Bedenke doch: Wo ist je ein Unschuldiger umgekommen?
Oder wo wurden Gerechte je vertilgt?
Wohl aber habe ich gesehen: Die da Frevel pflügten
und Unheil säten, die ernteten es dann auch ein.
Wie kann ein Mensch gerecht sein vor Gott
oder ein Mann rein sein vor dem, der ihn gemacht hat?
Ich aber würde mich zu Gott wenden und meine Sache
vor ihn bringen.
Siehe, selig ist der Mensch, den Gott zurechtweist;
darum widersetze dich der Zucht des Allmächtigen nicht.
Denn er verletzt und verbindet;
er zerschlägt, und seine Hand heilt auch wieder.
In sechs Trübsalen wird er dich erretten,
und in sieben wird dich kein Übel anrühren.
So wirst du erfahren, daß deine Hütte Frieden hat,
und wirst deine Stätte überschauen und nichts vermissen,
und du wirst erfahren, daß deine Kinder sich mehren
und deine Nachkommen wie das Gras auf Erden sind,
und du wirst im Alter zu Grabe kommen,
wie Garben eingebracht werden zur rechten Zeit.
Siehe, das haben wir erforscht, so ist es;
darauf höre und merke du dir's.

(Hiob 4, 6 bis 8; 17; Hiob 5, 8; 17 bis 19; 24 bis 27)

Hiobs Leiden

Auch Bildad meint, daß Hiobs oder seiner Söhne Schuld das Strafgericht Gottes provoziert habe:

Meinst du, daß Gott unrecht richtet
oder der Allmächtige das Recht verkehrt?
Haben deine Söhne vor ihm gesündigt,
so hat er sie verstoßen um ihrer Sünde willen.
Wenn du aber dich beizeiten zu Gott wendest
und zu dem Allmächtigen flehst,
wenn du rein und fromm bist,
so wird er deinetwegen aufwachen
und wird wieder aufrichten deine Wohnung,
wie es dir zusteht.
(Hiob 8, 3 bis 6)

Der dritte Freund – Zophar – schlägt gleichfalls in dieselbe Kerbe: Gott weiß sehr viel mehr von deinen Sünden als du selbst. Manches, was Strafe verdienen würde, hat er sogar übergangen:

Muß so langes Gerede ohne Antwort bleiben,
und ein Schwätzer immer recht behalten?
Müssen Männer zu deinem leeren Gerede schweigen,
daß du spottest, und niemand dich beschämt?
Du sprichst: »Meine Rede ist rein,
und lauter bin ich vor deinen Augen.«
Ach, daß Gott mit dir redete und täte seine Lippen auf
und zeigte dir die Tiefen der Weisheit –
denn sie ist zu wunderbar für jede Erkenntnis –,
damit du weißt, daß er nicht einmal an alle deine Sünden denkt.
Meinst du, daß du weißt, was Gott weiß,
oder kannst du alles so vollkommen treffen wie der Allmächtige?
Wenn aber du dein Herz auf ihn richtest
und deine Hände zu ihm ausbreitest,
wenn du den Frevel in deiner Hand von dir wegtust,
daß in deiner Hütte kein Unrecht bliebe,

so könntest du dein Antlitz aufheben ohne Tadel
und würdest fest sein und dich nicht fürchten,
Dann dürftest du dich trösten, daß Hoffnung da ist,
würdest rings um dich blicken und dich in Sicherheit
schlafen legen,
du könntest ruhen, und niemand würde dich aufschrecken,
gar viele würden deine Gunst erbitten.
(Hiob 11, 2 bis 7; 13 bis 15; 18 bis 19)

Hiobs leidenschaftliche Verteidigung

Nicht daß Hiob nun aus der Unverstehbarkeit Gottes einfach auf seine Nichtexistenz schlösse! Dieser moderne Gedanke liegt ihm fern. Aber gerade deshalb, weil die Alternative dieser Null-Lösung für ihn nicht besteht, reibt er sich wund an der Unbegreiflichkeit dessen, der in seiner Größe über ihm steht. Er kann zu ihm aufblicken, aber er bleibt für ihn unzugänglich. Ein Punkt in den Freundesreden sagt ihm dabei nichts Neues: daß »kein Mensch recht behalten kann gegen Gott«. Ob die Freunde denn nicht begreifen können: eben dies sei ja seine Verzweiflung, daß um der Größe Gottes willen jedes Argumentieren aufhört und alle Verteidigung zwecklos ist!

Hiob antwortete und sprach:
Ja, ich weiß sehr gut, daß es so ist
und daß ein Mensch nicht recht behalten kann gegen Gott.
Hat er Lust, mit ihm zu streiten,
so kann er ihm auf tausend nicht eins antworten.
Gott ist weise und mächtig;
wem ist's je gelungen, der sich gegen ihn gestellt hat?
Er versetzt Berge, ehe sie es innewerden;
er kehrt sie um in seinem Zorn.
Er macht den Wagen am Himmel und den Orion
und das Siebengestirn und die Sterne des Südens.
Er tut große Dinge, die nicht zu erforschen,
und Wunder, die nicht zu zählen sind.
Aber siehe: an mir geht er (damit) vorüber,

ohne daß ich's gewahr werde,
und wandelt vorbei, ohne daß ich's merke.
Wer will zu ihm sagen: Was machst du?
Wie sollte dann ich ihm antworten
und Worte finden vor ihm?
Wenn ich auch recht habe,
so kann ich ihm doch nicht antworten,
sondern ich müßte um mein Recht flehen.
Wenn ich ihn auch anrufe, daß er mir antwortet,
so glaube ich nicht, daß er meine Stimme hört,
vielmehr greift er nach mir im Wettersturm
und schlägt mir viele Wunden ohne Grund.
Er läßt mich nicht Atem schöpfen,
sondern sättigt mich mit Bitternis.
Geht es um Macht und Gewalt: Er hat sie.
Geht es um Recht: Wer will ihn vorladen?
Wäre ich gerecht, so müßte mich doch mein Mund verdammen;
wäre ich unschuldig, so würde er mich doch schuldig sprechen.
(Hiob 9, 1 bis 5 ; 9 bis 12; 14 bis 20)

Mich ekelt mein Leben an.
Ich will meiner Klage ihren Lauf lassen und reden
in der Betrübnis meiner Seele
und zu Gott sagen: »Verdamme mich nicht! Laß mich wissen,
warum du mich vor Gericht ziehst.«
(Hiob 10, 1 bis 2)

Wie kann ich also – das ist Hiobs ausweglose Frage – meine Zuversicht auf Gott richten, wenn er mir als mein Feind erscheinen muß?

Die Pfeile des Allmächtigen stecken in mir;
mein Geist muß ihr Gift trinken,
und die Schrecknisse Gottes sind auf mich gerichtet.
Deine Hände haben mich gebildet und bereitet;
danach hast du dich abgewandt und willst mich verderben?

Wäre ich schuldig, dann wehe mir!
Und wäre ich schuldlos,
so dürfte ich doch mein Haupt nicht erheben,
gesättigt mit Schmach und getränkt mit Elend (wie ich bin).
Und wenn ich es aufrichtete,
so würdest du mich doch jagen wie ein Löwe
und wiederum deine Schrecken über mich kommen lassen.
Daß mich doch Gott erschlagen wollte
und seine Hand ausstreckte
und mir den Lebensfaden abschnitte!
So hätte ich noch diesen Trost und wollte fröhlich springen –
ob auch der Schmerz mich quält ohne Erbarmen –,
daß ich nicht verleugnet habe die Worte des Heiligen.
(Hiob 6, 4; Hiob 10, 8; 15 bis 16; Hiob 6, 9 bis 10)

Die wahren Hintergründe
in Hiobs Anfechtungen und Hoffnungen:

Im Grunde sind die Reden der Freunde von einer gewissen Monotonie durchzogen. Sie bewegen sich stets um den einen zentralen Gedanken, daß Hiob sich einer sündhaften Vermessenheit schuldig mache, wenn er von der Ebene vermeintlicher Schuldlosigkeit gegen Gottes Handeln opponiere (z. B. Kapitel 15). Die Dramatik liegt hier eher im Wechsel der Argumente und der Bilder sowie in der Virtuosität der Sprache.[34]
In seinen Antworten weist Hiob darauf hin, daß die Freunde die eigentliche Tiefe seiner Not überhaupt nicht begriffen haben, so daß ihre Reden ihn nicht berühren. Auch ihre Ermahnungen, demütig und büßend zu Gott zurückzukehren, kommen bei ihm nicht an. Denn inmitten seiner Proteste gibt es noch eine letzte nicht abgebrochene Verbindung zu ihm, von der die Freunde keine Ahnung haben.

Hiobs »letzte« Anfechtung

Hiob antwortete und sprach:
Ich habe das [alles, was ihr mir vor- und entgegenhaltet]

schon oft gehört,
Ihr seid mir allzumal leidige Tröster!
Wollen die leeren Worte denn kein Ende haben?
Oder was reizt euch, so zu reden?
Auch ich könnte wohl reden wie ihr,
wäret ihr an meiner Stelle.
Auch ich könnte Worte gegen euch zusammenbringen
und mein Haupt über euch schütteln.
Auch heute lehnt sich meine Klage auf;
seine Hand drückt schwer, daß ich seufzen muß.
Ach daß ich wüßte, wie ich ihn finden
und zu seinem Thron kommen könnte!
So würde ich ihm das Recht darlegen
und meinen Mund mit Beweisen füllen.
Würde er mit großer Macht mit mir rechten?
Nein, er selbst würde achthaben auf mich.
Dann würde ein Redlicher mit ihm rechten,
und für immer würde ich entrinnen meinem Richter!
Aber gehe ich nun vorwärts, so ist er nicht da;
gehe ich zurück, so spüre ich ihn nicht.
Ist er zur Linken, so schaue ich ihn nicht;
verbirgt er sich zur Rechten, so sehe ich ihn nicht.
Gott ist's (selber), der mein Herz mutlos gemacht,
und der Allmächtige, der mich erschreckt hat;
denn nicht der Finsternis wegen muß ich schweigen,
und nicht, weil Dunkel mein Angesicht deckt.
(Nein!) Ich schreie zu dir, doch du antwortest mir nicht;
ich stehe da, aber du achtest nicht auf mich.
Du hast dich mir verwandelt in einen Grausamen
und streitest gegen mich mit der Stärke deiner Hand.
So merkt doch endlich, daß Gott mir unrecht getan hat
und mich mit seinem Jagdnetz umgeben hat.
Siehe, ich schreie »Gewalt« und werde doch nicht gehört;
ich rufe, aber kein Recht ist da.
Er hat meinen Weg vermauert, daß ich nicht hinüber kann,

und hat Finsternis auf meinen Steig gelegt.
Er hat mich zerbrochen um und um, daß ich dahinfuhr,
und hat meine Hoffnung ausgerissen wie einen Baum.
(Hiob 16, 1 bis 4. 23, 2 bis 4; 6 bis
9; 16 bis 17; 30, 20 bis 21. 19, 6 bis 8; 10.)

Der Trost der Freunde prallt also nicht nur deshalb von Hiob ab, weil er sich unschuldig weiß und deshalb die göttliche Weltordnung nicht versteht, wenn sie ihn so unschuldig leiden läßt. Seine tiefste Not entsteht vielmehr dadurch, daß er nach etwas ganz anderem sucht als einer abstrakten Weltordnung und einem Vergeltungs-»Prinzip«. (Darin unterscheidet er sich gerade von seinen Gesprächspartnern und der sie inspirierenden Weisheitsliteratur). Im Gegensatz dazu sucht Hiob in Gott gerade ein lebendiges verstehbares Du, das ihn aber anschweigt und über sein Flehen und sein Unglück ungerührt hinweggeht. Er sucht den »persönlichen Gott«, mit dem er reden kann. Doch da ist Stummheit und Fehlanzeige.
Über allem Für und Wider dieser theologischen Diskussion und aller Klage, daß ihm das Du Gottes entschwunden ist, bleibt Hiob dennoch ein letzter Halt, der mehr und anders ist als alles, was die Freunde ihm als Zuflucht anraten:

Hiobs »letzte« Zuversicht

Erbarmt euch über mich, erbarmt euch, meine Freunde;
denn die Hand Gottes hat mich getroffen!
Doch ich weiß, daß mein Erlöser
[Gott als mein Fürsprecher] lebt,
und als der letzte wird er über dem Staube sich erheben.
Und ist meine Haut dann noch so zerschlagen
und mein Fleisch dahingeschwunden,
so werde ich doch Gott schauen.
Ich selbst werde ihn sehen,
meine Augen werden ihn schauen,
und dann nicht mehr als ein ihm Fremder.
Danach sehnt sich mein Herz in meiner Brust.

Wenn ihr sprecht: Wie wollen wir ihn
[d. h. mich, Hiob] verfolgen,
bei mir allein läge der Sache Grund,
so fürchtet euch selbst vor dem Schwert;
denn das ist eine Schuld, die das Schwert straft,
damit ihr erkennt, daß es ein Gericht gibt.[35]
(Hiob 19, 21. 25 bis 29)

Auch in dem eingeschobenen »Lied von der Weisheit« gibt Hiob zu erkennen, daß der tiefste Grund seiner Gewißheit Gott selbst bleibt. Denn wo irgend sonst könnte Weisheit gefunden (und damit das Leid überwunden) werden als bei ihm? Als frei schwebendes Gebilde ist Weisheit jedenfalls nirgendwo zu haben, an keinem Ort der Welt findet sie sich:

Wo will man aber die Weisheit finden?
Und wo ist die Stätte der Einsicht?
Niemand weiß, was sie wert ist,
und sie wird nicht gefunden im Lande der Lebendigen.
Die Tiefe spricht: »In mir ist sie nicht«,
und das Meer spricht: »Bei mir ist sie auch nicht«.
Man kann nicht Gold für sie geben
noch Silber darwägen, sie zu bezahlen.
Woher kommt denn die Weisheit?
Und wo ist die Stätte der Einsicht?
Sie ist verhüllt vor den Augen aller Lebendigen,
auch verborgen den Vögeln unter dem Himmel.
Der Abgrund und der Tod sprechen:
»Wir haben mit unsern Ohren nur ein Gerücht von ihr gehört.«
Gott weiß den Weg zu ihr,
er allein kennt ihre Stätte.
Denn er sieht die Enden der Erde
und schaut alles, was unter dem Himmel ist.
Siehe, die Furcht des Herrn, das ist Weisheit,
und meiden das Böse, das ist Einsicht.
(Hiob 28, 12 bis 15, 20 bis 24, 28)

Die Antwort Gottes:
Die Rede des Herrn aus dem Wettersturm

Und der Herr antwortete Hiob aus dem Wettersturm und sprach:
Wer ist's, der den Ratschluß verdunkelt
mit Worten ohne Verstand?
Gürte deine Lenden wie ein Mann!
Ich will dich fragen, lehre mich!
Wo warst du, als ich die Erde gründete?
Sage mir's, wenn du so klug bist!
Weißt du, wer ihr das Maß gesetzt hat
oder wer über sie die Richtschnur gezogen hat?
Worauf sind ihre Pfeiler eingesenkt,
oder wer hat ihren Eckstein gelegt,
als mich die Morgensterne miteinander lobten
und jauchzten alle Gottessöhne?
Wer hat das Meer mit Toren verschlossen,
als es herausbrach wie aus dem Mutterschoß,
als ich's mit Wolken kleidete
und in Dunkel einwickelte wie in Windeln,
als ich ihm seine Grenze bestimmte mit meinem Damm
und setzte ihm Riegel und Tore
und sprach: »Bis hierher sollst du kommen und nicht weiter;
hier sollen sich legen deine stolzen Wellen!«
Bist du zu den Quellen des Meeres gekommen
und auf dem Grund der Tiefe gewandelt?
Haben sich dir des Todes Tore je aufgetan,
oder hast du gesehen die Tore der Finsternis?
Hast du erkannt, wie breit die Erde ist?
Sage an, weißt du das alles!
Wer hat dem Platzregen seine Bahn gebrochen
und den Weg dem Blitz und Donner,
daß es regnet aufs Land, wo niemand ist,
in der Wüste, wo kein Mensch ist,
damit Einöde und Wildnis gesättigt werden

und das Gras wächst? Wer ist des Regens Vater?
Wer hat die Tropfen des Taus gezeugt?

Kannst du die Bande des Siebengestirns zusammenbinden
oder den Gürtel des Orion auflösen?
Kannst du die Sterne des Tierkreises aufgehen lassen
zur rechten Zeit
oder die Bärin samt ihren Jungen heraufführen?

Wer gibt die Weisheit in das Verborgene?
Wer gibt verständige Gedanken?
Wer ist so weise, daß er die Wolken zählen könnte?
Wer kann die Wasserschläuche am Himmel ausschütten?
(Hiob 38, 1 bis 11; 16 bis 18; 25 bis 28; 31 bis 32; 36 bis 37)

Hiob ergibt sich Gott

Hiob antwortete dem Herrn und sprach:
Siehe, ich bin zu gering, was soll ich antworten?
Ich will meine Hand auf meinen Mund legen.
Einmal habe ich geredet und will nicht mehr antworten,
ein zweites Mal geredet und will's nicht wieder tun.

Ich hatte von dir nur vom Hörensagen vernommen;
aber nun hat mein Auge dich gesehen.
Darum spreche ich mich schuldig
und tue Buße in Staub und Asche.
(Hiob 40, 3 bis 5. 42, 5 bis 6)

Gottes Nein zu den Freunden und sein Ja zu Hiob, dem getreuen Knecht

Als nun der Herr diese Worte mit Hiob geredet hatte, sprach er zu Eliphas von Teman: »Mein Zorn ist entbrannt über dich und über deine beiden Freunde; denn ihr habt nicht recht von mir geredet wie mein Knecht Hiob. So nehmt nun sieben junge Stiere und sieben Widder und geht hin zu meinem Knecht Hiob und opfert Brandopfer für euch; aber mein Knecht Hiob soll für euch Fürbitte tun; denn ihn will ich erhören, daß ich nicht töricht an euch handle. Denn ihr habt nicht recht von mir geredet wie mein Knecht Hiob.«

Da gingen hin Eliphas von Teman, Bildad von Schuach und Zophar von Naema und taten, wie der Herr ihnen gesagt hatte. Und der Herr erhörte Hiob.

Danach wandte der Herr das Geschick Hiobs, als er so für seine Freunde Fürbitte tat. Er gab Hiob doppelt soviel, wie er vorher gehabt hatte. Und es kamen zu ihm alle seine Brüder und alle seine Schwestern und alle, die ihn früher gekannt hatten, und aßen mit ihm in seinem Hause und sprachen ihm zu und trösteten ihn über alles Unglück, das der Herr über ihn hatte kommen lassen. Und ein jeder gab ihm ein Goldstück und einen goldenen Ring. Und der Herr segnete Hiob fortan mehr als einst ... Und Hiob starb alt und lebenssatt. (Hiob 42, 7 bis 11; 12a; 17)

Am Ende wird die Hiob-Frage nicht »gelöst«, sondern Hiob wird von seinen Zweifelsfragen »erlöst«. Man würde die Pointe dieses Schlusses verfehlen, sähe man in der Epiphanie (der Erscheinung) Gottes nur einen Deus ex machina, der mit der Übergewalt seiner Größe alle Probleme überspielt oder hinwegschiebt. Daß es hier nicht einfach um eine »Antwort« auf Hiobs Fragen – und erst recht nicht um eine Antwort auf das Theodizee-Problem! – geht, wird schon daraus ersichtlich, daß Gott selbst lauter Fragen stellt, vor denen Hiob verstummen muß. Erst recht wird vor ihnen die Theorie der Freunde – ihr Kausalsystem Schuld-Strafe, Gerechtigkeit-Segen – zu Makulatur. Von ihnen heißt es sogar, daß Gottes Zorn über sie entbrannt sei (42, 7), während »sein Knecht Hiob« trotz allen Aufbegehrens »recht von ihm geredet« habe. Ausgerechnet dieser von ihnen verklagte Hiob ist es nun, der für seine Freunde »fürbittend« einstehen muß (42, 8 und 10). Jedenfalls: es gibt keine Lösung des Hiob-Problems im Sinne von »Deshalb, weil ... habe ich dies Befremdliche an dir getan«. Sondern alles drängt auf die Antwort Hiobs: »›Dennoch‹ bleibe ich stets an dir.« (Psalm 73, 23)

Gleichwohl müssen wir noch tiefer graben, um das letzte Mysterium der Hiob-Geschichte zu entdecken: Jenes »Dennoch« ist keine blinde (oder geblendete!) Kapitulation Hiobs vor der Übergewalt Gottes. Er kann sich ihm nur deshalb ergeben, weil er ihm vertraut. Er stürzt, indem er sich fallen läßt, nicht ins Leere, sondern in eine tragende und gute Hand. Es ist eine ähnliche Form der Ergebung, wie sie auch Abraham, der Vater des Glaubens, vollzogen hatte, als er vertrauend das Ungeheure wagt und seine Hand zu Isaaks Opferung ausreckte. Auch er warf sich dabei in die bewahrenden Hände Gottes (1. Mose 22).
Vielleicht läßt sich die Summe dieser tiefsten Geschichte des Alten Testaments so ziehen, daß wir im Sinne Hiobs zu sagen wagen: Ich kenne den Sinn des Geschehens nicht, aber ich vertraue dem, der ihn weiß, und glaube ihm, daß er's am Ende gut mit mir meint.
Die Hiob-Geschichte schließt mit dem Blick auf dieses Ende.

DANIEL, DER GERECHTE SEHER[36]

König Nebukadnezar und sein Traum

Im zweiten Jahr seiner Herrschaft hatte Nebukadnezar einen Traum, über den er so erschrak, daß er aufwachte. Der König ließ alle Zeichendeuter und Weisen und Zauberer und Wahrsager zusammenrufen, daß sie ihm seinen Traum deuten sollten. Und sie kamen und traten vor den König. Der König sprach zu ihnen: »Ich habe einen Traum gehabt; der hat mich erschreckt, und ich wollte gerne wissen, was es mit dem Traum auf sich gehabt hat.«

Da sprachen die Wahrsager zum König auf aramäisch: »Der König lebe ewig! Sage deinen Knechten den Traum, so wollen wir ihn deuten.« Der König antwortete und sprach zu den Wahrsagern: »Mein Wort ist deutlich genug. Werdet ihr mir nun den Traum nicht kundtun und deuten, so sollt ihr in Stücke gehauen und eure Häuser sollen zu Schutthaufen gemacht werden«...

Daniel deutet
Nebukadnezars Träume.
(Daniel 2)

Sie antworteten noch einmal und sprachen: »Der König sage seinen Knechten den Traum, so wollen wir ihn deuten.« Der König erwiderte und sprach: »Wahrlich, ich merke, daß ihr Zeit gewinnen wollt, weil ihr seht, daß mein Wort deutlich genug ist. Werdet ihr mir aber den Traum nicht sagen, so ergeht ein Urteil über euch alle, weil ihr euch vorgenommen habt, Lug und Trug vor mir zu reden, bis die Zeiten sich ändern. Darum sagt mir den Traum, so kann ich merken, daß ihr auch die Deutung trefft.«

Da antworteten die Wahrsager vor dem König und sprachen zu ihm: »Es ist kein Mensch auf Erden, der sagen könnte, was der König fordert. Ebenso gibt es keinen König, wie groß oder mächtig er auch sei, der solches von irgendeinem Zeichendeuter, Weisen oder Wahrsager fordern würde. Denn was der König fordert, ist zu hoch, und es gibt auch sonst niemand, der es vor dem König sagen könnte, ausgenommen die Götter, die nicht bei den Menschen wohnen.«

Da wurde der König sehr zornig und befahl, alle Weisen von Babel umzubringen. So ging das Urteil aus, daß man die Weisen töten sollte. Auch Daniel und seine Gefährten suchte man, um sie zu töten.

Da ging Daniel hinein und bat den König, ihm eine Frist zu geben, damit er die Deutung dem König sagen könne. Danach ging Daniel heim und teilte es seinen Gefährten Hananja, Mischael und Asarja mit, damit sie den Gott des Himmels um Gnade bäten wegen dieses Geheimnisses und Daniel und seine Gefährten nicht samt den andern Weisen von Babel umgebracht würden. Da wurde Daniel dies Geheimnis durch ein Gesicht in der Nacht offenbart.

Daniel trat nun vor den König und begann: »Das Geheimnis, nach dem der König fragt, vermögen die Weisen und Gelehrten, die Zeichendeuter und Wahrsager dem König nicht zu enthüllen. Es ist aber ein Gott im Himmel, der kann Geheimnisse offenbaren, und er ist es, der dem König Nebukadnezar kundgetan hat, was in künftigen Zeiten geschehen soll. Du, König, hattest einen Traum, und siehe, ein großes und hohes und hell glänzendes Bild stand vor dir, das war schrecklich anzusehen. Das Haupt dieses Bildes war von feinem Gold, seine Brust und seine Arme waren von Silber, sein Bauch und seine Lenden waren von Kupfer, seine Schenkel waren von Eisen,

Verlag: Bastei 60314 WG: 2

Autor: Thielicke, Helmut Preis:

Titel: über uns leuchtet der Bogen

Reihe:

Libri RK | | | | KV RK | | | |

Anzahl	Datum	Verlag	BS	Anzahl	Datum	Verlag	BS
B 6	26/11	X					

E-Monat: 1 2 3 4 5 6 7 8 9 10 11 12 E-Jahr: 90 91 92 93 94 95 96 97

seine Füße waren teils von Eisen und teils von Ton. Das sahst du, bis ein Stein herabfiel – ohne Zutun von Menschenhänden! –, der traf das Bild an seinen Füßen, die von Eisen und Ton waren, und zermalmte sie. Da wurden miteinander zermalmt Eisen, Ton, Kupfer, Silber und Gold und wurden wie Spreu auf der Sommertenne, und der Wind verwehte sie so, daß man sie nirgends mehr finden konnte. Der Stein aber, der das Bild zerschlug, wurde zu einem großen Berg, so daß er die ganze Welt füllte.«

Das also war der Traum. Nun wollen wir dem König die Deutung eröffnen:

Du König, bist ein König aller Könige, dem der Gott des Himmels Königreich, Macht, Stärke und Ehre gegeben hat und dem er alle Länder, in denen Leute wohnen, dazu die Tiere auf dem Felde und die Vögel unter dem Himmel in die Hände gegeben und dem er über alles Gewalt verliehen hat. Du bist das goldene Haupt. – Nach dir wird nun ein anderes Königreich aufkommen, geringer als deines, danach das dritte Königreich, das aus Kupfer ist und über alle Länder herrschen wird. Das vierte endlich wird hart sein wie Eisen; denn wie Eisen alles zermalmt und zerschlägt, ja, wie Eisen alles zerbricht, so wird es auch alles zermalmen und zerbrechen. Daß du aber die Füße und Zehen teils von Ton und teils von Eisen gesehen hast, bedeutet: das wird ein zerteiltes Königreich sein; doch wird etwas von des Eisens Härte darin bleiben, wie du ja gesehen hast Eisen mit Ton vermengt.

Zur Zeit dieser Könige wird der Gott des Himmels ein Reich aufrichten, das nimmermehr zerstört wird; und sein Reich wird auf kein anderes Volk kommen. Es wird alle diese Königreiche zermalmen und zerstören; aber es selbst wird ewig bleiben... So hat der große Gott dem König kundgetan, was dereinst geschehen wird. Der Traum ist zuverlässig, und die Deutung ist richtig.«

Da fiel der König Nebukadnezar auf sein Angesicht und warf sich nieder vor Daniel und befahl, man sollte ihm Speiseopfer und Räucheropfer darbringen. Und der König antwortete Daniel und sprach: »Es ist kein Zweifel, euer Gott ist ein Gott über alle Götter und ein Herr über alle Könige, der Geheimnisse offenbaren kann, wie du dies Geheimnis hast offenbaren können.« Und der König erhöhte Daniel und gab ihm große und viele Geschenke und machte ihn zum Fürsten über das ganze Land Babel und setzte ihn zum Obersten über alle Weisen in Babel.

(Daniel 2, 1 bis 5; 7 bis 13; 16 bis 19; 27 bis 28; 31 bis 41; 44; 45b bis 48)

Belsazars Gastmahl

König Belsazar (der Sohn Nebukadnezars) machte ein herrliches Mahl für seine tausend Mächtigen und soff sich voll mit ihnen. Und als er betrunken war, ließ er die goldenen und silbernen Gefäße herbringen, die sein Vater Nebukadnezar aus dem Tempel zu Jerusalem weggenommen hatte, damit der König mit seinen Mächtigen, mit seinen Frauen und mit seinen Nebenfrauen draus tränke. Da wurden die goldenen und silbernen Gefäße herbeigebracht, die aus dem Tempel, aus dem Hause Gottes zu Jerusalem, weggenommen worden waren; und der König, seine Mächtigen, seine Frauen und Nebenfrauen tranken daraus. Als sie so tranken, sangen sie Loblieder auf ihre goldenen, silbernen, ehernen, eisernen, hölzernen und steinernen Götter.

Im gleichen Augenblick gingen hervor Finger wie von einer Menschenhand, die schrieben gegenüber dem Leuchter auf die getünchte Wand in dem königlichen Saal. Und der König erblickte den Rücken der Hand, die da schrieb. Da entfärbte sich sein Angesicht, und seine Gedanken erschreckten ihn, so daß er wie gelähmt war und ihm die Beine zitterten. Der König rief laut, daß man die Weisen, Gelehrten und Wahrsager herbeiholen sollte.

Dann ließ er den Weisen von Babel sagen: »Welcher Mensch diese Schrift lesen kann und mir sagt, was sie bedeutet, der soll mit Purpur gekleidet werden, eine goldene Kette um den Hals tragen und der Dritte in meinem Königreich sein.« Da wurden alle Weisen des Königs hereingeführt, doch konnten sie weder die Schrift lesen noch die Deutung dem König kundtun. Darüber erschrak der König Belsazar noch mehr und verlor seine Farbe völlig, auch seinen Mächtigen wurde angst und bange.

Belsazars Gastmahl
(Daniel 5)

Da ging auf die Worte des Königs und seiner Mächtigen die Königinmutter in den Saal hinein und sprach: »Der König lebe ewig! Laß dich von deinen Gedanken nicht so erschrecken, und entfärbe dich nicht! Es ist ein Mann in deinem Königreich, der den Geist der heiligen Götter hat. Denn zu deines Vaters Zeiten fand sich bei ihm Erleuchtung, Klugheit und Weisheit wie der Götter Weisheit. Dein Vater, der König Nebukadnezar, setzte ihn über die Zeichendeuter, Weisen, Gelehrten und Wahrsager, weil ein überragender Geist bei ihm gefunden wurde, dazu Verstand und Klugheit, Träume zu deuten, dunkle Sprüche zu erraten und Geheimnisse zu offenbaren. Das ist Daniel, dem der König den Namen Beltschazar gab. So rufe man doch diesen Daniel, der wird sagen, was es bedeutet.«

Da wurde Daniel vor den König geführt. Und der König sprach zu Daniel: »Bist du Daniel, einer der Gefangenen aus Juda, die der König, mein Vater, aus Juda hergebracht hat? Ich habe von dir gehört, daß du den Geist der heiligen Götter habest, daß Erleuchtung, Verstand und hohe Weisheit bei dir zu finden seien. Nun habe ich vor mich rufen lassen die Weisen und Gelehrten, damit sie mir diese Schrift lesen und kundtun sollen, was sie bedeutet. Doch sie können mir nicht sagen, was sie bedeutet. Von dir aber höre ich, daß du Deutungen zu geben und Geheimnisse zu offenbaren vermagst. Kannst du nun diese Schrift lesen und mir sagen, was sie bedeutet, so sollst du mit Purpur bekleidet werden, eine goldene Kette um deinen Hals tragen und der Dritte in meinem Königreich sein.«

Daniel sprach zum König: »Behalte deine Gaben und gib dein Geschenk einem andern. Dennoch will ich die Schrift lesen und dem König kundtun, was sie bedeutet. Mein König! Gott der Höchste hat deinem Vater Nebukadnezar Königreich, Macht, Ehre und Herrlichkeit gegeben ... Als sich aber sein Herz überhob und er hochmütig wurde, da wurde er vom königlichen Thron gestoßen und verlor seine Ehre und wurde verstoßen aus der Gemeinschaft der Menschen: Sein Herz wurde gleich dem der Tiere, er mußte bei dem Wild hausen und fraß Gras wie die Rinder. Sein Leib lag unter dem Tau des Himmels – bis er lernte, daß Gott der Höchste Gewalt hat über die Königreiche und sie gibt, wem er will.[37]

Du aber, Belsazar, sein Sohn, hast dein Herz nicht gedemütigt, obwohl du das alles doch wußtest, sondern hast dich gegen den Herrn des Himmels erhoben. Die Gefäße seines Hauses hat man vor dich bringen müssen, und du, deine Mächtigen, deine Frauen und deine Nebenfrauen, ihr habt daraus getrunken. Überdies hast du die silbernen, goldenen, ehernen, hölzernen, steinernen Götter gelobt, die weder sehen noch hören noch fühlen können. Den Gott aber, der deinen Odem und alle deine Wege in seiner Hand hat, hast du nicht verehrt. Darum wurde von ihm diese schreibende Hand da gesandt und diese Schrift von ihr geschrieben. So aber lautet die Schrift, die dort geschrieben steht:

›Mene mene tekel u-parsin.‹ Sie bedeutet dies: ›Mene‹, das ist, Gott hat dein Königtum gezählt und beendet.‹ ›Tekel‹, das ist, man hat dich auf der Waage gewogen und zu leicht befunden. ›Peres‹, das ist, dein Reich ist zerteilt und den Medern und Persern gegeben.«

Da befahl Belsazar, daß man Daniel mit Purpur kleiden sollte und ihm eine goldene Kette um den Hals geben; und er ließ von ihm verkünden, daß er der Dritte im Königreich sei.

Aber in derselben Nacht wurde Belsazar, der König der Chaldäer, umgebracht. (Daniel 5, 1 bis 18; 20 bis 30)

Die drei Männer im Feuerofen

Der König Nebukadnezar ließ ein goldenes Bild machen, sechzig Ellen hoch und sechs Ellen breit, und ließ es setzen ins Tal Dura in der Landschaft Babel. Und der König Nebukadnezar sandte nach den Fürsten, Herren, Landpflegern, Richtern, Vögten, Räten, Amtleuten und allen Gewaltigen im Lande, daß sie zusammenkommen sollten, das Bild zu weihen, das der König Nebukadnezar hatte setzen lassen. Da kamen zusammen die Fürsten, Herren, Landpfleger, Richter, Vögte, Räte, Amtleute und alle Gewaltigen im Lande, das Bild zu weihen, das der König Nebukadnezar hatte setzen lassen. Und sie mußten dem Bilde gegenübertreten, das Nebukadnezar hatte setzen lassen. Und der Herold rief überlaut: Das laßt euch gesagt sein, ihr Völker, Leute und Zungen! Wenn ihr hören werdet den

Schall der Posaunen, Drommeten, Harfen, Geigen, Psalter, Lauten und allerlei Saitenspiel, so sollt ihr niederfallen und das goldene Bild anbeten, das der König Nebukadnezar hat setzen lassen. Wer aber alsdann nicht niederfällt und anbetet, der soll von Stund an in den glühenden Ofen geworfen werden. Da sie nun hörten den Schall der Posaunen, Drommeten, Harfen, Geigen, Psalter und allerlei Saitenspiel, fielen nieder alle Völker, Leute und Zungen und beteten an das goldene Bild, das der König Nebukadnezar hatte setzen lassen. Von Stund an traten hinzu etliche chaldäische Männer und verklagten die Juden, fingen an und sprachen zu König Nebukadnezar: Der König lebe ewiglich! Du hast ein Gebot lassen ausgehen, daß alle Menschen, wenn sie hören würden den Schall der Posaunen, Drommeten, Harfen, Geigen, Psalter, Lauten und allerlei Saitenspiel, sollten niederfallen und das goldene Bild anbeten; wer aber nicht niederfiele und anbetete, sollte in einen glühenden Ofen geworfen werden. Nun sind da jüdische Männer, welche du über die Ämter der Landschaft Babel gesetzt hast: Sadrach, Mesach und Abed-Nego; die verachten dein Gebot und ehren deine Götter nicht und beten nicht an das goldene Bild, das du hast setzen lassen. Da befahl Nebukadnezar mit Grimm und Zorn, daß man vor ihn stellte Sadrach, Mesach und Abed-Nego. Und die Männer wurden vor den König gestellt. Da fing Nebukadnezar an und sprach zu ihnen: »Wie? wollt ihr, Sadrach, Mesach, Abed-Nego, meinen Gott nicht ehren und das goldene Bild nicht anbeten, das ich habe setzen lassen? Wohlan, schickt euch! Sobald ihr hören werdet den Schall der Posaunen, Drommeten, Harfen, Geigen, Psalter, Lauten und allerlei Saitenspiel, so fallet nieder und betet das Bild an, das ich habe machen lassen! Werdet ihr's nicht anbeten, so sollt ihr von Stund an in den glühenden Ofen geworfen werden. Laßt sehen, wer der Gott sei, der euch aus meiner Hand erretten werde! Da fingen an Sadrach, Mesach, Abed-Nego und sprachen zum König Nebukadnezar: Es ist nicht not, daß wir dir darauf antworten. Unser Gott, den wir ehren, kann uns wohl erretten aus dem glühenden Ofen, dazu auch von deiner Hand. Und wo er's nicht tun will, so sollst du dennoch wissen, daß wir deine Götter nicht ehren noch das goldene Bild anbeten wollen.

Die drei Männer im Feuerofen
(Daniel 3)

Da ward Nebukadnezar voll Grimms, und sein Angesicht verstellte sich wider Sadrach, Mesach und Abed-Nego, und er befahl, man sollte den Ofen siebenmal heißer machen, als man sonst zu tun pflegte. Und befahl den besten Kriegsleuten, die in seinem Heer waren, daß sie Sadrach, Mesach und Abed-Nego bänden und in den glühenden Ofen würfen. Also wurden diese Männer in ihren Mänteln, Schuhen, Hüten und andern Kleidern gebunden und in den glühenden Ofengeworfen; denn des Königs Gebot mußte man eilends tun. Und man schürte das Feuer im Ofen so sehr, daß die Männer, die den Sadrach, Mesach und Abed-Nego hinaufbrachten, verdarben von des Feuers Flammen. Aber die drei Männer, Sadrach, Mesach und Abed-Nego, fielen hinab in den glühenden Ofen, wie sie gebunden waren.

Da entsetzte sich der König Nebukadnezar und fuhr auf und sprach zu seinen Räten: »Haben wir nicht drei Männer gebunden in das Feuer lassen werfen?« Sie antworteten und sprachen zum König: Ja, Herr König. Er antwortete und sprach: Sehe ich doch vier Männer frei im Feuer gehen, und sie sind unversehrt; und der vierte ist gleich, als wäre er ein Sohn der Götter. Und Nebukadnezar trat hinzu vor das Loch des glühenden Ofens und sprach: Sadrach, Mesach, Abed-Nego, ihr Knechte Gottes des Höchsten, gehet heraus und kommt her! Da gingen Sadrach, Mesach und Abed-Nego heraus aus dem Feuer. Und die Fürsten, Herren, Vögte und Räte des Königs kamen zusammen und sahen, daß das Feuer keine Macht am Leibe dieser Männer bewiesen hatte und ihr Haupthaar nicht versengt und ihre Mäntel nicht versehrt waren, ja man konnte keinen Brand an ihnen riechen. Da fing Nebukadnezar an und sprach: Gelobet sei der Gott Sadrachs, Mesachs und Abed-Negos, der seinen Engel gesandt und seine Knechte errettet hat, die ihm vertraut und des Königs Gebot nicht gehalten, sondern ihren Leib dargegeben haben, daß sie keinen Gott ehren noch anbeten wollen als allein ihren Gott! So sei nun dies mein Gebot: Welcher unter allen Völkern, Leuten und Zungen den Gott Sadrachs, Mesachs und Abed-Negos lästert, der soll in Stücke zerhauen und sein Haus schändlich zerstört werden. Denn es ist kein anderer Gott, der also erretten kann, als dieser. Und der König gab Sadrach, Mesach und Abed-Nego große Gewalt in der Landschaft Babel. (Daniel 3, 19 bis 30)

Daniel in der Löwengrube

Darius aus Medien übernahm das Reich, als er zweiundsechzig Jahre alt war. Und es gefiel Darius, über das ganze Königreich hundertundzwanzig Statthalter zu setzen. Über sie setzte er drei Fürsten, von denen Daniel einer war. Ihnen sollten die Statthalter Rechenschaft ablegen, damit der König der Mühe enthoben wäre. Daniel aber übertraf alle Fürsten und Statthalter, denn es war ein überragender Geist in ihm. Darum dachte der König daran, ihn über das ganze Königreich zu setzen.

Da trachteten die Fürsten und Statthalter danach, an Daniel etwas zu finden, das gegen das Königreich gerichtet wäre. Sie konnten aber keinen Grund zur Anklage und kein Vergehen finden; denn er war treu, so daß man keine Schuld und keine Verfehlung bei ihm finden konnte. Da sprachen die Männer: Wir haben keinen Grund zur Anklage gegen Daniel, es sei denn wegen seiner Gottesverehrung.

Da kamen die Fürsten und Statthalter eilends vor den König gelaufen und sprachen zu ihm: »Der König Darius lebe ewig! Es haben die Fürsten des Königreichs, die Würdenträger, die Statthalter, die Räte und Befehlshaber alle gedacht, es solle ein königlicher Befehl gegeben und ein strenges Gebot erlassen werden, daß jeder, der in dreißig Tagen etwas bitten wird von irgendeinem Gott oder Menschen außer von dir, dem König allein, zu den Löwen in die Grube geworfen werden soll ...« So ließ denn der König Darius das Schreiben und das Gebot aufsetzen.

Als nun Daniel erfuhr, daß ein solches Gebot ergangen war, ging er hinein in sein Haus. Er hatte an seinem Obergemach offene Fenster nach Jerusalem, und er fiel dreimal am Tag auf seine Knie, betete, lobte und dankte seinem Gott, wie er es auch vorher zu tun pflegte. Da kamen jene Männer eilends gelaufen und fanden Daniel, wie er betete und flehte vor seinem Gott.

Darauf traten sie vor den König und sprachen ...: »Daniel, einer

Daniel in der Löwengrube
(Daniel 6)

der Gefangenen aus Juda, der achtet weder dich noch dein Gebot, das du erlassen hast; denn er betet dreimal am Tage.«

Als der König das hörte, wurde er sehr betrübt und war darauf bedacht, Daniel die Freiheit zu erhalten, und mühte sich, bis die Sonne unterging, ihn zu erretten. Die Männer aber kamen aufs neue zum König gelaufen und sprachen zu ihm: »Du weißt doch, König, es ist das Gesetz der Meder und Perser, daß alle Gebote und Befehle, die der König beschlossen hat, unverändert bleiben sollen.«

Da befahl der König, Daniel herzubringen. Und sie warfen ihn zu den Löwen in die Grube. Der König aber sprach zu Daniel: »Dein Gott, dem du ohne Unterlaß dienst, der helfe dir!« Und sie brachten einen Stein, den legten sie vor die Öffnung der Grube. Der König versiegelte ihn mit seinem eigenen Ring und mit dem Ringe seiner Mächtigen, damit nichts Unbefugtes mit Daniel geschähe. Und der König ging weg in seinen Palast, fastete die Nacht über und ließ kein Essen vor sich bringen. Er konnte auch nicht schlafen.

Früh am Morgen, als der Tag anbrach, stand der König auf und ging eilends zur Grube, wo die Löwen waren. Und als er zur Grube kam, rief er Daniel mit angstvoller Stimme. Und der König fragte Daniel: »Daniel, du Knecht des lebendigen Gottes, hat dich dein Gott, dem du ohne Unterlaß dienst, auch erretten können vor den Löwen?«

Daniel antwortete dem König: »Der König lebe ewig! Mein Gott hat seinen Engel gesandt, der den Löwen den Rachen zugehalten hat, so daß sie mir kein Leid antun konnten; denn vor ihm bin ich unschuldig, und auch gegen dich, mein König, habe ich nichts Böses getan.« Da wurde der König sehr froh und ließ Daniel aus der Grube herausziehen. Und sie zogen Daniel aus der Grube heraus, und man fand keine Verletzung an ihm; denn er hatte seinem Gott vertraut.

Da ließ der König die Männer, die Daniel verklagt hatten, holen und zu den Löwen in die Grube werfen samt ihren Kindern und Frauen. Und ehe sie den Boden erreichten, ergriffen die Löwen sie und zermalmten alle ihre Knochen.

Danach ließ der König Darius allen Völkern und Leuten aus so vielen verschiedenen Sprachen auf der ganzen Erde schreiben: »Viel

Friede zuvor! Das ist mein Befehl, daß man in meinem ganzen Königreich den Gott Daniels fürchten und sich vor ihm scheuen soll. Denn er ist der lebendige Gott, der ewig bleibt, und sein Reich ist unvergänglich, und seine Herrschaft hat kein Ende.«[38]

(Daniel 6, 1 bis 8; 10 bis 12; 14 bis 27)

DIE BOTSCHAFT DER PROPHETEN[39]

Amos[40]

Suchet den Herrn, so werdet ihr leben,
daß er nicht daherfahre über das Haus Joseph wie
ein verzehrendes Feuer,
das niemand löschen kann zu Bethel –
die ihr das Recht in Wermut verkehrt
und die Gerechtigkeit zu Boden stoßt.
Darum, weil ihr die Armen unterdrückt
und nehmt von ihnen hohe Abgaben an Korn,
so sollt ihr in den Häusern nicht wohnen,
die ihr von Quadersteinen gebaut habt,
und den Wein nicht trinken,
den ihr in den feinen Weinbergen gepflanzt habt.
Denn ich kenne eure Freveltaten, die so viel sind …,
wie ihr die Gerechten bedrängt
und Bestechungsgeld nehmt
und die Armen im Tor unterdrückt.
Darum muß der Kluge zu dieser Zeit schweigen;
denn es ist eine böse Zeit.

Suchet das Gute und nicht das Böse,
auf daß ihr leben könnt,
so wird der Herr, der Gott Zebaoth, bei euch sein,
wie ihr rühmt.
Hasset das Böse und liebet das Gute,
richtet das Recht auf im Tor,

vielleicht wird der Herr, der Gott Zebaoth,
doch gnädig sein denen, die von Joseph übrigbleiben.

Weh denen, die des Herrn Tag herbeiwünschen!
Was soll er euch?
Denn des Herrn Tag ist Finsternis und nicht Licht,
gleichwie wenn jemand vor dem Löwen flieht
und ein Bär begegnet ihm
und er kommt in ein Haus
und lehnt sich mit der Hand an die Wand,
so sticht ihn eine Schlange!
Ja, des Herrn Tag wird finster und nicht licht sein,
dunkel und nicht hell.
Ich bin euren Feiertagen gram und verachte sie
und mag eure Versammlungen nicht riechen.
Und wenn ih mir auch Brandopfer und Speisopfer opfert,
so habe ich kein Gefallen daran
und mag auch eure fetten Dankopfer nicht ansehen.
Tu weg von mir das Geplärr deiner Lieder;
denn ich mag dein Harfenspiel nicht hören!
Es ströme aber das Recht wie Wasser
und die Gerechtigkeit wie ein nie versiegender Bach.

Siehe, es kommt die Zeit, spricht Gott der Herr,
daß ich einen Hunger ins Land schicken werde,
nicht einen Hunger nach Brot oder Durst nach Wasser,
sondern nach dem Wort des Herrn, es zu hören;
daß sie hin und her von einem Meer zum andern,
von Norden nach Osten laufen
und des Herrn Wort suchen
und doch nicht finden werden.

Zur selben Zeit will ich die zerfallene Hütte Davids
wieder aufrichten
und ihre Risse vermauern

und, was abgebrochen ist, wieder aufrichten
und will sie bauen, wie sie vorzeiten gewesen ist...
daß sie die verwüsteten Städte wieder aufbauen
und bewohnen sollen...
(Amos 5, 6 bis 7; 11 bis 15; 18 bis 24. 8, 11 bis 12. 9, 11)

Hosea

Kommt wir wollen wieder zum Herrn;
denn er hat uns zerrissen, er wird uns auch heilen
er hat uns geschlagen, er wird uns auch verbinden.
Laßt uns darauf achthaben
und danach trachten, den Herrn zu erkennen;
denn er wird hervorbrechen wie die schöne Morgenröte
und wird zu uns kommen wie ein Regen,
wie ein Spätregen, der das Land feuchtet.
Was soll ich dir tun, Ephraim?
Was soll ich dir tun, Juda?
Denn eure Liebe ist wie eine Wolke am Morgen
und wie der Tau, der frühmorgens vergeht.
Darum schlage ich drein durch die Propheten
und töte sie durch die Worte meines Mundes,
daß mein Recht wie das Licht hervorkomme.
Denn ich habe Lust an der Liebe und nicht am Opfer,
an der Erkenntnis Gottes und nicht am Brandopfer.
(Hosea 6, 1. 3 bis 6)

Jesaja[41]

Die Berufung des Propheten:

In dem Jahr, als der König Usia starb, sah ich den Herrn sitzen auf einem hohen und erhabenen Thron, und sein Saum füllte den Tempel.

Seraphim standen über ihm; ein jeder hatte sechs Flügel: mit zweien deckten sie ihr Antlitz, mit zweien deckten sie ihre Füße, und mit zweien flogen sie.

Die Berufung des Jesaja
(Jesaja 6)

Und einer rief zum andern und sprach: »Heilig, heilig, heilig ist der Herr Zebaoth, alle Lande sind seiner Ehre voll!«

Und die Schwellen bebten von der Stimme ihres Rufens, und das Haus ward voll Rauch.

Da sprach ich: Weh mir, ich vergehe! Denn ich bin unreiner Lippen und wohne unter einem Volk von unreinen Lippen; denn ich habe den König, den Herrn Zebaoth, gesehen mit meinen Augen.

Da flog einer der Seraphim zu mir und hatte eine glühende Kohle in der Hand, die er mit der Zange vom Altar nahm, rührte meinen Mund damit an und sprach: »Siehe, hiermit sind deine Lippen berührt, daß deine Schuld von dir genommen werde und deine Sünde gesühnt sei.«

Und ich hörte die Stimme des Herrn, wie er sprach: »Wen soll ich senden? Wer will unser Bote sein?« Ich aber sprach: »Hier bin ich, sende mich!«

Er sagte: »Geh hin und sprich zu diesem Volk: ›Höret und verstehet's nicht; seht und merket's nicht!‹ – Verstocke das Herz dieses Volkes und laß ihre Ohren taub sein und ihre Augen blind, daß sie nicht sehen mit ihren Augen noch hören mit ihren Ohren noch verstehen mit ihrem Herzen und sich nicht bekehren und genesen.«

Ich aber sprach: »Herr, wie lange?« Er sprach: »Bis die Städte wüst werden, ohne Einwohner, und die Häuser ohne Menschen und das Feld ganz wüst daliegt«... (Jesaja 6, 1 bis 11)

Klage über das abtrünnige Volk

Höret, ihr Himmel, und Erde, nimm zu Ohren,
denn der Herr redet! Ich habe Kinder großgezogen
und hochgebracht,
sie aber sind von mir abgefallen!
Ein Ochse kennt seinen Herrn
und ein Esel die Krippe seines Herrn;
aber Israel kennt's nicht,
und mein Volk versteht's nicht.
Wehe dem sündigen Volk,
dem Volk mit Schuld beladen,

dem boshaften Geschlecht,
den verderbten Kindern,
die den Herrn verlassen, den Heiligen Israels lästern,
die abgefallen sind!
Euer Land ist verwüstet,
eure Städte sind mit Feuer verbrannt;
Fremde verzehren eure Äcker vor euren Augen;
alles ist verwüstet wie beim Untergang Sodoms.
Übriggeblieben ist allein die Tochter Zion
wie ein Häuslein im Weinberg,
wie eine Nachthütte im Gurkenfeld,
wie eine belagerte Stadt.
Hätte uns der Herr Zebaoth
nicht einen geringen Rest übriggelassen,
so wären wir wie Sodom
und gleichwie Gomorra.
Glaubt ihr nicht, so bleibt ihr nicht.
(Jesaja 1, 2 bis 4; 7 bis 9; Jesaja 7, 9)

Die Verheißung des Friedensfürsten

Das Volk, das im Finstern wandelt,
sieht ein großes Licht,
und über denen, die da wohnen im finstern Lande,
scheint es hell ...
Denn uns ist ein Kind geboren,
ein Sohn ist uns gegeben,
und die Herrschaft ruht auf seiner Schulter;
und er heißt Wunder-Rat, Gott-Held,
Ewig-Vater, Friede-Fürst;
auf daß seine Herrschaft groß werde und des Friedens kein Ende
auf dem Thron Davids und in seinem Königreich,
daß er's stärke und stütze durch Recht und Gerechtigkeit
von nun an bis in Ewigkeit.
Solches wird tun der Eifer des Herrn Zebaoth.
(Jesaja 9, 1; 5 bis 6)

Hesekiels Vision
von der Auferweckung Israels
(Hesekiel 37)

Der David-Sohn und sein Friedensreich

Und es wird ein Reis hervorgehen aus dem Stamm Isais
und ein Zweig aus seiner Wurzel Frucht bringen.
Auf ihm wird ruhen der Geist des Herrn,
der Geist der Weisheit und des Verstandes,
der Geist des Rates und der Stärke,
der Geist der Erkenntnis und der Furcht des Herrn.
Und Wohlgefallen wird er haben
an der Furcht des Herrn.
Er wird nicht richten nach dem, was seine Augen sehen,
noch Urteil sprechen nach dem, was seine Ohren hören,
sondern wird mit Gerechtigkeit richten die Armen und rechtes
Urteil sprechen den Elenden im Lande,
und er wird mit dem Stabe seines Mundes den
Gewalttätigenschlagen
und mit dem Odem seiner Lippen den Gottlosen töten...
Da werden die Wölfe bei den Lämmern wohnen
und die Panther bei den Böcken lagern.
Ein kleiner Knabe wird Kälber und junge Löwen
und Mastvieh miteinander treiben...
Und ein Säugling wird spielen am Loch der Otter,
und ein entwöhntes Kind wird seine Hand
stecken in die Höhle der Natter.
Man wird nirgends Sünde tun noch freveln
auf meinem ganzen heiligen Berge;
denn das Land wird voll Erkenntnis des Herrn sein,
wie Wasser das Meer bedeckt.[42]

(Jesaja 11, 1 bis 4; 6. 8 bis 9)

Diese Hoffnung auf den Friedensfürsten leuchtet nach dem babylonischen Exil noch einmal in einem Liede des Propheten Sacharja auf:

Du, Tochter Zion, freue dich sehr,
und du, Tochter Jerusalem, jauchze!
Siehe, dein König kommt zu dir,

ein Gerechter und ein Helfer,
arm und reitet auf einem Esel,
auf einem Füllen der Eselin.
Denn ich will die Wagen wegtun aus Ephraim
und die Rosse aus Jerusalem,
und der Kriegsbogen soll zerbrochen werden.
Denn er wird Frieden gebieten den Völkern,
und seine Herrschaft wird sein von einem Meer
bis zum andern
und vom (Euphrat-)Strom bis an die Enden der Erde.
(Sacharja 9, 9 bis 10)

Jeremia[43]

Jeremias Berufung

Sein mit Zagen angenommener Auftrag:

Des Herrn Wort geschah zu mir: »Ich kannte dich, ehe ich dich im Mutterleib bereitete, und sonderte dich aus, ehe du von der Mutter geboren wurdest; ich bestellte dich zum Propheten für die Völker.«

Ich aber sprach: »Ach, Herr, Herr, ich tauge nicht zu predigen; denn ich bin zu jung.« Der Herr aber sagte zu mir: »Sage nicht: ›ich bin zu jung‹, sondern du sollst gehen, wohin ich dich sende, und predigen alles, was ich dir gebiete. Fürchte dich nicht vor ihnen; denn ich bin bei dir und will dich erretten, spricht der Herr.«

Und der Herr streckte seine Hand aus und rührte meinen Mund an und sprach zu mir: »Siehe, ich lege meine Worte in deinen Mund. Siehe, ich setze dich heute über Völker und Königreiche, daß du ausreißen und einreißen, zerstören und verderben sollst und bauen und pflanzen.«

»So gürte nun deine Lenden und mache dich auf und predige ihnen alles, was ich dir gebiete. Erschrick nicht vor ihnen, auf daß ich dich nicht erschrecke vor ihnen! Denn ich will dich heute zur festen Stadt, zur eisernen Säule, zur ehernen Mauer machen im ganzen Lande wider die Könige Judas, wider seine Großen, wider seine Priester, wider das Volk des Landes, daß, wenn sie auch wider dich streiten, sie dir dennoch nichts anhaben können; denn ich bin bei dir«, spricht der Herr, »daß ich dich errette.«

(Jeremia 1, 4 bis 10; 17 bis 19)

Gerichtspredigt im Tempel

Dies ist das Wort, das vom Herrn geschah zu Jeremia: »Bessert euer Leben und euer Tun, so will ich bei euch wohnen an diesem Ort. Verlaßt euch nicht auf Lügenworte, wenn sie sagen: Hier ist des Herrn Tempel, hier ist des Herrn Tempel, hier ist des Herrn Tempel! Sondern bessert euer Leben und euer Tun, daß ihr recht handelt einer gegen den andern und keine Gewalt übt gegen Fremdlinge, Waisen und Witwen und nicht unschuldiges Blut vergießt an diesem Ort und nicht andern Göttern nachlauft zu eurem eigenen Schaden, so will ich immer und ewig bei euch wohnen an diesem Ort, in dem Lande, das ich euren Vätern gegeben habe. Doch nun verlaßt ihr euch auf Lügenworte, die zu nichts nütze sind. Ihr seid Diebe, Mörder, Ehebrecher und Meineidige, opfert dem Baal und lauft fremden Göttern nach, die ihr nicht kennt. Und dann kommt ihr und tretet vor mich in diesem Hause, das nach meinem Namen genannt ist, und sprecht: ›Wir sind geborgen‹ – und tut weiter solche Greuel. Haltet ihr denn dies Haus, das nach meinem Namen genannt ist, für eine Räuberhöhle? Siehe, ich sehe es wohl«, spricht der Herr. »Du sollst für dies Volk nicht (mehr) bitten und sollst für sie weder Klage noch Gebet vorbringen, sie auch nicht vertreten vor mir; denn ich will dich nicht hören.«

Als Jeremia nun alles gesagt hatte, was ihm der Herr befohlen hatte, allem Volk zu sagen, ergriffen ihn die Priester, Propheten und das ganze Volk und sprachen: »Du mußt sterben!« Warum weissagst du im Namen des Herrn: ›Es wird diesem Hause gehen wie Silo, und diese Stadt soll so wüst werden, daß niemand mehr darin wohnt?‹« Das ganze Volk sammelte sich im Hause des Herrn wider Jeremia.

(Jeremia 7, 1. 3b bis 11. 16; Jeremia 26, 8 bis 9)

Mitleid, Klage und Trost

Was kann mich in meinem Jammer erquicken?
Mein Herz in mir ist krank.
Siehe, die Tochter meines Volks schreit aus fernem Lande her:
»Will denn der Herr nicht mehr Gott sein in Zion,
oder soll es keinen König mehr haben?«
Ja, warum haben sie mich so erzürnt durch ihre Bilder
und fremde, nichtige Götzen?
»Die Ernte ist vergangen, der Sommer ist dahin,
und uns ist keine Hilfe gekommen!«
Mich jammert von Herzen,
daß mein Volk so ganz zerschlagen ist;
ich gräme und entsetze mich.
Ist denn keine Salbe in Gilead, oder ist kein Arzt da?
Warum ist denn die Tochter meines Volkes nicht geheilt?
Ach, daß ich Wasser genug hätte in meinem Haupte
und meine Augen Tränenquellen wären,
daß ich Tag und Nacht beweinen könnte
die Erschlagenen meines Volks!
Weh mir, meine Mutter, daß du mich geboren hast,
gegen den jedermann hadert und streitet im ganzen Lande!
Hab ich doch weder auf Wucherzinsen ausgeliehen,
noch hat man mir geliehen, und doch flucht mir jedermann ...
Dein Wort ward meine Speise, sooft ich's empfing,
und dein Wort ist meines Herzens Freude und Trost;
denn ich bin ja nach deinem Namen genannt,
Herr, Gott Zebaoth.
Ich habe mich nicht zu den Fröhlichen gesellt
noch mich mit ihnen gefreut,
sondern saß einsam, gebeugt von deiner Hand;
denn du hattest mich erfüllt mit Grimm.
Warum währt doch mein Leiden so lange
und sind meine Wunden so schlimm,
daß sie niemand heilen kann?
Du bist mir geworden wie ein trügerischer Born,

der nicht mehr quellen will,
darum spricht der Herr:
Wenn du dich zu mir hältst, so will ich mich zu dir halten,
und du sollst mein Prediger bleiben.
Und wenn du recht redest und nicht leichtfertig,
so sollst du mein Mund sein.
Sie sollen sich zu dir kehren,
doch du kehre dich nicht zu ihnen!
Denn ich mache dich für dies Volk
zur festen, ehernen Mauer.
Wenn sie auch wider dich streiten,
sollen sie dir doch nichts anhaben;
denn ich bin bei dir, daß ich dir helfe
und dich errette, spricht der Herr.
So spricht der Herr:
Verflucht ist der Mann, der sich auf Menschen verläßt
und hält Fleisch für seinen Arm
und weicht mit seinem Herzen vom Herrn ...
Gesegnet aber ist der Mann, der sich auf den Herrn verläßt
und dessen Zuversicht der Herr ist.
Der ist wie ein Baum, am Wasser gepflanzt,
der seine Wurzeln zum Bach hin streckt.
Denn obgleich die Hitze kommt, fürchtet er sich doch nicht,
sondern seine Blätter bleiben grün;
und er sorgt sich nicht, wenn ein dürres Jahr kommt,
sondern bringt ohne Aufhören Früchte.
Es ist das Herz ein trotzig und verzagt Ding;
wer kann es ergründen?
Ich der Herr, kann das Herz ergründen
und die Nieren prüfen
und gebe einem jeden nach seinem Tun,
nach den Früchten seiner Werke.
(Jeremia 8, 18 bis 22. 15, 10; 16 bis 20. 17, 5; 7 bis 10)

Die Verheißung des neuen Bundes

Das soll der Bund sein, den ich mit dem Hause Israel schließen will nach dieser Zeit, spricht der Herr: ›Ich will mein Gesetz in ihr Herz geben und in ihren Sinn schreiben, und sie sollen mein Volk sein, und ich will ihr Gott sein. Und es wird keiner den andern noch ein Bruder den andern lehren und sagen: Erkenne den Herrn, sondern sie sollen mich alle erkennen, beide, klein und groß, spricht der Herr; denn ich will ihnen ihre Missetat vergeben und ihrer Sünde nimmermehr gedenken.‹[44] (Jeremia 31, 33 bis 34)

Der zweite Jesaja

Der Prophet tröstet die Verbannten mit seiner Erlösungsbotschaft

Tröstet, tröstet mein Volk! spricht euer Gott.
Redet mit Jerusalem freundlich und prediget ihr,
daß ihre Knechtschaft ein Ende hat,
daß ihre Schuld vergeben ist...
Es ruft eine Stimme:
In der Wüste bereitet dem Herrn den Weg,
macht in der Steppe eine ebene Bahn unserm Gott!
Alle Täler sollen erhöht werden,
und alle Berge und Hügel sollen erniedrigt werden,
und was uneben ist, soll gerade,
und was hügelig ist, soll eben werden.
Denn die Herrlichkeit des Herrn soll offenbart werden,
und alles Fleisch miteinander wird es sehen;
denn des Herrn Mund hat's geredet.
Es spricht eine Stimme: Predige!
Und ich sprach: Was soll ich predigen?
Alles Fleisch ist Gras,
und alle seine Güte ist wie eine Blume auf dem Felde.
Das Gras verdorrt, die Blume verwelkt;
denn des Herrn Odem bläst darein.
Ja, Gras ist das Volk!

Das Gras verdorrt, die Blume verwelkt,
Das Wort unseres Gottes aber bleibt ewiglich.
(Jesaja 40, 1 bis 8)

Der Geist Gottes des Herrn ist auf mir,
weil der Herr mich gesalbt hat.
Er hat mich gesandt, den Elenden gute Botschaft zu bringen,
die zerbrochenen Herzen zu verbinden,
zu verkündigen den Gefangenen die Freiheit,
den Gebundenen, daß sie frei und ledig sein sollen;
zu verkündigen ein gnädiges Jahr des Herrn
und einen Tag der Vergeltung unseres Gottes,
zu trösten alle Trauernden.

Der Himmel wird wie ein Rauch vergehen
und die Erde wie ein Kleid zerfallen,
und die darauf wohnen,
werden wie Mücken dahinsterben.
Mein Heil aber bleibt ewiglich,
und meine Gerechtigkeit wird nicht zerbrechen.

Suchet den Herrn, solange er zu finden ist;
rufet ihn an, solange er nahe ist...
Denn meine Gedanken sind nicht eure Gedanken,
und eure Wege sind nicht meine Wege, spricht der Herr.
Sondern: so viel der Himmel höher ist als die Erde,
so sind auch meine Wege höher als eure Wege
und meine Gedanken als eure Gedanken.
Denn gleichwie Regen und Schnee vom Himmel fällt
und nicht wieder dahin zurückkehrt,
sondern feuchtet die Erde und macht sie fruchtbar
und läßt wachsen, daß sie gibt Samen, zu säen,
und Brot, zu essen,
so soll das Wort, das aus meinem Munde geht, auch sein:
Es wird nicht wieder leer zu mir zurückkommen,

sondern wird tun, was mir gefällt,
und ihm wird gelingen, wozu ich es sende.
(Jesaja 61, 1 bis 2. 51, 6b. 55, 6; 8 bis 11)

Aus den Liedern vom Gottesknecht

Er hatte keine Gestalt noch Hoheit.
Wir sahen ihn, aber da war keine Gestalt, die uns gefallen hätte.
Er war der Allerverachtetste und Unwerteste,
voller Schmerzen und Krankheit.
Er war so verachtet, daß man das Angesicht vor ihm verbarg.
Darum haben wir ihn für nichts geachtet.
Fürwahr, er trug unsre Krankheit
und lud auf sich unsere Schmerzen.
Wir aber hielten ihn für den, der geplagt
und von Gott geschlagen und gemartert wäre.
Aber er ist um unsrer Missetat willen verwundet
und um unsrer Sünde willen zerschlagen.
Die Strafe liegt auf ihm, auf daß wir Frieden hätten,
und durch seine Wunden sind wir geheilt.
Wir gingen alle in die Irre wie Schafe,
ein jeder sah auf seinen Weg.
Aber der Herr warf unser aller Sünde auf ihn.
(Jesaja 53, 2b bis 6)

AUS DEM NEUEN TESTAMENT[46]

WORTE JESU

Die Bergpredigt und das hohepriesterliche Gebet[47]

Prolog: Die Seligpreisungen

Als Jesus das Volk sah, ging er auf einen Berg und setzte sich; und seine Jünger traten zu ihm. Und er tat seinen Mund auf, lehrte sie und sprach:

Selig sind, die geistlich arm sind;
denn ihnen gehört das Himmelreich.

Selig sind, die Leid tragen;
denn sie sollen getröstet werden.

Selig sind die Sanftmütigen;
denn sie werden das Erdreich besitzen.

Selig sind, die hungern und dürsten nach der Gerechtigkeit;
denn sie sollen satt werden.

Selig sind die Barmherzigen;
denn sie werden Barmherzigkeit erlangen.

Selig sind, die reines Herzens sind;
denn sie werden Gott schauen.

Selig sind, die Frieden stiften;
denn sie werden Gottes Kinder heißen.

Selig sind, die um der Gerechtigkeit willen verfolgt werden;
denn ihnen gehört das Himmelreich.

Selig seid ihr, wenn euch die Menschen um meinetwillen schmähen und verfolgen und alles Schlechte über euch reden, so sie damit lügen. Seid fröhlich und getrost; es wird euch im Himmel wohl belohnt werden. Denn ebenso haben sie die Propheten verfolgt, die vor euch gewesen sind. (Matthäus 5, 1 bis 12)

Die Jünger: Salz, nicht Honig

Ihr seid das Salz der Erde. Wenn nun das Salz kraftlos wird, womit soll man's salzen? Es ist zu nichts mehr nütze, als daß man es hinausschütte und lasse es die Leute zertreten.

Ihr seid das Licht der Welt. Die Stadt, die auf dem Berge liegt, kann nicht verborgen bleiben. Man zündet auch nicht ein Licht an

Die Anbetung des Kindes
(Matthäus 2)

und setzt es unter einen Scheffel, sondern auf einen Leuchter. Dann leuchtet es allen, die im Hause sind. So soll euer Licht leuchten vor den Leuten, damit sie eure guten Werke sehen und euren Vater im Himmel preisen. (Matthäus 5, 13 bis 16)

Keine »billige« Gnade

Ihr sollt nicht wähnen, daß ich gekommen wäre, um das Gesetz oder die Propheten aufzulösen; ich bin nicht gekommen aufzulösen, sondern zu erfüllen. Denn wahrlich, ich sage euch: Bis Himmel und Erde vergehen, wird weder der kleinste Buchstabe noch ein Tüpfelchen vom Gesetz vergehen, bis alles erfüllt ist. Wer nun eins von diesen kleinsten Geboten auflöst und die Leute so lehrt, der wird im Himmelreich der Kleinste heißen. Wer es aber tut und lehrt, der wird im Himmelreich groß heißen.

Denn ich sage euch: Wenn Eure Gerechtigkeit nicht viel besser ist als die der Schriftgelehrten und Pharisäer, so werdet ihr nicht in das Himmelreich kommen. (Matthäus 5, 17 bis 20)

Wider den Zwiespalt des Herzens

Ihr habt gehört, daß den Alten gesagt worden ist: Du sollst nicht töten; wer aber tötet, der soll vor Gericht schuldig sein. Ich aber sage euch: Wer mit seinem Bruder zürnt, der ist vor Gericht schuldig; wer zu seinem Bruder sagt: Du Schuft!, der soll vor den Hohen Rat; wer sagt: Du gottverlassener Narr, der ist des höllischen Feuers schuldig.

Darum: wenn du deine Gabe auf dem Altar opferst und es fällt dir dabei ein, daß dein Bruder etwas gegen dich hat, so laß allda vor dem Altar deine Gabe vorerst auf sich beruhen, geh zunächst einmal hin und versöhne dich mit deinem Bruder. Und alsdann kannst du kommen und deine Gabe opfern.

Werde schnellstens eins mit deinem Gegner, solange du noch mit ihm auf dem Weg bist, damit dich der Gegner nicht dem Richter überliefert und der Richter dem Diener und du ins Gefängnis geworfen wirst. Wahrlich, ich sage dir: du wirst nicht von dannen herauskommen, bis du auch den letzten Pfennig bezahlest.

(Matthäus 5, 21 bis 26)

Taten beginnen im Herzen

Ihr habt gehört, daß gesagt ist: »Du sollst nicht ehebrechen!«

Ich aber sage euch: Wer eine Frau ansieht, ihrer zu begehren, der hat schon mit ihr die Ehe gebrochen in seinem Herzen. Wenn dich aber dein rechtes Auge zur Versuchung reizt, so reiß es heraus und wirf's von dir. Es ist dir besser, daß eins deiner Glieder verderbe, statt daß der ganze Leib in die Hölle geworfen wird. Wenn deine rechte Hand dich zum Ärgernis reizt, so hau sie ab und wirf sie von dir. Es ist dir besser, daß eins deiner Glieder verdirbt und nicht der ganze Leib in die Hölle geworfen werde.

Es ist weiterhin gesagt worden: Wer seine Frau aus der Ehe entläßt, der soll ihr einen Scheidebrief geben. Ich aber sage euch: Wer seine Frau entläßt, außer wegen Ehebruch, der macht, daß ein anderer die Ehe mit ihr bricht; denn wer eine Geschiedene heiratet, der bricht die Ehe. (Matthäus 5, 27 bis 32)

Jedes Wort ein Schwur

Ihr habt weiter gehört, daß den Alten gesagt worden ist: Du sollst keinen falschen Eid schwören und sollst einhalten, was du dem Herrn gelobt hast.

Ich aber sage euch, daß ihr überhaupt nicht schwören sollt, weder beim Himmel, denn er ist Gottes Thron, noch bei der Erde, denn sie ist seiner Füße Schemel, noch bei Jerusalem, denn sie ist des großen Königs Stadt. Auch sollst du nicht bei deinem Haupt schwören, denn du vermagst nicht ein einziges Haar weiß oder schwarz zu machen. Eure Rede aber sei: »Ja, ja; nein, nein«. Was darüber ist, das ist vom Übel. (Matthäus 5, 33 bis 37)

Wider das Vergeltungsprinzip

Ihr habt weiter gehört, daß gesagt worden ist: »Auge um Auge, Zahn um Zahn.«

Ich aber sage euch: Ihr sollt dem, der Arges wider euch im Schilde führt, nicht Arges entgegenwerfen, sondern: wenn dich jemand auf deine rechte Backe schlägt, dem halte auch die andere Backe hin. Und wenn jemand gegen dich klagen und dir deinen Rock nehmen will, dem laß auch den Mantel. Und wenn dich jemand nötigt, eine Meile mitzugehen, so geh mit ihm zwei. Gib dem, der dich bittet, und wende dich nicht von dem, der etwas von dir borgen will.

(Matthäus 5, 38 bis 42)

Feindesliebe

Ihr habt gehört, daß gesagt wurde: »Du sollst deinen Nächsten lieben und deinen Feind hassen!«

Ich aber sage euch: Liebet eure Feinde und betet für die, die euch verfolgen, so werdet ihr zu Kindern eures Vaters im Himmel. Er läßt ja seine Sonne aufgehen über Böse und Gute und läßt regnen über Gerechte und Ungerechte. Wenn ihr nur die liebt, die euch lieben, welchen Lohn hättet ihr dafür? Tun nicht dasselbe auch die Zöllner? Und wenn ihr nur zu euren Brüdern freundlich seid, was tut ihr damit Sonderliches? Machen es die Heiden nicht genauso? Darum sollt ihr vollkommen sein, so wie euer Vater im Himmel vollkommen ist.

(Matthäus 5, 43 bis 48)

Die Rentabilität des Glaubens

Gebt acht darauf, daß ihr mit den Werken eurer Gerechtigkeit nicht angebt vor den Leuten, daß sie ja von ihnen gesehen werden. Sonst ist bei eurem Vater im Himmel euer Lohn dahin.

Wenn du nun Almosen gibst, so laß es nicht vor dir ausposaunen, wie die Heuchler das in den Synagogen und auf den Straßen tun, um von den Leuten gepriesen zu werden. Wahrlich, ich sage euch: Die haben ihren Lohn dahin. Gibst du also Almosen, so laß deine linke Hand nicht wissen, was die rechte tut, damit dein Almosen verborgen bleibt, und dein Vater, der ins Verborgene sieht, wird dir's vergelten.

(Matthäus 6, 1 bis 4)

Schule des Gebetes

Wenn ihr betet, sollt ihr es nicht wie die Heuchler machen, die gern in den Synagogen und an den Straßenecken stehen und beten, damit sie von den Leuten gesehen werden. Wahrlich, ich sage euch: Sie haben ihren Lohn dahin. Wenn du aber betest, so geh in deine Kammer, schließ die Tür hinter dir zu und bete zu deinem Vater im Verborgenen; und dein Vater, der ins Verborgene sieht, wird sich erkenntlich zeigen.

Wenn ihr betet, sollt ihr nicht viel plappern wie die Heiden; denn sie meinen, sie werden erhört, wenn sie viele Worte machen. Darum macht es nicht wie sie. Denn euer Vater weiß ja, wessen ihr bedürfet, längst ehe ihr ihn bittet.

Darum sollt ihr so beten:
Unser Vater im Himmel!
Dein Name werde geheiligt.
Dein Reich komme.
Dein Wille geschehe wie im Himmel so auf Erden.
Unser tägliches Brot gib uns heute.
Und vergib uns unsere Schuld,
wie auch wir vergeben unsern Schuldigern.
Und führe uns nicht in Versuchung,
sondern erlöse uns von dem Bösen.
Denn dein ist das Reich und die Kraft
und die Herrlichkeit in Ewigkeit.
Amen.

Denn wenn ihr den Menschen ihre Verfehlungen vergebet, so wird euch euer himmlischer Vater auch vergeben. Wenn ihr aber den Menschen nicht vergebt, so wird euch euer Vater eure Verfehlungen auch nicht vergeben. (Matthäus 6, 5 bis 15)

Verzicht mit Freuden

Wenn ihr fastet, sollt ihr nicht griesgrämig dreinschauen wie die Heuchler; denn sie verstellen ihre Miene, um sich vor den Leuten mit ihrem Fasten darzustellen. Wahrlich, ich sage euch: Sie haben sich damit ihren Lohn schon gezahlt. Wenn du aber fastest, so salbe dein Haupt und wasche das Gesicht, damit du vor den Leuten keine Schau aufziehst mit deinem Fasten, sondern es nur deinen Vater wissen lässest, der ja im Verborgenen (für dich da) ist. Und dein Vater, der ins Verborgene sieht, wird dir's vergelten.

(Matthäus 6, 16 bis 18)

Die Überwindung der Angst

Ihr sollt euch nicht Schätze sammeln auf Erden, wo sie die Motten und der Rost fressen und wo die Diebe einbrechen und sie stehlen. Sammelt euch aber Schätze im Himmel, wo sie weder Motten noch Rost fressen und wo die Diebe nicht einbrechen und sie stehlen. Denn wo euer Schatz ist, da ist auch euer Herz.

Das Auge ist des Leibes Licht. Wenn dein Auge klar ist, so wird dein ganzer Leib licht sein. Wenn aber dein Auge trüb ist, so wird dein ganzer Leib finster sein. Wenn nun das Licht, das in dir ist, Finsternis ist, wie groß wird dann die Finsternis sein!

Niemand kann zwei Herren dienen: entweder er wird den einen hassen und den anderen lieben, oder er wird an dem einen hängen und den andern verachten. Ihr könnt nicht Gott dienen und dem Mammon. Darum sage ich euch: Sorget nicht für euer Leben, was ihr essen und trinken werdet; auch nicht für euren Leib, was ihr anziehen werdet. Ist nicht das Leben mehr denn die Speise und der Leib mehr als die Kleidung? Seht die Vögel unter dem Himmel an: Sie säen nicht, sie ernten nicht, sie sammeln nicht in die Scheunen, und euer himmlischer Vater ernähret sie doch. Seid ihr denn nicht viel mehr als sie?

Wer ist unter euch, der seine Lebenszeit um eine einzige Elle verlängern könnte, so sehr er auch darauf sinnt? Und warum sorgt ihr euch um die Kleidung? Schaut die Lilien auf dem Felde an, wie sie wachsen: Sie arbeiten nicht, auch spinnen sie nicht. Ich sage euch, daß selbst Salomo in aller seiner Herrlichkeit nicht gekleidet gewesen ist wie auch nur eine von ihnen. Wenn nun Gott das Gras auf dem Felde so kleidet, das doch heute steht und morgen in den Ofen geworfen wird; sollte er das nicht viel mehr für euch tun, o ihr Kleingläubigen?

Darum sollt ihr nicht sorgen und sagen: Was werden wir essen? Was werden wir trinken? Womit werden wir uns kleiden? Nach solchem allem trachten die Heiden. Euer himmlischer Vater weiß ja, daß ihr das alles braucht. Trachtet zuerst nach dem Reich Gottes und nach seiner Gerechtigkeit, so wird euch solches alles zufallen. Darum sorgt nicht für den anderen Morgen, denn der morgige Tag wird für das Seine sorgen. Es ist genug, daß ein jeglicher Tag seine eigene Plage hat. (Matthäus 6, 19 bis 34)

Der verklagte Richter

Verurteilt nicht, damit ihr nicht verurteilt werdet. Denn mit dem Urteil, mit dem ihr verurteilt, werdet ihr verurteilt werden, und mit dem Maß, mit dem ihr meßt, werdet ihr gemessen werden. Was siehst du aber den Splitter im Auge deines Bruders und nimmst nicht wahr den Balken in deinem eigenen Auge? Oder wie kannst du zu deinem Bruder sagen: Halt, ich will dir den Splitter aus deinem Auge ziehen? Und siehe, ein Balken steckt in deinem Auge. Du Heuchler, zieh doch zuerst den Balken aus deinem Auge, danach sieh zu, wie du den Splitter aus dem Auge deines Bruders ziehst. Ihr sollt das Heilige nicht den Hunden geben, und eure Perlen sollt ihr nicht vor die Säue werfen, damit die sie nicht mit ihren Füßen zertreten und sich umdrehen und euch zerreißen. (Matthäus 7, 1 bis 6)

Von der Erfüllung des Gebets

Bittet, so wird euch gegeben; sucht, so werdet ihr finden; klopft an, so wird euch aufgetan. Denn wer bittet, der empfängt, und wer sucht, der findet, und wer anklopft, dem wird aufgetan. Wer von euch Menschen würde, wenn ihn sein Sohn um Brot bittet, ihm einen Stein dafür bieten? Oder wenn er ihn um einen Fisch bittet, ihm eine Schlange dafür bieten? Wenn nun schon ihr, die ihr doch arg seid, euren Kindern gute Gaben geben könnt, wieviel mehr wird euer Vater im Himmel denen Gutes geben, die ihn darum bitten! (Matthäus 7, 7 bis 11)

Der schmale und der breite Weg

Alles nun, von dem ihr wollt, daß euch die Leute es tun sollen, das tut ihnen auch! Denn das ist das ganze Gesetz und die Propheten. Geht ein durch die enge Pforte. Denn die Pforte ist weit und der Weg ist breit, der zur Verdammnis wegführt, und viele sind's, die ihn einschlagen. Doch wie eng ist die Pforte und wie schmal der Weg, der zum Leben führt! Nur wenige sind's, die ihn finden. Nehmt euch in acht vor den falschen Propheten, die in Schafskleidern zu euch kommen, inwendig aber sind sie reißende Wölfe. An ihren Früchten sollt ihr sie erkennen. Kann man denn Trauben lesen von den Dornen oder Feigen von den Disteln? So bringt jeder gute Baum gute Früchte; ein fauler Baum aber trägt schlechte Früchte. Ein guter Baum kann nicht schlechte Früchte bringen, und ein fauler Baum keine guten. Jeder Baum, der keine guten Früchte bringt, wird abgehauen und ins Feuer geworfen. Darum gilt: An ihren Früchten sollt ihr sie erkennen!

Es werden nicht alle, die zu mir sagen: »Herr, Herr!«, in das Himmelreich kommen, sondern nur, die den Willen meines Vaters im Himmel tun. An jenem Tage werden viele zu mir sagen: »Herr, Herr, haben wir nicht in deinem Namen geweissagt? Haben wir nicht in deinem Namen böse Geister ausgetrieben? Haben wir nicht in deinem Namen viele Wunder getan?« Dann werde ich ihnen bekennen: »Ich habe euch noch nie gekannt; weicht von mir, ihr Übeltäter!«[48] (Matthäus 7, 12 bis 23)

Das Fundament unseres Lebens

Darum, wer diese meine Rede hört und sie tut, der gleicht einem klugen Mann, der sein Haus auf einen Felsen baute. Als nun ein Platzregen fiel und die Wasser kamen, als die Winde wehten und an dem Haus rüttelten, da brach es doch nicht zusammen; denn es war auf Fels gegründet. Wer aber diese meine Rede hört und sie nicht tut, der gleicht einem törichten Mann, der sein Haus auf Sand baute. Als nun ein Platzregen fiel und die Wasser kamen, da fiel es zusammen und tat einen großen Sturz.

Und es begab sich, als Jesus diese Rede beendet hatte, entsetzte sich das Volk über seine Lehre; denn er lehrte sie mit Vollmacht und nicht so wie ihre Schriftgelehrten. (Matthäus 7, 24 bis 29)

Das hohepriesterliche Gebet

Solches redete Jesus, hob seine Augen auf zum Himmel und sprach: »Vater, die Stunde ist gekommen: Nun verherrliche du deinen Sohn, damit der Sohn auch dich verherrliche. Denn du hast ihm gegeben Macht über alles Fleisch, damit er allen, die du ihm gegeben hast, das ewige Leben gebe. Das ist aber das ewige Leben, daß sie dich erkennen, der du allein wahrer Gott bist, und Jesus Christus als den, den du gesandt hast. Ich habe dich verherrlicht auf Erden und das Werk vollendet, das du zu tun mir anvertraut hast. Und nun, Vater, verherrliche du mich bei dir mit der Herrlichkeit, die ich bei dir hatte, ehe die Welt war.

Ich habe deinen Namen den Menschen enthüllt, die du mir aus der Welt gegeben hast. Sie waren dein, und du hast sie mir gegeben, und sie haben dein Wort bewahrt. Nun wissen sie, daß alles, was du mir gegeben hast, von dir her ist. Denn die Worte, die du mir gegeben hast, habe ich ihnen weitergegeben. Sie haben sie angenommen und so in Wahrheit erkannt, daß ich von dir ausgegangen bin. Darum glauben sie, daß du mich gesandt hast.

Ich bitte für sie und bitte nicht für die Welt, bitte eben für die, die du mir gegeben hast, denn sie sind ja die deinigen. Und alles, was mein ist, das ist dein, und was dein ist, das ist mein, und ich bin in ihnen verherrlicht.

Ich bin nicht mehr in der Welt; sie aber sind in der Welt, und ich komme zu dir, heiliger Vater, erhalte sie bei deinem Namen, den du mir gegeben hast, damit sie eins sind wie wir. Solange ich bei ihnen war, erhielt ich sie bei deinem Namen, den du mir gegeben hast, und ich habe sie bei dir gehalten, und keiner von ihnen ist verlorengegangen außer dem Sohn des Verderbens, auf daß die Schrift erfüllt werde. Nun aber komme ich zu dir und sage dies in der Welt, damit meine Freude sie ganz und gar ausfülle.

Ich habe ihnen dein Wort gegeben, die Welt aber hat sie dafür gehaßt; denn sie sind nicht von der Welt, wie auch ich nicht von der Welt bin. Nicht bitte ich dich, daß du sie (deshalb) aus der Welt nehmest, wohl aber, daß du sie vor dem Argen bewahrest. Sie sind nicht von der Welt, so wie auch ich nicht von der Welt bin. Heilige du sie in der Wahrheit; dein Wort ist die Wahrheit. Wie du mich in die Welt gesandt hast, so sende auch ich sie in die Welt. Ich heilige mich selbst für sie, damit auch sie in Wahrheit geheiligt sind.

Ich bitte aber nicht allein für sie, sondern ebenso für die, die durch ihr Wort an mich glauben werden, damit sie alle eins sind. So wie du, Vater, in mir bist und ich in dir, so sollen auch sie in uns sein, damit die Welt glaubt, daß du es bist, der mich gesandt hat. Ich habe ihnen die Herrlichkeit gegeben, die du mir verliehen hast, damit sie eins sind, so wie wir eins sind: ich in ihnen und du in mir.

Vater, ich will, daß, wo ich bin, auch die bei mir sind, die du mir gegeben hast, damit sie meine Herrlichkeit sehen, die du mir gegeben hast. Denn du hast mich geliebt, ehe denn der Grund der Welt gelegt war. Gerechter Vater, die Welt kennt dich nicht; ich aber kenne dich, und diese haben erkannt, daß du mich gesandt hast. Und ich habe ihnen deinen Namen offenbart und werde ihn offenbaren, damit die Liebe, mit der du mich liebst, in ihnen ist und ich in ihnen.« (Johannes 17, 1 bis 26)

GLEICHNISSE JESU

Das Gleichnis vom verlorenen Sohn

Jesus sprach: Ein Mann hatte zwei Söhne. Der jüngere von ihnen sagte zu dem Vater: »Gib mir, Vater, den Teil des Erbes, der mir zusteht.« Und er teilte sein Gut unter sie. Nicht lange danach packte der jüngere Sohn alles zusammen und zog in ein fernes Land; dort brachte er sein Gut durch mit Prassen. Als er alles verzehrt hatte, kam eine große Teuerung über das ganze Land, so daß auch er in Not geriet. Da hängte er sich an einen Bürger jenes Landes; der schickte ihn auf seinen Acker, um die Schweine zu hüten. Da gierte ihn danach, seinen Bauch mit den Schoten zu füllen, die die Schweine fraßen. Doch niemand gab sie ihm.

Da ging er in sich und sprach: »Wie viele Tagelöhner hat mein Vater, die Brot in Hülle und Fülle haben, ich aber verderbe im Hunger! Ich will mich aufmachen und zu meinem Vater gehen und zu ihm sagen: ›Vater, ich habe gesündigt gegen den Himmel und vor dir. Ich bin hinfort nicht mehr wert, daß ich dein Sohn heiße; mach mich zu einem deiner Tagelöhner!‹«

Das Gleichnis vom verlorenen Sohn
(Lukas 15)

Da machte er sich auf und kam zu seinem Vater. Als er aber noch weit weg war, erblickte ihn sein Vater, und ihn jammerte seiner. Er lief ihm entgegen und fiel ihm um den Hals und küßte ihn.

Der Sohn aber sagte zu ihm: »Vater, ich habe gesündigt gegen den Himmel und vor dir und bin hinfort nicht mehr wert, daß ich dein Sohn heiße.« Der Vater aber sagte zu seinen Knechten: »Bringt schnell das beste Gewand her und zieht es ihm an und steckt ihm einen Fingerreif an seine Hand, zieht ihm die Schuhe an seine Füße und bringt ein gemästet Kalb her und schlachtet's! Dann laßt uns essen und fröhlich sein! Denn dieser mein Sohn war tot und ist wieder lebendig geworden; er war verloren und ist wiedergefunden worden.« Und sie fingen an, fröhlich zu sein.

Der ältere Sohn aber war auf dem Felde. Und als er nahe zum Hause kam, hörte er das Singen und Reigentanzen. Da rief er einen von den Knechten zu sich und fragte, was da los wäre. Der aber gab ihm zur Antwort: »Dein Bruder ist angekommen, und dein Vater hat das gemästete Kalb geschlachtet, weil er ihn gesund wieder hat.«

Da wurde er zornig und wollte nicht hineingehen. Doch sein Vater kam heraus und bat ihn herein. Er aber antwortete seinem Vater: »Siehe, so viele Jahre diene ich dir schon und habe dein Gebot noch nie übertreten. Mir aber hast du nie einen Bock gegeben, damit ich mit meinen Freunden fröhlich wäre. Nun aber, wo dieser dein Sohn gekommen ist, der sein Erbe mit Huren verschlungen hat, hast du für ihn ein gemästet Kalb geschlachtet.«

Der Vater aber erwiderte: »Mein Sohn, du bist immer bei mir, und alles, was mein ist, das ist auch dein. Du solltest darum fröhlich sein und dich mit freuen; denn dieser dein Bruder war tot und ist wieder lebendig geworden, er war verloren und ist wiedergefunden.«

(Lukas 15, 11 bis 32)

Das Gleichnis vom reichen Mann und armen Lazarus

Es war einmal ein reicher Mann, der kleidete sich in Purpur und kostbare Leinwand und lebte alle Tage herrlich und in Freuden.

Der reiche Mann
und der arme Lazarus
(Lukas 16)

Zugleich war da ein Armer mit Namen Lazarus. Der lag voller Schwären vor seiner Tür. Er hatte nur den Wunsch, seinen Hunger mit dem zu stillen, was von des Reichen Tische fiel. Sogar die Hunde kamen und leckten ihm seine Schwären.

Es begab sich nun, daß der Arme starb und wurde von den Engeln in Abrahams Schoß getragen. Der Reiche aber starb auch und ward begraben. Als er nun in der Hölle war, hob er in seiner Qual die Augen auf und sah Abraham von ferne und Lazarus in seinem Schoß. Und er rief: »Vater Abraham, erbarme dich mein und sende Lazarus, damit er seine Fingerspitze ins Wasser tauche und mir die Zunge kühle; denn ich leide Pein in dieser Flamme.«

Abraham aber sagte: »Denk daran, mein Sohn, daß du dein Teil an Gutem schon in deinem Leben empfangen hast. Lazarus dagegen hat nur Böses empfangen. Nun aber wird er getröstet, du aber wirst gepeinigt. Und darüber hinaus ist zwischen uns und euch eine tiefe Kluft, damit niemand, der von hier zu euch hinüberwill, dorthin kommen kann und auch niemand von dort zu uns herüber.«

Da sagte er: »So bitte ich dich, Vater, daß du ihn sendest in meines Vaters Haus. Denn ich habe noch fünf Brüder; die soll er warnen, damit sie nicht auch an diesen Ort der Qual kommen.« Abraham aber erwiderte: »Sie haben Mose und die Propheten; auf die sollen sie hören!« Er aber sagte: »Nein, Vater Abraham, sondern wenn einer von den Toten zu ihnen käme, so würden sie Buße tun.« Darauf Abraham: »Hören sie Mose und die Propheten nicht, so werden sie sich auch nicht beeindrucken lassen, wenn jemand von den Toten aufersteht.« (Lukas 16, 19 bis 31)

Das Gleichnis vom Sämann

Als eine Menge Volk zusammengeströmt war und die Leute aus den Städten zu ihm kamen, erzählte er ihnen ein Gleichnis:

Es ging ein Sämann aus, zu säen seinen Samen. Dabei fiel ein Teil auf den Weg und wurde zertreten, und die Vögel unter dem Himmel fraßen's auf. Anderes fiel auf Fels, und als es aufging, verdorrte es, weil es an Feuchtigkeit fehlte. Ein Teil fiel mitten unter die Dornen,

Das Gleichnis vom Sämann
(Lukas 8)

und die Dornen gingen mit auf und erstickten's. Etliches aber fiel auf gutes Land, und es ging auf und trug hundertfältige Frucht. Als er das sagte, rief er: »Wer Ohren hat, zu hören, der höre!«

Seine Jünger aber fragten ihn, was dies Gleichnis bedeuten solle. Da anwortete er: »Euch ist's gegeben, die Geheimnisse des Reiches Gottes zu begreifen, den andern aber wird's nur in Gleichnissen gesagt, damit sie es nicht sehen, auch wenn sie es sehen, und nicht verstehen, auch wenn sie es hören.

So aber steht's nun mit diesem Gleichnis: Der Same ist das Wort Gottes. Die auf dem Weg sind die, die es hören; danach kommt der Teufel und nimmt das Wort aus ihrem Herzen, damit sie nicht glauben und gerettet werden. Die aber auf dem Fels sind die: Wenn sie es hören, nehmen sie das Wort mit Freuden an. Doch sie haben keine Wurzel; eine Zeitlang glauben sie, zur Zeit der Anfechtung aber fallen sie ab. Bei dem, was unter die Dornen gefallen ist, geht es um solche, die es zunächst hören; dann aber gehen sie hin und ersticken es unter den Sorgen, dem Reichtum und den Freuden des Lebens, so daß es keine Frucht bringt. Das aber auf dem guten Land, das sind die, die das Wort hören und in einem guten und feinen Herzen bewahren und Frucht bringen in Geduld.« (Lukas 8, 4 bis 15)

Das Gleichnis vom
Wachsen des Reiches Gottes

Mit dem Reich Gottes ist es so, wie wenn jemand Samen aufs Land wirft und schläft und aufsteht, Nacht für Nacht und Tag für Tag, und der Same geht auf und wächst – er weiß aber nicht, wie. Denn von selbst bringt die Erde Frucht, zuerst die Halme, danach die Ähren, danach den vollen Weizen in den Ähren. Wenn sie aber die Frucht gebracht hat, schickt er sogleich die Sichel hin; denn die Ernte ist da.

Womit wollen wir das Reich Gottes vergleichen, und durch was für ein Gleichnis wollen wir es verdeutlichen? Es ist wie bei einem Senfkorn: wenn das aufs Land gesät wird, so ist's das kleinste unter allen Samen auf Erden. Wenn es aber ausgesät ist, so geht es auf und wird größer als alle Kräuter und treibt große Zweige, so daß die Vögel unter dem Himmel in seinem Schatten wohnen können.

Durch viele solche Gleichnisse sagte er ihnen das Wort, so wie sie es aufzunehmen vermochten. Und ohne Gleichnisse redete er nichts zu ihnen; aber wenn sie allein waren, legte er seinen Jüngern alles aus. (Markus 4, 26 bis 34)

Das Gleichnis von der Geduld mit dem Unkraut

Das Himmelreich gleicht einem Mann, der guten Samen auf seinen Acker säte. Als aber die Leute schliefen, kam sein Feind und säte Unkraut zwischen den Weizen und machte sich davon. Als nun die Saat aufging und Frucht brachte, da war auch das Unkraut dazwischen. Da traten die Knechte zu dem Hausvater und sagten: »Herr, hast du nicht guten Samen auf deinen Acker gesät? Woher hat er denn das Unkraut?« Er anwortete ihnen: »Das hat einer getan, der uns feind ist.« Da fragten die Knechte: »Willst du denn, daß wir hingehen und es ausjäten?« Er sagte: »Nein! Sonst würdet ihr den Weizen mit ausraufen, wenn ihr das Unkraut ausjätet. Laßt beides miteinander wachsen bis zur Ernte, und um die Erntezeit will ich zu den Schnittern sagen: Sammelt zuerst das Unkraut und bindet es in Bündel, damit man es verbrennt; aber den Weizen sammelt mir in meine Scheune.« (Matthäus 13, 24 bis 30)

Das Gleichnis von dem einen, was nottut

Mit dem Himmelreich ist es wie mit einem Schatz, der im Acker verborgen war und den ein Mann fand und verbarg, und in der Freude darüber geht er hin und verkauft alles, was er hat, und kauft den Acker.

Wiederum ist es mit dem Himmelreich wie mit einem Kaufmann, der gute Perlen suchte, und als er eine kostbare Perle fand, ging er hin und verkaufte alles, was er hatte, und kaufte sie.

(Matthäus 13, 44 bis 46)

Das Gleichnis vom »ungerechten Mammon«

Ein reicher Mann hatte einen Verwalter, der wurde bei ihm beschuldigt, daß er ihm seine Güter verschleudere. Daraufhin ließ er ihn rufen und sagte zu ihm: »Was höre ich da von dir? Lege Rechenschaft über deine Haushaltung ab; denn du kannst nicht länger Verwalter sein.« Da sagte der Haushalter zu sich selbst: »Was soll ich tun? Mein Herr nimmt mir mein Haushalteramt weg, graben kann ich nicht, auch schäme ich mich zu betteln. Ich weiß, was ich tun will, damit sie mich in ihre Häuser aufnehmen, wenn ich abgesetzt werde.« Er rief dann die Schuldner seines Herrn einzeln zu sich und fragte den ersten: »Wieviel bist du meinem Herrn schuldig?« Er antwortete: »Hundert Eimer Öl.« Und er sagte zu ihm: »Nimm deinen Schuldschein, setz dich flugs hin und schreibe fünfzig.« Danach fragte er den zweiten: »Du aber, wieviel bist du schuldig?« Er antwortete: »Hundert Sack Weizen.« Er sagte zu ihm: »Nimm deinen Schuldschein und schreib achtzig.« Und der Herr lobte den unehrlichen Verwalter, weil er klug gehandelt hatte; denn die Kinder dieser Welt sind untereinander klüger als die Kinder des Lichts.[49]

So sage ich euch denn: Macht euch Freunde mit dem ungerechten Mammon, damit sie euch, wenn er euch ausgeht, aufnehmen in die ewigen Hütten. Wer im Geringsten treu ist, der ist auch im Großen treu, und wer im Geringsten ungerecht ist, der ist auch im Großen ungerecht. Wenn ihr dem ungerechten Mammon nicht treu seid, wer wird euch dann das wahre Gute anvertrauen? Und wenn ihr mit dem fremden Gut nicht treu seid, wer wird euch geben, was euch gehört? Kein Knecht kann zwei Herren dienen: entweder er wird den einen hassen und den andern lieben, oder er wird an dem einen hängen, den andern aber verachten. Ihr könnt nicht Gott dienen und dem Mammon.[50] (Lukas 16, 1 bis 13)

Das Gleichnis vom Lohn der Nachfolge

Petrus sagte zu ihm: »Siehe, wir haben alles verlassen und sind dir nachgefolgt. Was haben wir davon?« Jesus aber erwiderte ihnen:

»Wahrlich, ich sage euch: Ihr, die ihr mir nachgefolgt seid, werdet bei der (messianischen) Welterneuerung, wenn der Menschensohn auf dem Thron seiner Herrlichkeit sitzen wird, auch auf zwölf Thronen sitzen und die zwölf Stämme Israels richten. Und jeder, der Häuser oder Brüder oder Schwestern oder Vater oder Mutter oder Kinder oder Acker verläßt um meines Namens willen, der wird's hundertfach wieder empfangen, und das ewige Leben erben. Aber viele, die die Ersten sind, werden die Letzten und die Letzten werden die Ersten sein.

Denn mit dem Himmelreich ist es wie mit einem Hausherrn, der früh am Morgen ausging, um Arbeiter für seinen Weinberg anzuwerben. Als er mit den Arbeitern einen Silbergroschen als Tagelohn ausgemacht hatte, sandte er sie in seinen Weinberg. Als er dann um die dritte Stunde erneut ausging und andere auf dem Markt müßig herumstehen sah, sagte er zu ihnen: ›Geht auch ihr hin in den Weinberg; ich will euch geben, was recht ist!‹ Die machten sich daraufhin auf. Um die sechste und um die neunte Stunde ging er nochmals aus und machte es ebenso. Sogar um die elfte Stunde ging er noch einmal hinaus, fand dort wieder andere müßig herumstehen und sagte zu ihnen: ›Was steht ihr hier den ganzen Tag so herum?‹ Sie antworteten ihm: ›Es hat uns niemand eingestellt.‹ Darauf er: ›Dann geht doch auch ihr hin in den Weinberg!‹

Als nun der Abend gekommen war, sagte der Besitzer des Weinbergs zu seinem Verwalter: ›Ruf die Arbeiter zusammen und gib ihnen den Lohn. Fang bei den letzten an, danach weiter bis zu den ersten.‹

Da kamen die, die um die elfte Stunde eingestellt worden waren, und jeder empfing seinen Silbergroschen. Als aber die ersten kamen, meinten sie, sie würden mehr bekommen. Doch auch von ihnen erhielt jeder nur seinen Silbergroschen. Und als sie den empfingen, murrten sie gegen den Weinbergbesitzer und sagten: ›Diese letzten haben nur eine Stunde gearbeitet, Du aber hast sie uns gleichgestellt, die wir des Tages Last und Hitze getragen haben.‹ Er aber antwortete und sagte zu einem von ihnen: ›Mein Freund, ich tu dir nicht Unrecht. Bist du nicht mit mir einig geworden um einen Silbergroschen? So nimm denn, was dir zusteht, und geh! Ich will aber diesem letzten dasselbe geben wie dir. Oder darf ich mit dem Meinen nicht tun, was ich will? Siehst du etwa scheel drein, weil ich so gütig bin? So werden die Letzten die Ersten und die Ersten die Letzten sein.«« (Matthäus 19, 27 bis 30; 20, 1 bis 16)

Das Gleichnis vom Pharisäer und vom Zöllner

Einigen, die sich einbildeten, fromm zu sein, und auf die anderen herabsahen, erzählte er dies Gleichnis:

Zwei Männer gingen hinauf in den Tempel, um zu beten, der eine ein Pharisäer, der andere ein Zöllner. Der Pharisäer stand für sich und betete so: »Ich danke dir, Gott, daß nicht bin wie die andern Leute; Räuber, Betrüger, Ehebrecher oder auch wie dieser Zöllner. Ich faste zweimal in der Woche und gebe den Zehnten von allem, was ich einnehme.« Der Zöllner aber stand weit abseits, wollte auch seine Augen nicht zum Himmel aufheben, sondern schlug sich an die Brust und sagte: »Gott, sei mir Sünder gnädig!«

Ich sage euch: Dieser ging gerechtfertigt in sein Haus hinab, nicht aber jener. Denn wer sich selbst erhöht, der wird erniedrigt werden, und wer sich selbst erniedrigt, der wird erhöht werden.

(Lukas 18, 9 bis 14)

Das Gleichnis vom beharrlichen Gebet

Er sagte ihnen aber ein Gleichnis darüber, daß sie allezeit beten und darin nicht nachlassen sollten:

Es war einmal ein Richter in einer Stadt, der fürchtete sich nicht vor Gott und scheute sich vor keinem Menschen. Zugleich lebte eine Witwe in derselben Stadt, die kam zu ihm und sagte: »Verschaffe mir Recht gegen meinen Widersacher!« Er aber ging lange nicht darauf ein. Schließlich jedoch dachte er: Wenn ich mich schon vor Gott nicht fürchte und auch vor keinem Menschen scheue, will ich doch dieser Witwe ihr Recht verschaffen; denn sie bedrängt mich allzu-

Der Pharisäer und der Zöllner
(Lukas 18)

sehr. Sonst kommt sie womöglich noch und schlägt mir ins Gesicht. Da sagte der Herr: »Hört ja gut hin, was der ungerechte Richter sagt! Sollte Gott nicht erst recht seinen Auserwählten Recht verschaffen, die Tag und Nacht zu ihm rufen, und sollte er seine Hilfe lange hinausschieben? Ich sage euch: Er wird ihnen Recht schaffen in einem Nu!«

Wenn aber der Menschensohn kommen wird, wird er dann solchen Glauben finden auf Erden? (Lukas 18, 1 bis 8)

Das Gleichnis von den Kosten der Nachfolge

Als viele Leute mit ihm gingen, wandte er sich um und sagte: Wenn jemand zu mir kommt und haßt nicht Vater und Mutter, Frau und Kinder, Brüder und Schwestern, und dazu sein eigenes Leben, dann kann er nicht mein Jünger sein. Und wer nicht sein Kreuz trägt und mir nachfolgt, der kann nicht mein Jünger sein. Denn wen gäbe es wohl unter euch, der einen Turm bauen will, sich aber vorher nicht hinsetzt und die Kosten überschlägt, ob er auch genug hat, um es auszuführen? Sonst könnten alle, die es mit ansehen, wie er den Grund gelegt hat und dann nicht weiter kann, über ihn spotten und sagen: Dieser Mann hat angefangen zu bauen und ist unfähig, es auszuführen.

Oder welcher König wird sich auf einen Krieg gegen einen anderen König einlassen, ohne vorher Rat abzuhalten, ob er mit Zehntausend dem entgegentreten kann, der mit Zwanzigtausend über ihn kommt? Wenn diese Rechnung nicht aufgeht, schickt er eine Botschaft, solange jener noch fern ist, und bittet um Frieden.

Also steht es auch mit jeglichem unter euch: Wer nicht absagt allem, was er hat [wer sich also den Kosten der Nachfolge versagt], kann nicht mein Jünger sein. (Lukas 14, 25 bis 33)

Das Gleichnis vom Schalksknecht

Petrus trat zu ihm und fragte ihn: »Herr, wie oft muß ich denn meinem Bruder, der an mir sündigt, vergeben? Ist's genug siebenmal?«

Jesus erwiderte ihm: »Ich sage dir: nicht siebenmal, sondern siebzigmal siebenmal. Darum gleicht das Himmelreich einem Könige, der mit seinen Knechten abrechnen wollte. Als er damit anfing, wurde einer vor ihn gebracht, der schuldete ihm zehntausend Zentner Silber. Da er's nun nicht bezahlen konnte, befahl der Herr, ihn und seine Frau und seine Kinder und alles, was er hatte, zu verkaufen und damit zu bezahlen. Da fiel ihm der Knecht zu Füßen und flehte ihn an: ›Hab Geduld mit mir; ich will dir's alles bezahlen.‹ Da hatte der Herr Erbarmen mit diesem Knecht und ließ ihn frei, und die Schuld erließ er ihm auch. Alsbald ging eben dieser Knecht hinaus und traf einen seiner Mitknechte, der ihm (nur) hundert Silbergroschen schuldig war: Daraufhin packte und würgte er ihn und rief: ›Gib her alles, was du mir schuldig bist!‹ Da fiel sein Mitknecht nieder und bat ihn: ›Hab Geduld mit mir, ich will dir's bezahlen.‹ Er aber weigerte sich, wandte sich von ihm ab und ließ ihn ins Gefängnis werfen, bis er seine Schulden bezahlt hatte. Als aber seine Mitknechte das sahen, wurden sie sehr betrübt. Sie kamen und erzählten ihrem Herrn alles, was sich begeben hatte. Da forderte ihn sein Herr vor sich und sagte zu ihm: ›Du närrischer Knecht! Dir habe ich deine ganze Schuld erlassen, als du mich darum anflehtest. Solltest nun nicht auch du dich über deinen Mitknecht erbarmen, wie ich mich über dich erbarmt habe?‹ Und sein Herr ward zornig und übergab ihn den Folterknechten, bis er alles bezahlt hätte, was er ihm schuldig war. So wird auch mein himmlischer Vater an euch handeln, wenn ihr einander nicht von Herzen vergebt, ein jeder seinem Bruder.« (Matthäus 18, 21 bis 35)

Das Gleichnis vom barmherzigen Samariter

Siehe, da stand ein Schriftgelehrter auf, versuchte ihn und stellte ihm die (Fang-)Frage:

»Meister, was muß ich tun, daß ich das ewige Leben ererbe?«

Er aber sagte zu ihm: »Was steht im Gesetz geschrieben? Was liest du da?«

Er antwortete: »Du sollst den Herrn, deinen Gott, lieben mit

Der barmherzige Samariter
(Lukas 10)

ganzem Herzen, von ganzer Seele, mit allen Kräften und von ganzem Gemüte und deinen Nächsten wie dich selbst.«

Er aber sagte zu ihm: »Du hast recht geantwortet; tu das, so wirst du leben.«

Er aber wollte sich selbst rechtfertigen und sagte zu Jesus: »Wer ist denn mein Nächster?«

Da erwiderte Jesus: »Ein Mann ging von Jerusalem hinab nach Jericho und fiel unter die Räuber. Die zogen ihn aus, schlugen ihn, machten sich dann davon und ließen ihn halbtot liegen. Es begab sich aber von ungefähr, daß ein Priester diese Straße hinabzog, und als er ihn sah, machte er einen Bogen um ihn und ging vorüber. Ebenso kam auch ein Levit zu der Stelle, und als er ihn sah, machte er es ebenso. Ein Samariter jedoch, der auf Reisen war, kam ebenfalls dahin. Sobald er ihn erblickte, ergriff ihn Erbarmen. Er ging zu ihm hin, goß Öl und Wein auf seine Wunden und verband sie ihm. Dann hob er ihn auf sein Tier, brachte ihn in eine Herberge und pflegte ihn. Am nächsten Tag zog er zwei Silbergroschen heraus, gab sie dem Wirt und sagte: ›Pflege ihn, und wenn du etwas mehr ausgibst, will ich dir's bezahlen, wenn ich wieder vorbeikomme.‹

Wer von diesen dreien, meinst du, ist dem zum Nächsten geworden, der unter die Räuber gefallen war?« Er antwortete: »Der die Barmherzigkeit an ihm getan hat.« Da sagte Jesus zu ihm: »Gehe hin und tue desgleichen!« (Lukas 10, 25 bis 37)

Das Gleichnis von der königlichen Hochzeit

Jesus fuhr fort, in Gleichnissen mit ihnen zu reden:

Mit dem Himmelreich ist es wie mit einem König, der für seinen Sohn die Hochzeit ausrichtete. Er sandte seine Knechte aus, um die Geladenen zur Hochzeit zu bitten, doch sie wollten nicht kommen. Abermals sandte er wieder andere Knechte aus und sprach: »Sagt den Gästen: ›Siehe, meine Mahlzeit habe ich bereitet, meine Ochsen und mein Mastvieh sind geschlachtet, und alles ist bereit; kommt zur Hochzeit!‹« Sie aber verachteten das und gingen weg, einer auf seinen Acker, der andere an sein Geschäft. Wieder andere aber ergriffen sogar seine Knechte, verhöhnten und töteten sie. Da wurde der König zornig, schickte seine Heere aus, brachte diese Mörder um und brannte ihre Stadt nieder.

Dann sprach er zu seinen Knechten: »Die Hochzeit ist zwar bereit, aber die Gäste waren's nicht wert. Darum geht hinaus auf die Straßen und ladet zur Hochzeit ein, wen ihr findet.« Und die Knechte schwärmten aus auf die Straßen und holten zusammen, wen immer sie trafen, Böse und Gute – und die Tische wurden alle voll.

Da ging der König hinein, um sich die Gäste anzusehen. Dabei fiel sein Blick auf einen Mann, der hatte kein hochzeitlich Kleid an. Den fragte er: »Freund, wie bist du hier hereingekommen und hast doch kein Feierkleid an?« Er aber brachte kein Wort heraus. Da befahl der König seinen Dienern: »Bindet ihm Hände und Füße und werft ihn in die Finsternis hinaus! Da wird Heulen und Zähneklappern sein. Denn viele sind berufen, aber nur wenige sind auserwählt.« (Matthäus 22, 1 bis 14)

Das Gleichnis von den klugen und den törichten Jungfrauen

Mit dem Himmelreich wird es sein wie mit zehn Brautjungfern, die ihre Lampen nahmen und gingen hinaus, dem Bräutigam entgegen. Fünf von ihnen waren töricht, fünf aber klug. Die törichten nahmen zwar ihre Lampen, doch nahmen sie kein Öl mit. Die klugen aber nahmen Öl in ihren Gefäßen mit, samt ihren Lampen. Als nun der Bräutigam lange ausblieb, wurden sie alle schläfrig und schliefen ein. Um Mitternacht aber erhob sich ein lautes Geschrei: »Siehe, der Bräutigam ist da! Geht ihm entgegen!« Da standen die Brautjungfern alle auf und richteten ihre Lampen zu. Die törichten aber baten die klugen: »Gebt uns etwas von eurem Öl, denn unsre Lampen verlöschen!« Da antworteten die klugen: »Nein, sonst würde es für uns beide – für uns und euch – nicht reichen. Geht aber zu den Krämern und kauft euch selbst Öl.« Als sie nun hingingen, um zu kaufen, kam

Das Gleichnis
von der königlichen Hochzeit
(Matthäus 22)

der Bräutigam. Die aber, die bereit waren, gingen mit ihm hinein zur Hochzeit, und die Tür wurde zugeschlossen. Später kamen auch die anderen und riefen: »Herr, Herr, mach uns auf!« Er aber antwortete: »Wahrlich, ich sage euch: Ich kenne euch nicht.« Darum seid wachsam; denn ihr wißt weder Tag noch Stunde.

(Matthäus 25, 1 bis 13)

Das Gleichnis von den anvertrauten Pfunden

Es ist wie mit einem Manne, der außer Landes ging: Er rief seine Knechte zusammen und übergab ihnen sein Vermögen. Dem einen gab er fünf Zentner Silber, dem anderen zwei, dem dritten einen, jedem nach dem, was er seinem Können zutraute. Danach zog er fort. Sogleich machte sich der, dem die fünf Zentner anvertraut waren, daran, mit ihnen zu handeln, und gewann weitere fünf dazu. Ebenso gewann der, der die zwei Zentner empfangen hatte, zwei weitere dazu. Der aber den einen empfangen hatte, ging hin, grub ein Loch in die Erde und verbarg das Geld seines Herrn darin.

Nach langer Zeit kam der Herr dieser Knechte zurück und forderte Rechenschaft von ihnen. Da trat der heran, der fünf Zentner empfangen hatte, legte weitere fünf Zentner dazu und sagte: »Herr, du hast mir fünf Zentner übergeben; sieh da, ich habe damit weitere fünf Zentner gewonnen.« Da sagte sein Herr zu ihm. »Ei, du guter und getreuer Knecht, du bist über wenigem treu gewesen, so will ich dich nun über viel setzen. Geh hinein zu deines Herrn Freude!«

Da trat auch der heran, der zwei Zentner empfangen hatte, und sagte: »Herr, du hast mir zwei Zentner übergeben; siehe da, ich habe damit zwei weitere gewonnen.« Sein Herr sagte zu ihm: »Ei, du guter und getreuer Knecht, du bist bei wenigem treu gewesen, ich will dich über viel setzen; gehe (auch du) ein zu deines Herrn Freude!«

Schließlich trat auch der herzu, der einen Zentner empfangen hatte, und sagte: »Herr, ich wußte, daß du ein harter Mann bist; du erntest, wo du nicht gesät hast, und sammelst ein, wo du nicht ausgestreut hast. So fürchtete ich mich, ging hin und vergrub deinen Zentner in der Erde. Siehe, da hast du (zurück), was dir gehört.«

Da lief er voraus
und stieg auf einen Maulbeerbaum,
um ihn zu sehen.
(Lukas 19, 4)

Sein Herr aber antwortete ihm: »Du böser und fauler Knecht! Wußtest du wirklich, daß ich ernte, wo ich nicht gesät habe, und einsammle, wo ich nicht ausgestreut habe? Dann hättest du mein Geld (wenigstens) zu den Wechslern bringen sollen. Dann hätte ich das, was mir gehört, mit Zinsen zurückerhalten. Darum nehmt ihm den Zentner ab und gebt ihn dem, der zehn Zentner hat. Denn wer da hat, dem wird dazu gegeben werden, so daß er die Fülle hat; wer aber nicht hat, dem wird auch das (noch) genommen werden, was er hat. Den nichtsnutzigen Knecht aber werft in die Finsternis hinaus; da wird sein Heulen und Zähneklappern.« (Matthäus 25, 14 bis 30)

Jesus selbst über das Wesen seiner Gleichnisse

Die Jünger traten zu ihm und fragten ihn: »Warum redest du in Gleichnissen zu ihnen?« Er antwortete ihnen: »Euch ist's gegeben, die Geheimnisse des Himmelreichs zu verstehen, diesen aber ist's nicht gegeben. Denn wer da hat, dem wird noch dazu gegeben werden, so daß er die Fülle habe; wer aber nicht hat, dem wird auch das genommen werden, was er hat. Darum rede ich zu ihnen in Gleichnissen. Denn mit sehenden Augen sehen sie nicht und mit hörenden Ohren hören sie nicht; sie verstehen es überhaupt nicht.

An ihnen wird die Weissagung Jesajas erfüllt, die da sagt: ›Mit den Ohren werdet ihr hören und werdet es nicht verstehen, und mit sehenden Augen werdet ihr sehen und werdet es doch nicht bemerken. Denn das Herz dieses Volkes ist verstockt: Ihre Ohren sind schwerhörig, und ihre Augen halten sie zu, damit sie mit den Augen nur ja nicht sehen, mit ihren Ohren nicht hören und mit dem Herzen nichts verstehen, so daß sie um ihre Bekehrung herumkämen und ich (allein) sie heilen müßte.‹ Aber selig sind eure Augen, daß sie sehen, und eure Ohren, daß sie hören. Wahrlich, ich sage euch: Viele Propheten und Gerechte haben ersehnt, das zu sehen, was ihr seht, und haben's nicht gesehen, und das zu hören, was ihr hört, und haben's nicht gehört.«[51] (Matthäus 13, 10 bis 17)

DIALOGE JESU

Bist du der Christus?

Als Johannes im Gefängnis von den Werken Christi hörte, sandte er seine Jünger und ließ ihn fragen: »Bist du es, der da kommen soll, oder sollen wir auf einen andern warten?« Da gab Jesus ihnen zur Antwort: »Geht hin und sagt Johannes wieder, was ihr hört und seht: Blinde sehen und Lahme gehen, Aussätzige werden rein und Taube hören, Tote stehen auf, und Armen wird das Evangelium gepredigt, und selig ist, wer sich nicht an mir ärgert.« (Matthäus 11, 2 bis 6)

Das Petrus-Bekenntnis

Als Jesus in die Gegend von Cäsarea Philippi kam, fragte er seine Jünger: »Was sagen die Leute vom Menschensohn? Wer bin ich für sie?« Sie antworteten: »Einige sagen, du seiest Johannes der Täufer, andere, du seiest Elia, wieder andere meinen, du seiest Jeremia oder der Propheten einer.«

Da fragte er sie: »Und ihr? Für wen haltet ihr mich?« Da antwortete Simon Petrus: »Du bist Christus, der Sohn des lebendigen Gottes!«

Jesus anwortete ihm: »Selig bist du, Simon, Jonas Sohn; denn Fleisch und Blut haben dir das nicht offenbart, sondern mein Vater im Himmel. Und ich sage dir: Du bist Petrus, und auf diesen Felsen will ich bauen meine Gemeinde, und die Pforten der Hölle sollen sie nicht überwältigen. Ich will dir des Himmelreichs Schlüssel geben: Alles, was du auf Erden binden wirst, soll auch im Himmel gebunden sein, und alles, was du auf Erden lösen wirst, soll auch im Himmel gelöst sein.« Dann gebot er seinen Jüngern streng, niemand zu sagen, daß er der Christus sei.

Seit dieser Zeit fing Jesus Christus an, seinen Jüngern zu zeigen, wie er nach Jerusalem gehen, dort von den Ältesten, Hohenpriestern und Schriftgelehrten viel erleiden und getötet werden müsse und am dritten Tage auferstehen werde. Da nahm Petrus ihn beiseite und fuhr ihn an: »Gott bewahre dich, Herr! Das widerfahre dir nur nicht!« Er aber wandte sich um und sagte zu Petrus: »Hebe dich, Satan, von mir! Du bist mir ein Ärgernis! Denn du sinnst nicht auf das, was göttlich, sondern was menschlich ist.«

Da sprach Jesus zu seinen Jüngern: »Wer mir nachfolgen will, der verleugne sich selbst und nehme sein Kreuz auf sich und folge mir. Denn wer sein Leben erhalten will, der wird's verlieren; wer aber sein Leben um meinetwillen verliert, der wird's finden. Was hülfe es wohl dem Menschen, wenn er die ganze Welt gewönne, dabei aber sein Leben verlöre? Oder wer brächte den Preis auf, um sein Leben neu zu erwerben?« (Matthäus 16, 13 bis 26)

Noch ein Zeugnis des Petrus

Von da an wandten sich viele seiner Jünger ab und gingen hinfort nicht mehr mit ihm. Da fragte Jesus die Zwölf: »Wollt ihr auch weggehen?« Da antwortete ihm Simon Petrus: »Herr, zu wem sollten wir gehen? Du hast Worte des ewigen Lebens, und wir haben geglaubt und erkannt, daß du der Heilige Gottes bist.« Jesus antwortete ihnen: »Habe ich nicht euch Zwölf erwählt? Einer aber von euch ist ein Teufel.« Damit meinte er Judas, den Sohn des Simon Ischariot. Der verriet ihn hernach und war einer der Zwölf. (Johannes 6, 66 bis 71)

Jesus und die Samariterin am Brunnen

Auf dem Weg nach Galiläa mußte Jesus durch Samarien reisen und kam dabei in die Stadt Sychar, nahe bei dem Feld, das Jakob seinem Sohn Joseph gegeben hatte. Dort war der »Jakobs-Brunnen«. Da nun Jesus müde war von der Reise, setzte er sich am Brunnen nieder. Es war um die sechste Stunde.

Da kommt eine Frau aus Samarien, um Wasser zu schöpfen, Jesus spricht zu ihr: »Gib mir zu trinken!« Denn seine Jünger waren in die Stadt gegangen, um Essen zu kaufen. Da sagte die samaritanische Frau zu ihm: »Wie kannst du mich um etwas zu trinken bitten, obwohl du ein Jude bist und ich eine Samariterin?« Die Juden

»Wer mir nachfolgen will,
der verleugne sich selbst ... und folge mir.«
(Matthäus 16, 24)

haben nämlich keine Gemeinschaft mit den Samaritern. Jesus antwortete ihr: »Wüßtest du um die Gabe Gottes und wer der ist, der zu dir gesagt hat: Gib mir zu trinken, dann würdest du ihn bitten, und er gäbe dir lebendiges Wasser.« Spricht die Frau zu ihm: »Herr, du hast doch nichts, womit du schöpfen könntest, und der Brunnen ist tief. Woher hast du denn lebendiges Wasser? Bist du etwa mehr als unser Vater Jakob, der uns diesen Brunnen gegeben hat? Der hat daraus getrunken und seine Kinder und sein Vieh.« Jesus antwortete ihr: »Wer von diesem Wasser trinkt, den wird weiterhin dürsten; wer aber von dem Wasser trinken wird, das ich ihm gebe, der wird in Ewigkeit keinen Durst mehr haben. Sondern das Wasser, das ich ihm geben werde, wird in ihm eine Quelle werden, die bis ins ewige Leben quillt.«

Da sagt die Frau zu ihm: »Herr, gib mir solches Wasser, damit ich nicht mehr durstig werde und herkommen muß, um zu schöpfen.« Darauf Jesus: »Geh und ruf deinen Mann und komm wieder her!« Sie antwortete: »Ich habe gar keinen Mann.« Jesus: »Du hast richtig geantwortet: Ich habe keinen Mann. Fünf Männer hast du gehabt, und der, den du jetzt hast, ist nicht dein Mann; da hast du recht.«

Die Frau erwiderte ihm: »Herr, ich sehe, daß du ein Prophet bist. Unsere Väter haben auf diesem Berge angebetet, und ihr sagt, in Jerusalem sei die Stätte, wo man anbeten soll.« Jesus spricht zu ihr: »Glaube mir, es kommt die Zeit, in der ihr weder auf diesem Berge noch in Jerusalem den Vater anbeten werdet... Gott ist Geist, und die ihn anbeten, die müssen ihn im Geist und in der Wahrheit anbeten.« Spricht die Frau zu ihm: »Ich weiß, daß der Messias kommt, der Christus genannt wird. Wenn der kommt, wird er uns alles verkündigen.« Darauf Jesus: »Ich bin's, der mit dir redet.«

Unterdessen kamen seine Jünger, und sie wunderten sich, daß er mit einer Frau redete, doch sagte niemand: Was fragst du oder was redest du mit ihr? Da ließ die Frau ihren Krug stehen, ging in die Stadt und sagte zu den Leuten: »Kommt, da ist jemand, der mir alles gesagt hat, was ich getan habe, und seht, ob er nicht Christus sei!« Da gingen sie aus der Stadt heraus und kamen zu ihm.

(Johannes 4, 5 bis 21; 24 bis3

Ein Mensch auf der Suche nach Jesu Geheimnis

Er kam nach Jericho und wollte durch die Stadt hindurchziehen. Und siehe, da war ein Mann mit Namen Zachäus, der war Oberzöllner, ein reicher Mann. Der wollte gern sehen, wer Jesus wäre, konnte es aber nicht wegen der Menge; denn er war klein von Gestalt. Da lief er voraus und stieg auf einen Maulbeerbaum, um ihn zu sehen; denn dort sollte er vorbeikommen. Und als Jesus an die Stelle kam, sah er auf und sagte zu ihm: »Zachäus, steig eilend hernieder; denn ich muß heute in deinem Haus einkehren.« Er machte dann, daß er schnell herunter kam, und nahm ihn mit Freuden auf. Als die Leute das sahen, empörten sie sich alle und sagten: »Bei einem Sünder ist er eingekehrt.« Zachäus aber trat vor den Herrn hin und sagte: »Siehe, Herr, die Hälfte von meinem Besitze gebe ich den Armen, und wenn ich jemandem etwas abgepreßt habe, gebe ich es vierfach zurück.«

Jesus aber sprach zu ihm: »Heute ist diesem Haus Heil widerfahren, zumal auch er Abrahams Sohn ist. Denn der Menschensohn ist gekommen zu suchen und zu retten, was verloren ist.«

(Lukas 19, 1 bis 10)

Wie der Glaube beginnt

Es folgte ihm eine große Menge, und man umdrängte ihn. Da war eine Frau, die litt seit zwölf Jahren an Blutungen, hatte von vielen Ärzten viel erlitten und all ihr Hab und Gut dafür aufgewandt; doch hatte ihr nichts geholfen, es war nur noch ärger mit ihr geworden. Als die nun von Jesus hörte, trat sie inmitten der Menge von hinten an ihn heran und berührte sein Gewand. Denn sie sagte sich: ›Wenn ich nur seine Kleider berühren könnte, so würde ich gesund.‹ Und alsbald versiegte die Quelle ihres Blutes, und sie fühlte an ihrem Leibe, daß sie von ihrer Plage geheilt war. Zugleich aber spürte Jesus an sich selbst, daß eine Kraft von ihm ausgegangen war. Er wandte sich um in der Menge und fragte: »Wer hat da meine Kleider berührt?« Seine Jünger aber sagten zu ihm: »Du siehst doch, daß dich das Volk umdrängt, und da fragst du: ›Wer hat mich angerührt?‹« Da sah er sich nach der um, die das getan hatte. Die Frau aber fürchtete sich und zitterte, denn sie wußte, was an ihr geschehen war, kam und fiel vor ihm nieder und sagte ihm die ganze Wahrheit. Er aber sprach zu ihr: »Meine Tochter, dein Glaube hat dich geheilt, geh hin mit Frieden und sei gesund von deiner Plage!« (Markus 5, 24b bis 34)

Wie es zu Krisen des Glaubens kommt

Jesus trieb seine Jünger an, ins Boot zu steigen und vor ihm hinüberzufahren, bis er das Volk entlassen hätte. Als er aber das Volk entlassen hatte, stieg er allein auf einen Berg, um zu beten. Am Abend war er dort allein. Das Boot war weit vom Land entfernt, und die Wellen machten ihm Not; denn der Wind war ihnen zuwider. In der vierten Nachtwache aber kam Jesus zu ihnen und ging auf dem See. Als die Jünger ihn so über den See wandeln sahen, erschraken sie und riefen: »Es ist ein Gespenst!« und schrien vor Furcht. Aber Jesus redete mit ihnen und sprach: Seid getrost, ich bin's; fürchtet euch nicht!«

Petrus aber antwortete ihm: »Herr, bist du es, so laß mich über das Wasser zu dir kommen.« Und er sagte: »Komm her!« Da stieg Petrus aus dem Boot und ging über das Wasser und kam auf Jesus zu. Als er aber den gewaltigen Wind sah, erschrak er, begann zu sinken und schrie: »Herr, hilf mir!« Jesus aber streckte sogleich die Hand aus, ergriff ihn und sagte zu ihm: »Du Kleingläubiger, warum hast du gezweifelt?« Und sie traten in das Boot, und der Wind legte sich. Die aber im Boot waren, fielen vor ihm nieder und sprachen: »Du bist wahrhaftig Gottes Sohn!« (Matthäus 14, 22 bis 33)

Jesus rühmt den Glauben zweier »Heiden«

Als aber Jesus nach Kapernaum hineinging, trat ein Hauptmann zu ihm; der bat ihn: »Herr, mein Diener liegt zu Haus und ist gelähmt und leidet große Qualen.« Jesus sagte zu ihm: »Ich will kommen und ihn gesund machen.«

Der sinkende Petrus
(Matthäus 14)

Der Hauptmann antwortete: »Herr, ich bin nicht wert, daß du unter mein Dach gehst, sondern sprich nur ein Wort, so wird mein Diener gesund. Denn auch ich bin ein Mensch, der Vorgesetzte über sich und Soldaten unter sich hat. Und wenn ich zu einem sage: ›Geh hin!‹, so geht er, und zu einem anderen: ›Komm her!‹, so kommt er, und zu meinem Knecht: ›Tu das!‹, so tut er's.«

Als das Jesus hörte, wunderte er sich und sagte zu denen, die ihm folgten: »Wahrlich, ich sage euch: Solchen Glauben habe ich in Israel bei keinem gefunden. Aber ich sage euch: Viele werden kommen vom Osten und vom Westen und mit Abraham und Isaak und Jakob im Himmelreich zu Tisch sitzen; aber die Kinder des Reichs werden in die Finsternis hinausgestoßen, da wird Heulen und Zähneklappern sein.«

Zu dem Hauptmann sagte Jesus: »Geh hin, dir geschehe, wie du geglaubt hast.« Und sein Diener ward gesund zu derselben Stunde. (Matthäus 8, 5 bis 13)

Jesus entwich in die Gegend von Tyrus und Sidon. Und siehe, eine kanaanäische Frau kam aus diesem Gebiet und schrie hinter ihm her: »Ach Herr, du Sohn Davids, erbarme dich mein! Meine Tochter wird von dunklen Mächten schrecklich geplagt.« Er aber antwortete ihr kein Wort. Da traten seine Jünger zu ihm und drangen in ihn: »Tu ihr doch Genüge; sonst schreit sie hinter uns her!« Er aber antwortete: »Ich bin nur zu den verlorenen Schafen aus dem Hause Israel gesandt.«

Sie aber kam und fiel vor ihm nieder und bat: »Herr, hilf mir!« – Doch er erwiderte: »Es ist nicht recht, den Kindern das Brot wegzunehmen und es den Hunden vorzuwerfen.« Sie sagte: »Ja, Herr; aber doch fressen die Hündlein von den Brosamen, die vom Tisch ihrer Herren fallen.«

Da antwortete ihr Jesus: »O Weib, dein Glaube ist groß. Dir geschehe, wie du willst.« Und ihre Tochter ward gesund zu derselben Stunde. (Matthäus 15, 21 bis 28)

Jesus und die Kanaanäerin
(Matthäus 15)

Befreiung von der Skepsis

Thomas mit dem Beinamen Zwilling, einer der Zwölf, war nicht bei ihnen gewesen, als Jesus (nach seiner Auferweckung) kam. Da sagten die andern Jünger zu ihm: »Wir haben den Herrn gesehen.« Er aber sagte zu ihnen: »Es sei denn, daß ich in seinen Händen die Nägelmale sehe und meine Finger hineinlege, dazu noch meine Hand in seine Seitenwunde, sonst werde ich's nicht glauben.«

Nach acht Tagen waren seine Jünger wieder drinnen versammelt, und Thomas war (diesmal) bei ihnen. Da kam Jesus und trat mitten unter sie, obwohl die Türen verschlossen waren, und sprach: »Friede sei mit Euch!«

Danach sagte er zu Thomas: »Lege deinen Finger hierher und sieh meine Hände an und gib deine Hand her und lege sie in meine Seite und sei nicht ungläubig, sondern gläubig!« Thomas sprach zu ihm: »Mein Herr und mein Gott!« Da sagte Jesus zu ihm: »Weil du mich gesehen hast, Thomas, darum glaubst du. Selig sind, die nicht sehen und doch glauben!« (Johannes 20, 24 bis 29)

Maria und Martha

Es begab sich aber, da sie wandelten, ging er in einen Markt. Da war ein Weib mit Namen Martha, die nahm ihn auf in ihr Haus.

Und sie hatte eine Schwester, die hieß Maria; die setzte sich zu Jesu Füßen und hörte seiner Rede zu. Martha aber machte sich viel zu schaffen, ihm zu dienen.

Und sie trat hinzu und sprach: »Herr, fragest du nicht danach, daß mich meine Schwester läßt allein dienen? Sage ihr doch, daß sie es auch angreife!«

Jesus aber antwortete und sprach zu ihr: »Martha, Martha, du hast viel Sorge und Mühe; eins aber ist not. Maria hat das gute Teil erwählet; das soll nicht von ihr genommen werden.«

(Lukas 10, 38 bis 42)

Was Gott mit dem Sinn des Lebens zu tun hat

Als er sich auf den Weg machte, lief einer herbei, kniete vor ihm nieder und fragte ihn: »Guter Meister, was soll ich tun, damit ich das ewige Leben ererbe?« Jesus erwiderte ihm: »Was nennst du mich gut? Niemand ist gut als Gott allein. Du kennst doch die Gebote: ›Du sollst nicht töten; du sollst nicht ehebrechen; du sollst nicht stehlen; du sollst nicht falsch Zeugnis ablegen; du sollst niemand berauben; ehre deinen Vater und deine Mutter!‹«

Er aber sagte zu ihm: »Meister, das alles habe ich gehalten von meiner Jugend an.« Da sah Jesus ihn an, gewann ihn lieb und sagte zu ihm: »Eins fehlt dir noch: Geh hin, verkaufe alles, was du hast, und gib's den Armen, so wirst du einen Schatz im Himmel haben. Und dann komm und folge mir nach!« Bei diesem Wort aber verfinsterte sich sein Blick, und er ging betrübt von dannen, denn er war ein Mann mit großem Besitz.

Jesus sah um sich und sagte zu seinen Jüngern: »Wie schwer werden die Reichen in das Reich Gottes kommen!« Die Jünger aber waren von seinen Worten bestürzt. Jesus fuhr fort: »Liebe Kinder, wie schwer ist's, ins Reich Gottes zu kommen! Es ist leichter, daß ein Kamel durch ein Nadelöhr geht, als daß ein Reicher ins Reich Gottes kommt.« Sie entsetzten sich aber noch viel mehr und sagten zueinander: »Wer kann denn überhaupt gerettet werden?« Jesus aber sah sie an und sagte: »Bei den Menschen ist's unmöglich, aber nicht bei Gott; denn alles ist möglich bei Gott.« (Markus 10, 17 bis 27)

Und sie kamen gen Jerusalem. Und Jesus ging in den Tempel, fing an und trieb die Verkäufer und Käufer aus dem Tempel; und die Tische der Wechsler und die Stühle der Taubenkrämer stieß er um und ließ nicht zu, daß jemand etwas durch den Tempel trüge.

Und er lehrte und sprach zu ihnen: »Steht nicht geschrieben: ›Mein Haus soll heißen ein Bethaus allen Völkern‹? Ihr aber habt eine Mördergrube daraus gemacht.« (Markus 11, 15 bis 18)

Jesus reinigt den Tempel.
(Markus 11)

Wie gehören Gott und Politik zusammen?

Man belauerte ihn und sandte Aufpasser aus, die sich stellen sollten, als wären sie fromm; die sollten ihn in der Rede fangen, um ihn der Obrigkeit und der Amtsgewalt des Statthalters ausliefern zu können. So fragten sie ihn denn: »Meister, wir wissen, daß du aufrichtig redest und lehrst und nicht auf das Ansehen der Menschen achtest, sondern den Weg Gottes in aller Wahrheit lehrst. So fragen wir dich: Ist's recht, daß wir dem Kaiser Steuern zahlen, oder nicht?« Er aber merkte ihre Hinterlist und antwortete ihnen: »Zeigt mir einen Silbergroschen! Wessen Bild und Aufschrift trägt er?« Sie antworteten: »Des Kaisers«. Darauf er: »Dann gebet dem Kaiser, was dem Kaiser zukommt, und Gott, was Gott gebühret!« So konnten sie ihn, zumal vor dem Volk, auf keines seiner Worte festnageln. Sie wunderten sich vielmehr über seine Antwort und hielten den Mund.

(Lukas 20, 20 bis 26)

Nicht »warum«, sondern »wozu« sollte unsere Frage sein

Im Vorübergehen sah Jesus einen Mann, der von Geburt an blind war. Und seine Jünger fragten ihn: »Meister, wer hat gesündigt, dieser oder seine Eltern, so daß er blind geboren ist?« Jesus antwortete: »Weder dieser noch seine Eltern haben gesündigt. Nein, er ist blind geboren, damit die Werke Gottes an ihm offenkundig werden sollen.«

(Johannes 9, 1 bis 3)

Wie kann ein Mensch sich radikal ändern?

Es gab da einen Menschen unter den Pharisäern mit Namen Nikodemus, ein Mitglied des Hohen Rats der Juden. Der kam in der Nacht zu Jesus und sprach zu ihm:

»Meister, wir wissen, daß du ein Lehrer bist, von Gott gekommen; denn niemand kann die Zeichen tun, die du tust, es sei denn, daß Gott mit ihm ist.«

Jesus und Nikodemus
(Johannes 3)

Jesus antwortete ihm: »Wahrlich, wahrlich, ich sage dir: Wenn jemand nicht von neuem geboren wird, kann er das Reich Gottes nicht sehen.«

Danach Nikodemus: »Wie kann denn ein Mensch noch einmal geboren werden, wenn er alt ist? Kann er denn wieder in seiner Mutter Leib zurückgehen und sich neu zur Welt bringen lassen?« Jesus antwortete: »Wahrlich, wahrlich, ich sage dir: Es sei denn, daß jemand geboren werde aus Wasser und Geist, so kann er nicht in das Reich Gottes kommen. Was vom Fleisch geboren ist, das ist Fleisch, und was vom Geist geboren ist, das ist Geist. Laß es dich also nicht verwundern, daß ich dir gesagt habe: Ihr müßt neu und von oben geboren werden. Der Wind weht, wo er will, und du hörst sein Sausen wohl; aber du weißt nicht, woher er kommt und wohin er fährt. So ist es bei jedem, der aus dem Geist geboren ist.«

Nikodemus erwiderte ihm und fragte: »Wie kann so etwas geschehen?«

Jesus antwortete: »Du bist ein Lehrer Israels und begreifst das nicht? Wahrlich, wahrlich, ich sage dir: Wir sagen, was wir wissen, und bezeugen, was wir gesehen haben. Ihr aber nehmt unser Zeugnis nicht an. Wenn ich zu euch von irdischen Dingen gesprochen habe und ihr nicht glaubt, wie werdet ihr dann erst glauben können, wenn ich von himmlischen Dingen zu euch spreche? Niemand ist in den Himmel hinaufgestiegen außer dem, der vom Himmel herabgekommen ist: nämlich der Menschensohn. Und wie Mose in der Wüste die Schlange erhöht hat (4. Mose 21, 8f.), so muß der Menschensohn erhöht werden, damit alle, die an ihn glauben, das ewige Leben haben. Denn so sehr hat Gott die Welt geliebt, daß er seinen eingeborenen Sohn dahingab, damit alle, die an ihn glauben, nicht verloren werden, sondern das ewige Leben haben. Denn Gott hat seinen Sohn nicht in die Welt gesandt, um die Welt zu richten, sondern damit die Welt durch ihn gerettet werde. Wer an ihn glaubt, der wird nicht gerichtet. Wer aber nicht glaubt, der ist schon gerichtet; denn er glaubt nicht an den Namen des eingeborenen Sohnes Gottes. Das ist aber das Gericht: daß das Licht in die Welt gekommen ist, und die Menschen liebten die Finsternis mehr als das Licht; denn ihre

Werke waren böse. Wer Böses tut, der haßt das Licht und hütet sich vor ihm, damit seine Werke nicht aufgedeckt werden. Wer aber die Wahrheit tut, der kommt zu dem Licht, damit offenbar wird, daß seine Werke in Gott getan sind.« (Johannes 3, 1 bis 21)

Das jetzige und das zukünftige Leben

An jenem Tag traten die Sadduzäer zu ihm, die lehren, es gebe keine Auferstehung, und fragten ihn: »Meister, Mose hat gesagt ›Wenn einer stirbt und keine Kinder hat, so soll sein Bruder die Witwe heiraten und seinem Bruder Nachkommen verschaffen‹. Nun waren bei uns sieben Brüder. Der erste heiratete und starb, und weil er keine Nachkommen hatte, hinterließ er seine Frau seinem Bruder; ebenso der zweite und der dritte bis zum siebten. Zuletzt nach ihnen allen starb die Frau. Nun in der Auferstehung: wessen Frau unter diesen sieben wird sie dann sein? Schließlich haben sie sie ja alle gehabt.«

Jesus aber antwortete ihnen: »Ihr irrt, weil ihr weder die Schrift kennt noch die Macht Gottes: In der Auferstehung werden sie weder heiraten noch geheiratet werden, sondern sie sind wie Engel im Himmel. Was aber die Auferstehung der Toten angeht – habt ihr nicht gelesen, was euch von Gott gesagt ist: ›Ich bin der Gott Abrahams und der Gott Isaaks und der Gott Jakobs?‹ So ist Gott nicht ein Gott der Toten, sondern der Lebenden.« Und als das Volk das hörte, waren sie überwältigt von seiner Lehre. (Matthäus 22, 23 bis 33)

ZEICHEN UND TATEN JESU[52]

Jesu Kritik am Wunderglauben

Einige von den Schriftgelehrten und Pharisäern sagten zu ihm: »Meister, wir möchten gern ein Zeichen von dir sehen.« Er antwortete ihnen: »Dies verderbte und lüsterne Geschlecht fordert ein Zeichen, aber es wird ihm kein anderes Zeichen gegeben werden als das Zeichen des Propheten Jona: Denn

Der Prophet Jona
(Jona 2)

wie Jona drei Tage und drei Nächte im Bauch des Fisches war, so wird der Menschensohn drei Tage und drei Nächte im Schoß der Erde sein. Die Leute von Ninive werden beim Jüngsten Gericht gegen dies Geschlecht auftreten, und werden es verdammen; denn die taten nach der Predigt des Jona immerhin Buße. Und siehe: hier ist mehr als Jona! Die Königin vom Süden wird beim Jüngsten Gericht gegen dies Geschlecht auftreten, und es wird sich vor ihr verkriechen müssen; denn sie kam vom Ende der Erde, um Salomos Weisheit zu hören. Und siehe, hier ist mehr als Salomo.«[53] (Matthäus 12, 38 bis 42)

Die wunderbare Speisung

Danach fuhr Jesus über das Galiläische Meer, das auch See von Tiberias heißt. Und viele Menschen folgten ihm, weil sie die Zeichen gesehen hatten, die er an den Kranken tat. Jesus aber stieg auf einen Berg und setzte sich dort mit seinen Jüngern. Es war kurz vor dem Passafest der Juden.

Als Jesus nun aufblickte und sah, daß eine Menge Menschen zu ihm hinströmte, fragte er Philippus: »Wo kaufen wir Brot, damit sie etwas zu essen haben?« Das sagte er aber nur, um ihn auf die Probe zu stellen; denn er selbst wußte durchaus, was er tun wollte. Philippus erwiderte: »Für zweihundert Silbergroschen Brot ist nicht genug, wenn jeder auch nur einen Happen kriegen soll.« Da sagte zu ihm einer seiner Jünger, Andreas, der Bruder des Simon Petrus: »Es ist ein Kind hier, das hat fünf Gerstenbrote und zwei Fische; aber was ist das für so viele?«

Jesus sprach aber: »Seht zu, daß die Leute sich lagern.« Es gab dort reichlich Gras, auf dem sich dann die Menge niederließ, etwa fünftausend an der Zahl.

Jesus nahm dann die Brote, dankte und gab sie denen, die sich gelagert hatten, ebenso auch die Fische, soviel sie davon wollten. Als sie nun satt waren, sagte er zu seinen Jüngern: »Sammelt die übrigen Brocken auf, damit nichts umkommt.« Das taten sie und füllten zwölf Körbe mit den Brocken von den fünf Gerstenbroten. Soviel hatten die übriggelassen, die gespeist worden waren.

Die wunderbare Speisung
(Johannes 6)

Als nun die Menschen das Zeichen sahen, das Jesus tat, sagten sie: »Das ist wirklich der Prophet, der in die Welt kommen soll.« Als Jesus nun merkte, daß sie ihn mit Gewalt entführen und zu ihrem König machen wollten, zog er sich wieder auf den Berg zurück, er allein.

Die Leute, die das miterlebt hatten, wollten Jesus am nächsten Tage sprechen. Doch er war nach Kapernaum entwichen, so daß sie ihn lange vergeblich suchten. Als sie ihn endlich fanden, sagte er ihnen auf den Kopf zu:

»Wahrlich, wahrlich, ich sage euch: Ihr sucht mich nicht, weil ihr Zeichen gesehen habt, sondern weil ihr von dem Brot gegessen habt und satt geworden seid. Geht nicht darin auf, für vergängliche Nahrung zu sorgen, sondern seid bedacht auf eine Speise, die Bestand für das ewige Leben hat. Die wird euch der Menschensohn geben; denn ihn hat Gott der Vater beglaubigt.«

Da fragten sie ihn: »Was sollen wir tun, um Gottes Werke zu vollbringen?« Jesus antwortete ihnen: »Das ist Gottes Werk, daß ihr an den glaubt, den er gesandt hat.«[54] (Johannes 6, 1 bis 15; 26 bis 29)

Ist bei den Wundern göttliche oder dämonische Macht am Werk?

Als die Menschen von den Wundern Jesu hörten, sprachen sie: »Er treibt die bösen Geister nicht anders aus als durch Beelzebub, den Oberteufel!« (Matthäus 12, 24)

Und er trieb einen Teufel aus, der war stumm. Und es geschah, da der Teufel ausfuhr, da redete der Stumme. Und das Volk verwunderte sich.

Etliche aber unter ihnen sprachen: »Er treibt die Teufel aus durch Beelzebub, den Obersten der Teufel«.

Die anderen aber versuchten ihn und begehrten ein Zeichen von ihm vom Himmel.

Er aber erkannte ihre Gedanken und sprach zu ihnen: Ein jeglich

Jesus treibt einen Teufel aus.
(Lukas 11)

Reich, so es mit sich selbst uneins wird, das wird wüst; und ein Haus fällt über das andere.

Ist denn der Satanas auch mit sich selbst uneins, wie will sein Reich bestehen? dieweil ihr sagt, ich treibe die Teufel aus durch Beelzebub.

So aber ich die Teufel durch Beelzebub austreibe, durch wen treiben sie eure Kinder aus? Darum werden sie eure Richter sein.

So ich aber durch Gottes Finger die Teufel austreibe, so kommt ja das Reich Gottes zu euch. (Lukas 11, 14 bis 20)

Als er einmal in den Tempel kam und lehrte, traten die Hohenpriester und die Ältesten des Volks zu ihm und fragten: »Aus welcher Vollmacht tust du das? Wer hat dir diese Vollmacht gegeben?«

Jesus aber antwortete ihnen: »Auch ich will euch eine Frage stellen, nur eine einzige. Wenn ihr mir die beantwortet, will auch ich euch sagen, aus welcher Vollmacht ich das tue: Woher nahm Johannes das Recht zu taufen? Stammte es vom Himmel oder von den Menschen?«

Da überlegten sie bei sich: Sagen wir, es war vom Himmel, so wird er sagen: Warum habt ihr ihm dann nicht geglaubt? Sagen wir aber, es war von den Menschen, so müssen wir uns vor dem Volk fürchten, denn sie halten alle Johannes für einen Propheten. So antworteten sie denn: »Wir wissen's nicht.« Da sagte Jesus zu ihnen: »So sage auch ich euch nicht, aus welcher Vollmacht ich das tue.«[55]

(Matthäus 21, 23 bis 27)

Tat-Wort und Tat: Die Heilung des Gichtbrüchigen

Nach einigen Tagen ging Jesus wieder nach Kapernaum, und es wurde bekannt, daß er in einem Hause war. Da versammelten sich so viele, daß sie nicht alle Platz hatten, nicht einmal draußen vor der Tür, und er sagte ihnen das Wort.

Da kamen einige Leute zu ihm, die brachten einen Gelähmten, von vier Männern getragen. Weil sie ihn nun wegen der Menge nicht

Die Heilung des Gichtbrüchigen
(Markus 2)

zu ihm bringen konnten, deckten sie das Dach ab, wo er war, machten ein Loch und ließen die Liege herunter, auf der der Gelähmte lag. Als nun Jesus ihren Glauben sah, sagte er zu dem Gelähmten: »Mein Sohn, deine Sünden sind dir vergeben.«

Nun saßen auch einige Schriftgelehrte dabei und dachten in ihren Herzen: »Wie kann der so etwas sagen? Das ist Gotteslästerung! Wer anders kann denn Sünden vergeben als Gott allein?« – Jesus erkannte alsbald in seinem Geist, was sie so bei sich dachten, und sagte zu ihnen: »Welche Gedanken durchziehen da euer Herz? Was ist leichter? Zu dem Gelähmten zu sagen: ›Dir sind deine Sünden vergeben‹ oder zu sagen: ›Steh auf, nimm deine Liege und gehe los!‹ Damit ihr aber wißt, daß der Menschensohn Vollmacht hat, auf Erden Sünden zu vergeben« – sagte er zu dem Gelähmten: »Ich sage dir, stehe auf, nimm deine Bahre und geh heim!« Alsbald stand er dann auf, nahm seine Liege und ging vor aller Augen hinaus, so daß sie sich alle entsetzten und Gott priesen und sagten: »So etwas haben wir noch nie gesehen.« (Markus 2, 1 bis 12)

Geborgenheit im Weltbeben

Als Jesus die Menge um sich sah, befahl er, ans andre Ufer hinüberzufahren. Da trat ein Schriftgelehrter heran und sagte zu ihm: »Meister, ich will dir folgen, wohin du gehst.« Jesus sagte zu ihm: »Die Füchse haben Gruben, und die Vögel unter dem Himmel haben Nester; aber der Menschensohn hat nichts, da er sein Haupt hinlege.«

Ein anderer unter den Jüngern sagte zu ihm: »Herr, erlaube mir, daß ich zuvor hingehe und meinen Vater begrabe.« Doch Jesus sprach zu ihm: »Folge du mir und laß die Toten ihre Toten begraben!«

Und er stieg ins Boot, und seine Jünger folgten ihm. Und siehe, da erhob sich ein gewaltiger Sturm auf dem See, so daß die Wellen über das Boot hinwegbrandeten. Er aber schlief. Da traten sie zu ihm, weckten ihn und sagten: »Herr, hilf uns, wir verderben!« Da sagte er zu ihnen: »Ihr Kleingläubigen, warum seid ihr so verzagt?« Und er stand auf und herrschte den Wind und das Meer an. Da trat eine

Die Stillung des Sturms
(Matthäus 8)

große Stille ein. Die Menschen aber wunderten sich und sagten: »Was ist das für ein Mann? Selbst Wind und Meer sind ihm gehorsam.«[56] (Matthäus 8, 18 bis 22; 23 bis 27)

Jesus rettet eine Frau vor der Hinrichtung

Jesus aber ging an den Ölberg. Und frühmorgens kam er wieder in den Tempel, und alles Volk kam zu ihm, und er setzte sich und lehrte sie.

Aber die Schriftgelehrten und Pharisäer brachten ein Weib zu ihm, im Ehebruch ergriffen, und stellten sie in die Mitte und sprachen zu ihm: »Meister, dies Weib ist ergriffen auf frischer Tat im Ehebruch. Mose aber hat uns im Gesetz geboten, solche zu steinigen; was sagst du?« Das sprachen sie aber, ihn zu versuchen, auf daß sie eine Sache wider ihn hätten.

Aber Jesus bückte sich nieder und schrieb mit dem Finger auf die Erde. Als sie nun anhielten, ihn zu fragen, richtete er sich auf und sprach zu ihnen: »Wer unter euch ohne Sünde ist, der werfe den ersten Stein auf sie.« Und bückte sich wieder nieder und schrieb auf die Erde.

Da sie aber das hörten, gingen sie hinaus, von ihrem Gewissen überführt, einer nach dem andern, von den Ältesten an bis zu den Geringsten. Jesus war allein gelassen und das Weib in der Mitte stehend. Jesus aber richtete sich auf, und da er niemand sah denn das Weib, sprach er zu ihr: »Weib, wo sind sie, deine Ankläger? Hat dich niemand verdammt?« Sie aber sprach: »Herr, niemand.« Jesus aber sprach: »So verdamme ich dich auch nicht; gehe hin und sündige hinfort nicht mehr.« (Johannes 8, 1 bis 11)

Herr über den Tod: Der Jüngling zu Nain

Danach ging er in eine Stadt mit Namen Nain, und seine Jünger und viele Menschen gingen mit ihm. Als er aber in die Nähe des Stadttors kam, siehe, da trug man einen Toten heraus, den einzigen Sohn seiner Mutter. Sie war eine Witwe, und eine zahlreiche Menge aus der Stadt ging mit ihr. Als der Herr sie sah, ergriff ihn Erbarmen mit ihr, und er sagte zu ihr: »Weine nicht!« Dann trat er heran und berührte den Sarg. Da blieben die Träger stehen. Und er sprach: »Jüngling, ich sage dir, steh auf!« Da richtete sich der Tote auf und fing an zu reden. Und Jesus gab ihn seiner Mutter. Da kam ein Schrecken über sie alle, sie priesen Gott und sagten: »Es ist ein großer Prophet unter uns aufgetreten« und »Gott hat sein Volk heimgesucht.« Die Kunde von ihm durchlief das ganze jüdische Land und die Umgebung.

(Lukas 7, 11 bis 17)

Jesus und die Kinder

Und sie brachten Kindlein zu ihm, daß er sie anrührte. Die Jünger aber fuhren die an, die sie trugen. Da es aber Jesus sah, ward er unwillig und sprach zu ihnen: »Lasset die Kindlein zu mir kommen und wehret ihnen nicht; denn solcher ist das Reich Gottes. Wahrlich ich sage euch: Wer das Reich Gottes nicht empfängt wie ein Kindlein, der wird nicht hineinkommen.« Und er herzte sie und legte die Hände auf sie und segnete sie. (Markus 10, 13 bis 16)

Die Hochzeit zu Kana

Und am dritten Tage war eine Hochzeit in Kana in Galiläa, und die Mutter Jesu war dabei. Jesus aber und seine Jünger waren auch zur Hochzeit eingeladen. Als der Wein ausging, sagte die Mutter Jesu zu ihm: »Sie haben keinen Wein mehr.« Jesus erwiderte: »Weib, was habe ich mit dir zu schaffen? Meine Stunde ist noch nicht gekommen.« Da sagte seine Mutter zu den Dienern: »Was er euch sagt, das tut.«

Es standen aber dort sechs steinerne Wasserkrüge für die Reinigung, wie sie bei den Juden Sitte war. In jeden gingen etwa hundert Liter. Da sagte Jesus zu ihnen: »Füllt die Wasserkrüge mit Wasser!« Und sie füllten sie bis obenhin. Weiter sagte er zu ihnen: »Schöpft

Die Hochzeit zu Kana
(Johannes 2)

nun und bringt's dem Speisemeister!« Und sie brachten es ihm. Als er aber den Wein kostete, der Wasser gewesen war, und nicht wußte, woher er kam – die Diener aber wußten's, die das Wasser geschöpft hatten –, rief der Speisemeister den Bräutigam und sagte zu ihm: »Jeder gibt doch zuerst den guten Wein und dann erst, wenn sie trunken sind, den schlechteren; du aber hast den guten Wein bis jetzt zurückgehalten.«

Das ist das erste Zeichen, das Jesus tat; es geschah in Kana in Galiläa. So offenbarte er seine Herrlichkeit. Und seine Jünger glaubten an ihn.

Danach ging Jesus hinab nach Kapernaum, er, seine Mutter, seine Brüder und seine Jünger, und sie blieben nicht lange dort.[57]

(Johannes 2, 1 bis 12)

DIE LEIDENSGESCHICHTE JESU

Das Passionsgeschehen fällt nicht nur in die letzte und allerletzte Lebenszeit Jesu. Es erfüllt vielmehr die Berichte der Evangelisten – in vielerlei Vorausdeutungen – vom Beginn seiner Tage an. So gehört selbst die Weihnachtsgeschichte in diesen Zusammenhang. Schon als Neugeborener findet er keine Herberge auf der Welt; gleich nach seiner Geburt müssen seine Eltern mit ihm auf die Flucht. Ebenso deutet das Johannes-Evangelium bereits in seinem Prolog auf das kommende Leiden: »Das Licht scheint in der Finsternis, doch die Finsternis hat's nicht ergriffen« (1, 5). Auch daß wir Jesu Versuchung in der Wüste so einordnen, daß sie als frühe Verkündigung seines Leidens und seiner Leidensbereitschaft erscheint, hat seine guten Gründe: Der Satan versucht ihn ja so, daß er ihn zum Gebrauch seiner messianischen Macht zu verführen, vor Wehrlosigkeit und Ohnmacht zu bewahren und damit zu einem »herrscherlichen Leben ohne Leiden« zu treiben sucht. Das alles lehnt Jesus ab.

Die Geburt Jesu

Es begab sich aber zu der Zeit, daß ein Gebot von dem Kaiser Augustus ausging, daß alle Welt geschätzt würde. Und diese Schätzung war die allererste, und sie geschah zu der Zeit, als Cyrenius Landpfleger in Syrien war. Und jedermann ging, daß er sich schätzen ließe, ein jeglicher in seine Stadt. So machte sich auch auf Joseph aus Galiläa, aus der Stadt Nazareth, in das jüdische Land zur Stadt Davids, die da heißt Bethlehem, darum daß er aus dem Hause und Geschlechte Davids war, auf daß er sich schätzen ließe mit Maria, seinem vertrauten Weibe, die war schwanger.

Und als sie aber dort waren, kam die Zeit, daß sie gebären sollte. Und sie gebar ihren ersten Sohn, wickelte ihn in Windeln und legte ihn in eine Krippe; denn sie hatten sonst keinen Raum in der Herberge.

Und es waren Hirten in derselben Gegend auf dem Felde bei den Hürden, die hüteten des Nachts ihre Herde. Und siehe, des Herrn Engel trat zu ihnen, und die Klarheit des Herrn umleuchtete sie, und sie fürchteten sich sehr. Und der Engel sprach zu ihnen: »Fürchtet euch nicht! Siehe, ich verkündige euch große Freude, die allem Volk widerfahren wird: denn euch ist heute der Heiland geboren, welcher ist Christus, der Herr, in der Stadt Davids. Und das habt zum Zeichen: Ihr werdet finden das Kind in Windeln gewickelt und in einer Krippe liegen« Und alsbald war da bei dem Engel die Menge der himmlischen Heerscharen, die lobten Gott und sprachen: »Ehre sei Gott in der Höhe und Friede auf Erden bei den Menschen seines Wohlgefallens.«

Und da die Engel von ihnen zum Himmel fuhren, sagten die Hirten untereinander: »Laßt uns nun gehen gen Bethlehem und die Geschichte sehen, die da geschehen ist, die uns der Herr kundgetan hat.« Und sie kamen eilends und fanden beide, Maria und Joseph, dazu das Kind in der Krippe liegen. Da sie es aber gesehen hatten, breiteten sie das Wort aus, welches zu ihnen von diesem Kinde gesagt war. Und alle, vor die es kam, wunderten sich der Rede, die ihnen die Hirten gesagt hatten. Maria aber behielt alle diese Worte und

Der Engel kündigt
Maria die Geburt Jesu an.
(Lukas 1)

Das Kind in der Krippe
(Lukas 2)

bewegte sie in ihrem Herzen. Die Hirten aber kehrten wieder um, priesen und lobten Gott um alles, was sie gehört und gesehen hatten, wie denn zu ihnen gesagt war. (Lukas 2, 1 bis 20)

Taufe und Versuchung in der Wüste

Zu der Zeit kam Jesus aus Galiläa an den Jordan zu Johannes, daß er sich von ihm taufen ließe. Aber Johannes wehrte ihm und sprach: »Ich bedarf wohl, daß ich von dir getauft werde, und du kommst zu mir?« Jesus aber antwortete und sprach zu ihm: »Laß es jetzt also sein; also gebührt es uns, alle Gerechtigkeit zu erfüllen.« Da ließ er's ihm zu.

Und da Jesus getauft war, stieg er alsbald herauf aus dem Wasser, und siehe, da tat sich der Himmel auf über ihm. Und er sah den Geist Gottes gleich als eine Taube herabfahren und über ihn kommen. Und siehe, eine Stimme vom Himmel herab sprach: »Dies ist mein lieber Sohn, an welchem ich Wohlgefallen habe.«

(Matthäus 3, 13 bis 17)

Jesus ward vom Geist in die Wüste geführt, um vom Teufel versucht zu werden. Als er vierzig Tage und vierzig Nächte gefastet hatte, hungerte ihn. Da trat der Versucher zu ihm und sprach: »Bist du Gottes Sohn, so sprich, daß diese Steine Brot werden.« Er aber antwortete: »Es steht geschrieben: ›Der Mensch lebt nicht vom Brot allein, sondern von jedem Wort, das aus Gottes Mund kommt.‹« Da führte ihn der Teufel mit sich in die heilige Stadt, stellte ihn auf die Zinne des Tempels und sagte zu ihm: »Bist du Gottes Sohn, so wirf dich hinab; denn es steht geschrieben: ›Er wird seinen Engeln deinetwegen Befehl geben, und sie werden dich auf Händen tragen, damit du deinen Fuß nicht an einen Stein stößest.‹« Da sprach Jesus zu ihm: »Wiederum steht auch geschrieben: ›Du sollst den Herrn, deinen Gott, nicht versuchen.‹«

Endlich führte ihn der Teufel noch mit sich auf einen sehr hohen Berg, zeigte ihm alle Reiche der Welt und ihre Herrlichkeit und sprach zu ihm: »Das alles will ich dir geben – wenn du niederfällst

Jesu Taufe im Jordan
(Johannes 2)

und mich anbetest.« Da aber erwiderte Jesus: »Hebe dich hinweg von mir, Satan! Denn es steht geschrieben: ›Du sollst den Herrn, deinen Gott, anbeten und ihm allein dienen‹.«

Da verließ ihn der Teufel. Und siehe, da traten die Engel zu ihm und dienten ihm. (Matthäus 4, 1 bis 11)

Die Salbung zum Begräbnis und der Verrat des Judas

Als Jesus in Betanien im Hause Simons des Aussätzigen war, trat eine Frau zu ihm, die hatte ein Glas mit kostbarem Salböl und goß es auf sein Haupt, als er zu Tisch saß. Da seine Jünger das sahen, wurden sie unwillig und sagten: »Was soll diese Vergeudung? Dies Wasser hätte teuer verkauft und das Geld den Armen gegeben werden können.«

Als Jesus das merkte, sagte er ihnen: »Warum macht ihr der Frau Schwierigkeiten? Sie hat doch ein gutes Werk an mir getan. Arme habt ihr ja allezeit bei euch, mich aber habt ihr nicht allezeit. Daß sie das Salböl auf meinen Leib gegossen hat, das hat sie für mein Begräbnis getan. Wahrlich, ich sage euch: Wo immer dies Evangelium gepredigt wird irgendwo in der ganzen Welt, da wird man auch von dem erzählen, was sie getan hat. Das Gedenken an sie wird bleiben.« Da ging einer von den Zwölfen mit Namen Judas Ischariot zu den Hohenpriestern und sagte: »Was wollt ihr mir geben? Ich will ihn euch verraten.« Und sie boten ihm dreißig Silberstücke. Und von da an suchte er eine Gelegenheit, ihn zu verraten. (Matthäus 26, 6 bis 16)

Abendmahl, Fußwaschung und letzte Reden Jesu

Am ersten Tage der Ungesäuerten Brote, als man das Passalamm opferte, fragten ihn seine Jünger: »Wohin sollen wir gehen und das Passalamm bereiten, damit du es (mit uns) essest?« Da sandte er zwei seiner Jünger los und sagte zu ihnen: »Geht in die Stadt, da wird euch ein Mann begegnen, der einen Krug mit Wasser trägt. Geht hinter dem her, und wo er einkehrt, da sagt zu dem Hausherrn: ›Der Meister läßt dir sagen: Wo kann ich mit meinen Jüngern bei dir das Passalamm essen?‹ Dann wird er euch ein großes Obergemach zeigen, das mit Polstern versehen ist und bereitsteht. Dort richtet es für uns her.« Und die Jünger machten sich auf, kamen in die Stadt und fanden alles, wie er's ihnen gesagt hatte, und bereiteten das Passalamm zu. (Markus 14, 12 bis 16)

Als sie dann aßen, nahm Jesus das Brot, dankte und brach's und gab's den Jüngern und sprach: »Nehmet und esset, das ist mein Leib.« Danach nahm er den Kelch und dankte, gab ihnen den und sprach: »Trinket alle daraus; denn das ist mein Blut des neues Bundes, das für viele vergossen wird zur Vergebung der Sünden. Ich sage euch: Ich werde von nun an nicht mehr von dieser Frucht des Weinstocks trinken bis an den Tag, da ich's neu trinken werde mit euch in meines Vaters Reich.« Und als sie den Lobgesang gesungen hatten, gingen sie hinaus zum Ölberg. (Matthäus 26, 26 bis 29)

Da Jesus nun erkannte, daß seine Stunde gekommen war, in der er aus dieser Welt ginge zum Vater: Wie er die Seinen geliebt hatte, die in der Welt waren, so liebte er sie bis zum Ende. Als nun das Mahl aufgetragen war, da hatte der Teufel Judas Ischariot schon ins Herz gegeben, daß er ihn verriete. Jesus aber wußte, daß ihm der Vater alles in die Hand gegeben hatte, daß er von Gott gekommen war und nun wieder zu Gott ging. Da stand er vom Mahle auf, legte sein Obergewand ab, nahm einen Schurz und band ihn um. Dann goß er Wasser in ein Becken und begann, den Jüngern die Füße zu waschen, und trocknete sie mit dem Schurz ab, den er umgebunden hatte.

Da kam er zu Simon Petrus; der sagte zu ihm: »Herr, du wäschst mir die Füße?« Jesus antwortete ihm: »Was ich da tue, das verstehst du jetzt nicht; du wirst es aber hernach erfahren.« Da sagte Petrus zu ihm: »Nie und nimmer sollst du mir die Füße waschen!« Jesus antwortete ihm: »Wenn ich dich nicht wasche, hast du keinen Anteil an mir.« Da sagte Simon Petrus zu ihm: »Herr, dann aber nicht nur die

Salome mit dem
Haupt Johannes des Täufers
(Matthäus 14)

Jesu Einzug in Jerusalem
(Markus 11)

Füße, sondern auch die Hände und das Haupt!« Jesus aber erwiderte: »Wer sich waschen läßt, bedarf keiner anderen Reinigung als eben dieser Fußwaschung, dann ist er ganz rein. Und ihr seid (nun) rein, aber nicht alle.« Denn er wußte um seinen Verräter; darum sagte er: Ihr seid nicht alle rein.

Als er nun ihre Füße gewaschen hatte, nahm er sein Obergewand, setzte sich wieder hin und sagte zu ihnen: »Wißt ihr, was ich an euch getan habe? Ihr nennt mich Meister und Herr und habt recht damit, denn das bin ich auch. Wenn nun ich, euer Herr und Meister, euch die Füße gewaschen habe, so sollt auch ihr euch gegenseitig die Füße waschen. Ein Beispiel habe ich euch gegeben, damit ihr tut, was ich an euch getan habe. Wahrlich, wahrlich, ich sage euch: Der Knecht ist nicht größer als sein Herr und der Bote nicht größer als der, der ihn gesandt hat. Wenn ihr dies nun wißt, selig seid ihr, wenn ihr's tut.

Nicht von euch allen kann ich das so sagen. Ich weiß um die, die ich erwählt habe. Aber das Wort der Schrift muß erfüllt werden: ›Der mein Brot ißt, tritt mich mit Füßen.‹ Ich sage es euch schon jetzt, ehe es geschieht. Wenn es dann geschehen ist, werdet ihr glauben, daß und wer ich bin. Wahrlich, wahrlich, ich sage euch: Wer jemand aufnimmt, den ich senden werde, der nimmt mich auf; wer aber mich aufnimmt, der nimmt den auf, der mich gesandt hat.«

Als Jesus das gesagt hatte, wurde er in seinem Geist tief bewegt und bezeugte: »Wahrlich, wahrlich, ich sage euch: Einer unter euch wird mich verraten.« Da sahen sich die Jünger untereinander ratlos an und wußten nicht, von wem er redete. Einer unter den Jüngern, den Jesus lieb hatte, der saß bei Tisch, an seine Brust gelehnt. Dem gab Simon Petrus einen Wink, das er fragen sollte, wer es wäre, von dem er redete. Während er so an seiner Brust lag, fragte er ihn: »Herr, wer ist's?« Jesus antwortete: »Der ist's, dem ich den Bissen Brot eintauche und gebe.« Und er nahm den Bissen, tauchte ihn ein und gab ihn Judas, dem Sohn des Simon Ischariot. Kaum hatte der den Bissen genommen, fuhr der Satan in ihn. Da sagte Jesus zu ihm: »Was du tun mußt, das tu bald!« Doch niemand am Tisch wußte, wozu er ihm das sagte. Da Judas die Kasse hatte, meinten einige, Jesus hätte ihm sagen wollen: ›Mach deine Einkäufe für das Fest‹ oder auch, daß er den Armen etwas gäbe.

Kaum hatte er nun den Bissen genommen, ging er hinaus. Und es war Nacht.

Als Judas sich so entfernt hatte, sagte Jesus: »Jetzt ist der Menschensohn verherrlicht, Gott ist verherrlicht in ihm. Ist Gott verherrlicht in ihm, so wird er auch ihn verherrlichen in sich selbst – und alsbald wird er das tun. Liebe Kinder, ich bin nur noch eine ganz kleine Weile bei euch. Ihr werdet mich dann suchen. Wie ich aber zu den Juden gesagt habe, sage ich jetzt auch zu euch: Wo ich hingehe, da könnt ihr nicht hinkommen. Ein neues Gebot gebe ich euch, daß ihr einander lieben sollt. So wie ich euch geliebt habe, so sollt auch ihr einander lieben. Daran, daß ihr einander liebt, wird jeder erkennen, daß ihr meine Jünger seid.« (Johannes 13, 1 bis 35)

Es erhob sich ein Streit unter den Jüngern, wer von ihnen als der Größte gelten sollte. Er aber sagte zu ihnen: »Die Könige halten ihre Völker nieder, und die Inhaber von Macht lassen sich als Wohltäter preisen. Bei euch aber soll es nicht so sein! Sondern der Größte unter euch sei wie der Jüngste, und der Überlegene wie einer, der dient. Denn wer ist größer: der am Tisch sitzt oder der bedient? Doch wohl der, der bei Tisch sitzt! Ich aber bin unter euch wie der Dienende. Ihr seid es, die in meinen Anfechtungen bei mir ausgeharrt habt. So will ich euch das Reich anheimstellen, wie mein Vater es mir anheim gestellt hat.« (Lukas 22, 24 bis 29)

Der Kampf in Gethsemane und die Gefangennahme

Als sie den Lobgesang gesungen hatten, gingen sie hinaus zum Ölberg. Da sagte Jesus zu ihnen: »In dieser Nacht werdet ihr alle an mir irre werden. Denn es steht geschrieben: ›Ich werde den Hirten schlagen, und die Schafe der Herde werden sich zerstreuen.‹ Wenn ich aber auferstanden bin, will ich vor euch hergehen nach Galiläa.« Da

Das letzte Abendmahl
(Johannes 13)

Der Kampf in Gethsemane
(Matthäus 26)

entgegnete ihm Petrus: »Und wenn sie alle an dir irre werden, will ich doch niemals von dir abfallen.« Jesus sprach zu ihm: »Wahrlich, ich sage dir: Noch in dieser Nacht, ehe der Hahn kräht, wirst du mich dreimal verleugnen.« Petrus sagte zu ihm: »Und wenn ich mit dir sterben müßte, will ich dich doch nicht verleugnen.« Das gleiche sagten auch die Jünger alle.

Da kam Jesus mit ihnen zu einem Stück Land, das Gethsemane hieß, und sagte zu den Jüngern: »Setzt euch hierher, ich gehe derweil etwas weg und bete.« Er nahm Petrus und die zwei Söhne des Zebedäus mit sich, und es ergriff ihn Angst und Traurigkeit. Da sagte Jesus zu ihnen: »Meine Seele ist betrübt bis an den Tod; bleibet hier und wachet mit mir!« Dann ging er ein wenig weiter, warf sich nieder und betete: »Mein Vater, wenn es möglich ist, gehe dieser Kelch an mir vorüber; doch nicht wie ich will, sondern wie du willst!«

Als er dann zu seinen Jüngern kam, fand er sie schlafend und sagte zu Petrus: »Könnt ihr denn nicht eine Stunde mit mir wachen? Wachet und betet, damit ihr nicht in Anfechtung fallet! Der Geist ist willig; aber das Fleisch ist schwach.«

Noch ein zweites Mal ging er hin und betete: »Mein Vater, wenn es nicht möglich ist, daß dieser Kelch an mir vorübergehe, ohne daß ich ihn trinke, dann geschehe dein Wille!« Und er kam und fand sie abermals schlafend; ihre Augenlider waren ihnen schwer geworden. Da verließ er sie wieder und ging noch einmal hin und betete zum dritten Mal, wieder mit denselben Worten. Dann kam er zu seinen Jüngern und sagte zu ihnen: »Wollt ihr denn immer weiter schlafen und ruhen? Siehe, die Stunde ist da: der Menschensohn wird in die Hände der Sünder ausgeliefert. Steht auf, laßt uns gehen! Siehe, er ist schon da, der mich verrät.« (Matthäus 26, 31 bis 46)

Da kam Judas mit römischen Soldaten und Leuten von den Hohenpriestern und Pharisäern, die hatten Fackeln, Laternen und Waffen. Jesus aber, der alles wußte, was ihm begegnen würde, ging hinaus und fragte sie: »Wen suchet ihr?« Sie antworteten ihm: »Jesus von Nazareth.« Er sagte zu ihnen: »Ich bin's!« Judas aber, der ihn verriet, stand auch bei ihnen. Als nun Jesus zu ihnen sagte: »Ich bin's!«, wichen sie zurück und fielen zu Boden. Da fragte er sie noch einmal: »Wen suchet ihr denn?« Sie aber wiederholten: »Jesus von Nazareth.« Jesus antwortete: »Ich habe euch gesagt, daß ich es bin. Wenn ihr mich suchet, dann laßt diese gehen!« So sollte das Wort erfüllt werden, das er gesagt hatte: Ich habe keinen von denen verloren, die du mir gegeben hast. (Johannes 18, 3 bis 9)

Der Verräter hatte mit ihnen ein Zeichen ausgemacht: Der, den ich küssen werde, der ist's, den ergreift. Und sogleich trat er zu Jesus und sagte: »Sei mir gegrüßet, Rabbi!« und küßte ihn. Jesus aber sagte zu ihm: »Mein Freund, wozu bist du gekommen?« Da sprangen sie herzu, legten Hand an Jesus und ergriffen ihn. Einer aber von denen, die bei Jesus waren, streckte die Hand aus, zog sein Schwert, traf den Knecht des Hohenpriesters und schlug ihm ein Ohr ab. Da sagte Jesus zu ihm: »Stecke dein Schwert in die Scheide! Denn wer das Schwert nimmt, wird durch's Schwert umkommen. Oder meinst du, ich könnte meinen Vater nicht bitten und er würde mir nicht sogleich mehr als zwölf Legionen Engel schicken? Wie würde aber dann die Schrift erfüllt, daß sich dies begeben muß?«

In dieser Stunde sagte Jesus zu den Rotten: »Ihr seid ausgezogen mit Schwertern und mit Stangen wie gegen einen Räuber, um mich zu fangen. Dabei saß ich Tag für Tag im Tempel und habe gelehrt, und ihr habt mich nicht ergriffen. Aber das ist alles geschehen, damit die Schriften der Propheten erfüllt werden.«

Da verließen ihn alle Jünger und flohen. (Matthäus 26, 48 bis 56)

Jesus vor dem Hohen Rat

Die Soldaten aber, ihr Anführer und die Leute, die von den Juden geschickt waren, nahmen Jesus gefangen, fesselten ihn und führten ihn zuerst zu Hannas. Der war der Schwiegervater des Kaiphas, der in jenem Jahr Hoherpriester war. Es war eben dieser Kaiphas, der den Juden gesagt hatte, es sei gut, wenn ein Mensch stürbe für das ganze Volk ...

Der Hohepriester befragte Jesus über seine Jünger und über seine

Der Verrat des Judas
(Johannes 18)

Lehre. Jesus antwortete ihm: »Ich habe öffentlich vor aller Welt geredet. Ich habe immer in der Synagoge und im Tempel gelehrt, wo alle Juden zusammenkommen, und habe nichts im Geheimen geredet. Was fragst du mich also? Frage die, die gehört haben, was ich zu ihnen gesagt habe. Siehe, sie wissen, was ich geäußert habe.«

Als er das gesagt hatte, schlug einer von denen, die dabeistanden, Jesus ins Gesicht und sagte: »Darfst du dem Hohenpriester so antworten?« Jesus antwortete: »Habe ich übel geredet, dann beweise mir das. War es aber recht, warum schlägst du mich?«

Hannas aber sandte ihn gefesselt zu Kaiphas, dem Hohenpriester. (Johannes 18, 12 bis 14; 19 bis 24)

Die Hohenpriester und der ganze Hohe Rat suchten nach falschen Zeugenaussagen gegen Jesus, um ihn zum Tode verurteilen zu können. Obwohl viele falsche Zeugen auftraten, fanden sie doch nichts.

Schließlich traten zwei auf und sagten aus: »Er hat gesagt: ›Ich kann den Tempel Gottes abbrechen und in drei Tagen wieder aufbauen.‹« Da stand der Hohepriester auf und sagte zu ihm: »Antwortest du nichts auf das, was diese wider dich zeugen?« Jesus aber schwieg stille. Da sprach der Hohepriester zu ihm: »Ich beschwöre dich bei dem lebendigen Gott: Sage uns, ob du der Christus bist, der Sohn Gottes.« Jesus sprach zu ihm: »Du sagst es. Doch sage ich euch: Von nun an werdet ihr den Menschensohn sitzen sehen zur Rechten der Allmacht und kommen in den Wolken des Himmels.«

Da zerriß der Hohepriester seine Kleider und sagte: »Er hat Gott gelästert! Was brauchen wir noch Zeugen? Ihr habt die Gotteslästerung gehört. Was meint ihr?« Sie antworteten: »Er hat den Tod verdient.« Da spuckten sie ihm ins Gesicht und schlugen ihn mit Fäusten. Einige aber schlugen ihm ins Gesicht und sagten: »Weissage uns, Christus, wer ist's, der dich geschlagen hat?« (Matthäus 26, 59 bis 68)

Die Verleugnung des Petrus

Derweil war Petrus unten im Hof. Da kam eine von den Mägden des Hohenpriesters, und als sie sah, wie Petrus sich wärmte, schaute sie

Jesus vor dem Hohen Rat
(Johannes 18)

ihn an und sagte: »Du warst auch mit dem Jesus von Nazareth.« Er aber leugnete und sagte: »Ich weiß von nichts und versteh überhaupt nicht, von was du da redest.« Und er ging in den Vorhof hinaus; da krähte der Hahn. Als die Magd ihn weiter mit ihren Blicken verfolgte, fing sie noch einmal an, denen, die dabeistanden, zu sagen: »Das ist einer von denen.« Und wieder leugnete er. Kurz danach wendeten sich die, die dabeistanden, erneut an Petrus: »Bestimmt gehörst du zu denen; denn du bist doch auch ein Galiläer.« Da fluchte er und schwor: »Ich kenne den Menschen gar nicht, von dem ihr da redet.« Gleich danach krähte der Hahn zum zweiten Mal.

Da gedachte Petrus des Wortes, das Jesus zu ihm gesagt hatte: »Ehe der Hahn kräht, wirst du mich dreimal verleugnen.« Und er ging hinaus und weinte bitterlich.

(Markus 14, 66 bis 70; Matthäus 26, 74 bis 75)

Das Ende des Judas

Am Morgen faßten alle Hohenpriester und die Ältesten des Volkes den Beschluß, Jesus zu töten, und sie fesselten ihn, führten ihn ab und überantworteten ihn dem Landpfleger Pontius Pilatus.

Als Judas, der ihn verraten hatte, sah, daß er zum Tode verurteilt war, erfaßte ihn Reue, und er brachte die dreißig Silberstücke den Hohenpriestern und Ältesten und bekannte: »Ich habe gesündigt und unschuldiges Blut verraten.« Sie aber sagten: »Was schert uns das? Das ist deine Sache.« Da warf er die Silberstücke in den Tempel, lief fort und erhängte sich. Die Hohenpriester nahmen die Silberstücke und sagten: »Es geht nicht an, daß wir sie in den Tempelschatz tun; es ist Blutgeld.« Sie beschlossen, den Töpferacker davon zu kaufen als Begräbnisplatz für Fremde. Daher heißt der Acker Blutacker bis heute. (Matthäus 27, 1 bis 8)

Jesus vor Pilatus

Von Kaiphas führten sie Jesus nun zum Prätorium, dem Amtssitz des römischen Statthalters. Es war noch früh am Morgen. Doch sie gingen nicht hinein, damit sie nicht unrein würden, sondern das Passamahl essen könnten. Da kam Pilatus zu ihnen heraus und fragte: »Was bringt ihr für Klage wider diesen Menschen?« Sie antworteten: »Wäre es nicht ein Übeltäter, so hätten wir ihn dir nicht überantwortet. »Darauf Pilatus: »Dann nehmt ihn doch selbst und richtet ihn nach eurem Gesetz.« Die Juden aber entgegneten: »Uns steht es nicht zu, jemanden zu töten.« So sollte sich das Wort Jesu erfüllen, in dem er angedeutet hatte, welchen Tod er sterben würde.

Da ging Pilatus wieder ins Prätorium hinein, ließ Jesus rufen und fragte ihn: »Bist du der Juden König?« Jesus antwortete: »Fragst du das von dir aus, oder haben dir andere das über mich gesagt?« Darauf Pilatus: »Bin ich etwa ein Jude? Dein eigenes Volk und die Hohenpriester haben dich mir überantwortet. Was hast du getan?«

Jesus anwortete: »Mein Königreich ist nicht von dieser Welt. Wäre es von dieser Welt, so würden meine Diener für mich kämpfen, daß ich den Juden nicht in die Hände fiele. Nun aber ist mein Reich nicht von dieser Welt.«

Da fragte Pilatus ihn: »Also bist du doch ein König?« Jesus antwortete: »Du sagst es, ich bin ein König. Ich bin dazu geboren und in die Welt gekommen, daß ich für die Wahrheit zeugen soll. Wer aus der Wahrheit ist, der höret meine Stimme.«

Spricht Pilatus zu ihm: »Was ist Wahrheit?«

Und als er das gesagt hatte, ging er wieder hinaus zu den Juden und sagte zu ihnen: »Ich finde keine Schuld an ihm.«

(Johannes, 18, 28 bis 38)

Und die Hohenpriester beschuldigten ihn schwer. Pilatus aber fragte ihn noch einmal: »Antwortest du nichts? Siehe, wie sehr sie dich anklagen!« Jesus aber antwortete nichts mehr, so daß Pilatus sich wunderte.

(Markus 15, 3 bis 5)

Sie aber blieben dabei und sagten, er wiegele das Volk auf und lehre überall in Judäa, von Galiläa aus bis hierher.

Als Pilatus das hörte, fragte er, ob er aus Galiläa wäre. Und als er erfuhr, daß er Untertan des Herodes war, sandte er ihn zu Herodes, der gerade in diesen Tagen auch in Jerusalem weilte. Als der nun Jesus sah, war er hocherfreut. Er hätte ihn sich schon längst gerne einmal angesehen, weil er von ihm gehörte hatte. Nun hoffte er, ein Zeichen von ihm zu sehen ... So fragte er ihn denn mancherlei. Jesus aber antwortete ihm nichts. Derweil standen die Hohenpriester und Schriftgelehrten dabei und verklagten ihn hart. Herodes aber samt seinem militärischem Gefolge verachtete ihn, übergoß ihn mit Spott, ließ ihm ein weißes Gewand anlegen und sandte ihn zu Pilatus zurück. An diesem Tag wurden Herodes und Pilatus Freunde; vorher waren sie sich feind gewesen.

Pilatus aber rief die Hohenpriester und die führenden Männer und das Volk zusammen und sagte zu ihnen: »Ihr habt diesen Menschen zu mir gebracht und behauptet, daß er das Volk aufwiegelt, und siehe, ich habe ihn vor euch verhört und keine von den Anklagen bestätigt gefunden, die ihr gegen ihn erhebt. Herodes übrigens auch nicht, denn er hat ihn uns zurückgeschickt. Und siehe, er hat nichts getan, was den Tod verdient hätte. So will ich ihn züchtigen lassen und dann freigeben.« (Lukas 23, 5 bis 16)

Zum Fest aber hatte der Statthalter die Gewohnheit, dem Volk einen Gefangenen freizugeben, welchen sie wollten. Sie hatten aber zu der Zeit einen berüchtigten Gefangenen, der hieß Barabbas. Und als sie versammelt waren, sagte Pilatus zu ihnen: »Wen soll ich euch freigeben, Barabbas oder den Jesus, von dem gesagt wird, er sei der Christus?« Denn er wußte, daß sie ihn aus Neid überantwortet hatten. Als er so auf dem Richterstuhl saß, schickte seine Frau zu ihm und ließ ihm sagen: »Laß die Hände von diesem Gerechten; denn ich habe heute im Traum seinetwegen viel gelitten.«

Die Hohenpriester und Ältesten aber redeten auf das Volk ein, daß sie um Barabbas bitten sollten, Jesus aber umbrächten. So ergriff der Statthalter noch einmal das Wort und fragte sie abermals: »Wen von den beiden soll ich euch freigeben?« Sie antworteten: »Barabbas!« (Den hatte man wegen eines Aufruhrs in der Stadt und eines Mordes ins Gefängnis geworfen.) Pilatus fragte sie: »Und was soll ich denn mit Jesus machen, von dem gesagt wird, er sei der Chri-

Pilatus wäscht
seine Hände in Unschuld.
(Matthäus 27)

stus?« Da schrieen sie: »Laß ihn kreuzigen!« Er aber sagte: »Was hat er denn Böses getan?« Sie schrieen aber noch wilder: »Laß ihn kreuzigen!« (Matthäus 27, 15 bis 23)

Da ging Pilatus noch einmal hinaus und sagte zu ihnen: »Seht, ich bringe ihn zu euch heraus, damit ihr erkennt, daß ich keine Schuld an ihm finde.«

Also ging Jesus heraus und trug die Dornenkrone und das Purpurgewand. Da sagte Pilatus zu ihnen: »Seht, welch ein Mensch!«

Als ihn die Hohenpriester und ihre Leute so sahen, schrieen sie: »Kreuzige ihn! Kreuzige ihn!« Da sagte Pilatus zu ihnen: »Nehmet ihr ihn und kreuzigt ihn, ich kann keine Schuld an ihm finden.« Die Juden aber erwiderten ihm: »Wir haben ein Gesetz, und nach dem Gesetz muß er sterben; denn er hat sich selbst zu Gottes Sohn gemacht.«

Als Pilatus das hörte, überkamen ihn noch größere Ängste; er ging wieder in seinen Amtssitz zurück und fragte Jesus: »Woher stammst du?« Jesus aber ließ ihn ohne Antwort.

Da sagte Pilatus zu ihm: »Redest du nicht mit mir? Weißt du denn nicht, daß ich Macht habe, dich freizulassen, und Macht, dich zu kreuzigen?« Jesus antwortete: »Du hättest keine Macht über mich, wenn sie dir nicht von oben gegeben wäre. Der begeht die größere Sünde, der mich dir übergeben hat.«

Von da an suchte Pilatus ihn freizulassen. Die Juden aber schrieen:

»Wenn du den freilässest, so bist du kein Freund des Kaisers. Denn wer sich zum König macht, der ist gegen den Kaiser.«

Als Pilatus diese (Droh-)Worte hörte, ließ er Jesus hinausführen und setzte sich auf den Richterstuhl an dem Platz, der Steinpflaster heißt, auf hebräisch Gabbatha. Es war aber am Rüsttag für das Passafest um die sechste Stunde. Dabei rief Pilatus den Juden zu: »Seht, das ist euer König!« Sie schrieen aber: »Weg, weg mit dem! Kreuzige ihn!« Da fragte Pilatus noch einmal: »Soll ich euren König kreuzigen?« Die Hohenpriester antworteten: »Wir haben keinen anderen König als den Kaiser.« (Johannes 19, 4 bis 15)

Geißelung
(Johannes 19)

Als aber Pilatus sah, daß er nichts ausrichtete, sondern das Getümmel nur noch größer wurde, nahm er Wasser und wusch sich die Hände vor dem Volk und sagte: »Ich bin unschuldig an seinem Blut; das ist eure Sache.« Da antwortete das ganze Volk: »Sein Blut komme über uns und unsere Kinder!« Da gab er ihnen Barabbas frei. Jesus aber ließ er geißeln und gab ihn dann preis, daß er gekreuzigt würde. (Matthäus 27, 24 bis 26)

Kreuzigung und Tod Jesu

Und als sie ihn verspottet hatten, nahmen sie ihm den Mantel ab, zogen ihm seine Kleider wieder an und führten ihn weg, um ihn zu kreuzigen. Wie sie so hinausgingen, trafen sie einen Mann aus Kyrene mit Namen Simon; den zwangen sie, ihm sein Kreuz zu tragen. (Matthäus 27, 31 bis 32)

Es folgte ihm aber eine große Menschenmenge und viele Frauen, die ihn beklagten und beweinten. Jesus aber wandte sich zu ihnen um und sagte: »Ihr Töchter von Jerusalem, weinet nicht über mich, sondern weinet über euch selbst und über eure Kinder. Denn siehe, es wird die Zeit kommen, in der man sagen wird: Selig sind die Unfruchtbaren und die Leiber, die nicht geboren haben, und die Brüste, die nicht gestillt haben! Dann werden sie anfangen, zu den Bergen zu sagen: Fallt auf uns, und zu den Hügeln: Bedeckt uns! Denn wenn man das mit dem grünen Holz macht, was wird erst dann am dürren geschehen?» (Lukas 23, 27 bis 31)

Als sie an die Stätte kamen mit Namen Golgatha, das heißt verdeutscht: Schädelstätte, gaben sie ihm Wein zu trinken, mit Galle vermischt, und als er's schmeckte, wollte er nicht trinken. (Matthäus 27, 33 bis 34)

Es war die dritte Stunde – 9 Uhr morgens. Und sie kreuzigten zwei Räuber mit ihm, einen rechts und einen links. Da wurde die Schrift erfüllt: »Er ist unter die Übeltäter gerechnet.« (Markus 15, 25; 27)

Die Kreuzigung Jesu
(Matthäus 27)

Jesus aber sprach: »Vater, vergib ihnen; denn sie wissen nicht, was sie tun!« (Lukas 23, 34)

Pilatus aber ließ ein Schild machen und auf das Kreuz setzen; darauf stand: »Jesus von Nazareth, der Juden König.« Dies Schild lasen viele Juden, denn die Stätte, wo Jesus gekreuzigt wurde, war nahe bei der Stadt. Es war geschrieben in hebräischer, lateinischer und griechischer Sprache. Da forderten die Hohenpriester der Juden von Pilatus: »Schreib nicht: ›Der Juden König‹, sondern, daß er behauptet habe, er sei der König der Juden.« Pilatus jedoch antwortete: »Was ich geschrieben habe, das habe ich geschrieben.«

(Johannes 19, 19 bis 22)

Als die Soldaten Jesus gekreuzigt hatten, nahmen sie seine Kleider und machten vier Teile daraus, für jeden Soldaten einen, dazu kam das Untergewand. Das aber war ungenäht, von obenan in einem Stück gewebt. Da sagten sie zueinander: »Laßt uns das nicht teilen, sondern darum losen, wer es haben soll« – auf daß die Schrift erfüllet würde, die sagt: ›Sie haben meine Kleider unter sich geteilt und haben über mein Gewand das Los geworfen‹« (Psalm 22, 19). Das taten dann die Soldaten. (Johannes 19, 23 bis 24)

Die aber vorübergingen, schmähten ihn, schüttelten ihre Köpfe und riefen: »Der du den Tempel abbrichst und ihn in drei Tagen wieder aufbaust, hilf dir nun selber! Wenn du Gottes Sohn bist, dann steig doch herab vom Kreuz!« Ebenso spotteten auch die Hohenpriester samt den Schriftgelehrten und Ältesten und sagten: »Andern hat er geholfen und kann sich selber nicht helfen! Ist er der König von Israel, so steige er nun vom Kreuz herab. Dann wollen wir an ihn glauben. Er hat Gott vertraut, der soll ihn nun erlösen, wenn er Gefallen an ihm hat; hat er doch gesagt: ›Ich bin Gottes Sohn.‹«

(Matthäus 27, 39 bis 43)

Einer von den beiden Verbrechern, die mit ihm gehenkt waren, lästerte ihn und sprach: »Du bist Christus, was? Dann hilf dir doch selbst und uns mit!« Da wies ihn der andere zurecht und sagte: »Selbst du fürchtest dich nicht vor Gott, wo du doch in gleicher Verdammnis bist? Wir aber stecken ja mit Recht darin; denn wir empfangen, was unsre Taten wert sind. Dieser dagegen hat nichts Unrechtes getan.« Dann sprach er, zum Herrn gewandt: »Jesus, denke an mich, wenn du in dein Reich kommst!« Und Jesus sprach zu ihm: »Wahrlich, ich sage dir: Heute noch wirst du mit mir im Paradiese sein.« (Lukas 23, 39 bis 43)

Bei dem Kreuz Jesu standen auch seine Mutter und die Schwester seiner Mutter, Maria, die Frau des Kleopas, und Maria von Magdala. Als nun Jesus seine Mutter sah und bei ihr den Jünger, den er lieb hatte, sagte er zu seiner Mutter: »Siehe, das ist dein Sohn!« Danach sagte er zu dem Jünger: »Siehe, das ist deine Mutter!« Und von der Stunde an nahm sie der Jünger zu sich. (Johannes, 19, 25 bis 27)

Um die neunte Stunde aber rief Jesus laut: »Eli, Eli, lama asabthani?« das heißt: »Mein Gott, mein Gott, warum hast du mich verlassen?« Einige aber, die dort standen, sagten, als sie das hörten: Der ruft nach Elia. (Matthäus 27, 46 bis 47)

Danach, als Jesus wußte, daß schon alles vollbracht war, sprach er, damit die Schrift erfüllt würde: »Mich dürstet.«

Da stand ein Gefäß voll Essig. Sie aber tränkten einen Schwamm mit Essig, steckten ihn auf ein Ysoprohr und hielten es ihm an den Mund. Als nun Jesus den Essig genommen hatte, sprach er: »Es ist vollbracht!« (Johannes 19, 28 bis 30)

Danach rief Jesus laut: »Vater, ich befehle meinen Geist in deine Hände!« Und als er das gesagt hatte, neigte er das Haupt und verschied. (Lukas 23, 46)

Und siehe: Der Vorhang im Tempel zerriß in zwei Fetzen von oben an bis unten hin. Die Erde erbebte, die Felsen zerrissen, die Gräber taten sich auf, und viele Leiber der entschlafenen Heiligen wurden erweckt und kamen aus den Gräbern nach seiner Auferstehung und gingen in die heilige Stadt und erschienen vielen.

(Matthäus 27, 51 bis 53)

Als aber der Hauptmann sah, was da geschah, pries er Gott und sagte: »Dieser Mann ist wahrlich ein Gerechter gewesen!« Und alle Leute, die zum Zuschauen gekommen waren und nun sahen, was da geschah, schlugen sich an ihre Brust und kehrten wieder heim.

(Lukas 23, 47 bis 48)

Kreuzabnahme und Grablegung

Nun war gerade Rüsttag, der Tag vor einem Sabbath von besonderem Rang. An diesem Tage durften die Leichname nicht am Kreuze hängen bleiben. Darum baten die Juden Pilatus, daß ihnen die Beine gebrochen und sie abgenommen würden. Da kamen die Soldaten und brachen dem ersten die Beine, danach dem andern, der mit Jesus gekreuzigt war. Als sie dann zu Jesus sebst kamen und sahen, daß er schon gestorben war, brachen sie ihm die Beine nicht mehr. Sondern einer der Soldaten stieß ihm mit der Lanze in seine Seite, und sogleich kamen Blut und Wasser heraus. Und der das gesehen hat, der hat es bezeugt, und sein Zeugnis ist wahr, und er weiß, daß er die Wahrheit sagt, damit auch ihr glaubt. (Johannes 19, 31 bis 35)

Und als der Rüsttag sich schon zum Abend neigte, kam Josef von Arimathia, ein angesehenes Mitglied des Hohen Rates, der auch auf das Reich Gottes wartete. Der faßte sich ein Herz, ging hinein zu Pilatus und bat um den Leichnam Jesu. Pilatus aber wunderte sich, daß er schon gestorben war, rief den Hauptmann und fragte ihn, ob er wirklich schon tot sei. Als er's von dem Hauptmann erfahren hatte, überließ er Josef den Leichnam. (Markus 15, 42 bis 45)

Ebenso kam auch Nikodemus, der früher einmal in der Nacht zu Jesus gekommen war (Johannes 3, 1 ff.), und brachte eine Mischung von Myrrhe und Aloe, etwa hundert Pfund. Da nahmen sie den

Die Grablegung
(Matthäus 27)

Leichnam Jesu und banden ihn mit Leinenbinden – zugleich mit den duftenden Spezereien –, wie's dem Brauch bei jüdischen Begräbnissen entspricht. Es war aber an der Stätte, wo er gekreuzigt ward, ein Garten und im Garten ein neues Grab, in dem noch nie jemand gelegen hatte. Wegen des Rüsttages der Juden legten sie Jesus da hinein, zumal das Grab ganz in der Nähe war. (Johannes 19, 39 bis 42)

Es folgten aber auch die Frauen, die mit ihm aus Galiläa gekommen waren, und beschauten das Grab und sahen zu, wie sein Leib hingelegt wurde. Dann kehrten sie zurück und richteten Spezereien und Salben an. Den Sabbat über hielten sie sich still nach dem Gesetz. (Lukas 23, 55 bis 56)

Am nächsten Tag, der auf den Rüsttag folgte, versammelten sich die Hohenpriester und Pharisäer bei Pilatus und sagten: »Herr, wir erinnern uns, daß dieser Verführer, als er noch lebte, gesagt hat: ›Ich will nach drei Tagen auferstehen.‹ Darum befiehl doch, daß man das Grab bis zum dritten Tag sichert, damit nicht seine Jünger kommen, den Leichnam entwenden und zum Volke sagen: ›Er ist von den Toten auferstanden.‹ So würde der letzte Betrug noch schlimmer als der erste.« Pilatus antwortete ihnen: »Da habt ihr die Wache; geht hin und paßt auf, so gut ihr könnt.« Sie gingen hin und bewachten das Grab mit Hilfe der Wache und versiegelten den Stein.

(Matthäus 27, 62 bis 66)

DIE BOTSCHAFT VON OSTERN UND VON DER WIEDERKUNFT

Das leere Grab

Am ersten Tag der Woche sehr früh kamen sie zum Grab und brachten die Salben mit, die sie zubereitet hatten. Sie fanden aber den Stein von dem Grab weggewälzt. So gingen sie hinein, fanden jedoch den Leib des Herrn Jesus nicht.

Die Botschaft von Ostern
(Matthäus 28)

Als sie deshalb ganz ratlos waren, siehe, da traten zwei Männer in strahlenden Gewändern auf sie zu. Sie aber erschraken und neigten ihr Angesicht zur Erde. Da sprachen die zu ihnen: »Was suchet ihr den Lebenden bei den Toten? Er ist nicht hier, er ist auferstanden. Denkt daran, wie er euch gesagt hat, als er noch in Galiläa war: Des Menschen Sohn muß in die Hände der Sünder überantwortet und gekreuzigt werden und am dritten Tage auferstehen.«

Da gedachten sie seiner Worte, wandten sich wieder vom Grabe weg und verkündigten das alles den Elfen und den anderen allen. Es waren aber Maria Magdalena, Johanna und Maria, die Mutter des Jakobus, die das zusammen mit den anderen Frauen den Aposteln berichteten. Denen aber erschien das wie bloßes Geschwätz, und sie schenkten den Frauen keinen Glauben. Nur Petrus stand auf, lief zum Grab und guckte hinein. Dort sah er nur die Leinenbinden, ging dann gleich wieder weg und wunderte sich über das, was geschehen war. (Lukas 24, 1 bis 12)

Die Emmausjünger

Und siehe, zwei von ihnen wanderten noch am selben Tag in ein Dorf, das von Jerusalem etwa zwei Wegstunden entfernt lag und Emmaus heißt. Dabei sprachen sie miteinander über all diese Geschehnisse. Als sie so, sich besprechend und von lauter Fragen erfüllt, dahingingen, gesellte sich Jesus selbst zu ihnen und ging mit. Doch ihre Augen waren gehalten, so daß sie ihn nicht erkannten. Er sprach sie dann an: »Von wem sprecht ihr da beim Gehen eigentlich so eifrig?« Da blieben sie traurig stehen. Einer von ihnen mit Namen Kleopas antwortete ihm: »Bist du etwa der einzige Fremdling in Jerusalem, der keine Ahnung hat, was dort in diesen Tagen sich zugetragen hat?«

Darauf Jesus: »Was denn?«

Sie aber antworteten ihm: »Das, was mit Jesus von Nazareth geschehen ist, der ein Prophet war, mächtig in Taten und Worten vor Gott und vor allem Volk; wie ihn unsere Hohenpriester und die anderen da oben zum Tode verurteilt und ans Kreuz geschlagen haben.

Die Jünger von Emmaus
(Lukas 24)

Wir aber hofften, er sollte Israel erlösen. Und über dem allen vergeht heute schon der dritte Tag, seit das geschehen ist. Obendrein haben uns einige Frauen aus unserer Mitte erschreckt: Die sind früh beim Grab gewesen, haben aber seinen Leib nicht gefunden, sind dann zu uns gekommen und erzählten, sie hätten eine Erscheinung von Engeln gesehen, die ihnen sagten, er lebe. Einige von uns liefen dann hin zum Grab und fanden's so, wie die Frauen gesagt haben; ihn selbst aber sahen sie nicht.« Da sagte er zu ihnen: »Wie seid ihr doch so unverständig und trägen Herzens, um alledem glauben zu können, was die Propheten verkündet haben! Mußte nicht Christus das alles erleiden, um in seine Herrlichkeit einzugehen?« Dann begann er bei Mose und den Propheten allen, um ihnen auszulegen, was in der ganzen Schrift über ihn gesagt war. So erreichten sie schließlich das Dorf, das ihr Ziel war. Er aber tat so, als wollte er noch weitergehen. Da nötigten sie ihn und sagten: »Bleibe bei uns; denn es will Abend werden, und der Tag hat sich geneigt.« So ging er mit hinein, um bei ihnen zu bleiben. Da geschah es: Als er mit ihnen zu Tisch saß, nahm er das Brot, dankte, brach's und gab's ihnen. Da wurden ihre Augen geöffnet, und sie erkannten ihn. Er aber verschwand vor ihnen. Da sagten sie zueinander: »Brannte nicht unser Herz in uns, als er auf dem Wege mit uns redete und uns die Schrift erschloß?« In derselben Stunde brachen sie nach Jerusalem auf und fanden die Elf mit anderen versammelt. Die sagten: »Der Herr ist auferstanden und Simon erschienen.« Da erzählten sie ihnen, was geschehen war und wie er von ihnen erkannt wurde, als er das Brot brach.

(Lukas 24, 13 bis 35)

DIE ERSTE CHRISTENHEIT

Das Interesse des Evangelisten Lukas galt auch der Frage, wie sich die Gemeinde in der Zeit nach Jesus weiterentwickelte. Wie gestaltete sich die Praxis des Glaubens, wie begann der Weg der Kirche, wie gelangte das Evangelium von Jerusalem nach Rom? Solche

Fragen beantwortete Lukas mit seiner spannend komponierten Erzählung der Apostelgeschichte.

Und als der Tag der Pfingsten erfüllt war, waren sie alle einmütig beieinander. Und es geschah schnell ein Brausen vom Himmel wie eines gewaltigen Windes und erfüllte das ganze Haus, da sie saßen. Und es erschienen ihnen Zungen zerteilt wie von Feuer; und er setzte sich auf einen jeglichen unter ihnen, und sie wurden alle voll des heiligen Geistes und fingen an zu predigen mit andern Zungen, nach dem der Geist ihnen gab auszusprechen.

Es waren aber Juden zu Jerusalem wohnend, die waren gottesfürchtige Männer aus allerlei Volk, das unter dem Himmel ist. Da nun dieses Brausen geschah, kam die Menge zusammen und wurde bestürzt; denn es hörte ein jeglicher, daß sie mit seiner Sprache redeten.

Sie entsetzten sich aber alle, verwunderten sich und sprachen untereinander: Siehe, sind nicht diese alle, die da reden, aus Galiläa? Wie hören wir denn ein jeglicher seine Sprache, darin wir geboren sind? Parther und Meder und Elamiter, und die wir wohnen in Mesopotamien und in Judäa und Kappadozien, Pontus und Asien, Phrygien und Pamphylien, Ägypten und an den Enden von Libyen bei Kyrene und Ausländer von Rom, Juden und Judengenossen, Kreter und Araber: wir hören sie mit unsern Zungen die großen Taten Gottes reden.

Sie entsetzten sich aber alle und wurden irre und sprachen einer zu dem andern: »Was will das werden?« Die andern aber hatten ihren Spott und sprachen: »Sie sind voll des süßen Weins.«

(Apostelgeschichte 2, 1 bis 13)

Pfingstgeschichte: Geistausgießung

Die folgende Pfingstpredigt des Petrus zeigt, was mit der Ausgießung des Geistes geschieht: Vorher entstandenes Geschehen wird aufgegriffen. Die Geschichte Jesu, aber auch die der Erzväter, die wir vorher in verschwommenen Gerüchten nur von ferne hörten, rücken uns plötzlich nahe, werden

Das Pfingstwunder
(Apostelgeschichte 2)

wie beim photographischen Entwickeln auf einmal konturenscharf. Es ist, wenn man es salopp ausdrückt so, als ob »der Groschen fällt«. Von einem Augenblick auf den andern wird den Menschen klar, daß diese Geschichten sie angehen, daß darin Themen ihres eigenen Lebens angesprochen sind. So ist denn auch die Resonanz dieser Worte des Petrus beschrieben. »Als sie das hörten, ging's ihnen durchs Herz.« Sie strömen daraufhin zur Taufe und geben damit kund, daß die eben gehörte Botschaft »sie unbedingt angeht« und daß sie sich dazu bekennen müssen.

Da trat Petrus auf mit den Elfen, erhob seine Stimme und redete zu ihnen: »Ihr Juden, liebe Männer, und alle, die ihr zu Jerusalem wohnet, das sei euch kundgetan, und lasset meine Worte zu euren Ohren eingehen. Denn diese sind nicht trunken, wie ihr wähnet – sintemal es ist die dritte Stunde am Tage –, sondern das ist's, was durch den Propheten Joel zuvor gesagt ist: ›Und es soll geschehen in den letzten Tagen‹, spricht Gott, ›ich will ausgießen von meinem Geist auf alles Fleisch, und eure Söhne und eure Töchter sollen weissagen und eure Jünglinge sollen Gesichte sehen, und eure Ältesten sollen Träume haben; und auf meine Knechte und auf meine Mägde will ich in denselben Tagen von meinem Geist ausgießen, und sie sollen weissagen. Und ich will Wunder tun oben im Himmel und Zeichen unten auf Erden, Blut und Feuer und Rauchdampf; die Sonne soll sich verkehren in Finsternis, und der Mond in Blut, ehe denn der große und offenbare Tag des Herrn kommt. Und soll geschehen, wer den Namen des Herrn anrufen wird, soll selig werden.‹

Ihr Männer von Israel, höret diese Worte: Jesum von Nazareth, den Mann, von Gott unter euch mit Taten und Wundern und Zeichen erwiesen, welche Gott durch ihn tat unter euch, wie denn auch ihr selbst wisset, denselben (nachdem er aus bedachtem Rat und Vorsehung Gottes dahingegeben war) habt ihr genommen durch die Hände der Ungerechten und ihn angeheftet und erwürgt. Den hat Gott auferweckt, und aufgelöst die Schmerzen des Todes, wie es denn unmöglich war, daß er sollte von ihm gehalten werden. Denn David spricht von ihm: ›Ich habe den Herrn allezeit vorgesetzt vor mein Angesicht; denn er ist an meiner Rechten, auf daß ich nicht bewegt werde. Darum ist mein Herz fröhlich, und meine Zunge freuet sich; denn auch mein Fleisch wird ruhen in der Hoffnung. Denn du wirst meine Seele nicht dem Tode lassen, auch nicht zugeben, daß dein Heiliger die Verwesung sehe. Du hast mir kundgetan die Wege des Lebens; du wirst mich erfüllen mit Freuden vor deinem Angesicht.‹ Ihr Männer, liebe Brüder, lasset mich frei reden zu euch von dem Erzvater David. Er ist gestorben und begraben, und sein Grab ist bei uns bis auf diesen Tag. Da er nun ein Prophet war und wußte, daß ihm Gott verheißen hatte mit einem Eide, daß die Frucht seiner Lenden sollte auf seinem Stuhl sitzen, hat er's zuvor gesehen und geredet von der Auferstehung Christi, daß seine Seele nicht dem Tode gelassen ist und sein Fleisch die Verwesung nicht gesehen hat. Diesen Jesus hat Gott auferweckt; des sind wir alle Zeugen.

Nun er durch die Rechte Gottes erhöht ist und empfangen hat die Verheißung des heiligen Geistes vom Vater, hat er ausgegossen diesen, wie ihr sehet und höret. Denn David ist nicht gen Himmel gefahren. Er spricht aber: ›Der Herr hat gesagt zu meinem Herrn: Setze dich zu meiner Rechten, bis daß ich deine Feinde lege zum Schemel deiner Füße.‹ So wisse nun das ganze Haus Israel gewiß, daß Gott diesen Jesus, den ihr gekreuzigt habt, zu einem Herrn und Christus gemacht hat.«

Da sie aber das hörten, ging's ihnen durchs Herz, und sie sprachen zu Petrus und zu den andern Aposteln: »Ihr Männer, liebe Brüder, was sollen wir tun?«

Petrus sprach zu ihnen: »Tut Buße, und lasse sich ein jeglicher taufen auf den Namen Jesu Christi zur Vergebung der Sünden, so werdet ihr empfangen die Gabe des heiligen Geistes. Denn euer und eurer Kinder ist diese Verheißung und aller, die ferne sind, welche Gott, unser Herr, herzurufen wird.«

Auch mit vielen andern Worten bezeugte er und ermahnte und sprach: »Lasset euch erretten aus diesem verkehrten Geschlecht.«

Die nun sein Wort gern annahmen, ließen sich taufen; und es wurden hinzugetan an dem Tage bei dreitausend Seelen.

Sie blieben aber beständig in der Apostel Lehre und in der Gemeinschaft und im Brotbrechen und im Gebet. Es kam auch alle Seelen Furcht an, und geschahen viel Wunder und Zeichen durch die Apostel. Alle aber, die gläubig geworden waren, waren beieinander und hatten alle Dinge gemeinsam. Ihre Güter und Habe verkauften sie und teilten sie aus unter alle, nach dem jedermann not war. Und sie waren täglich und stets beieinander einmütig im Tempel und brachen das Brot hin und her in den Häusern, nahmen die Speise und lobten Gott mit Freuden und einfältigem Herzen und hatten Gnade bei dem ganzen Volk. Der Herr aber tat hinzu täglich, die da selig wurden, zu der Gemeinde. (Apostelgeschichte 2, 14 bis 47)

In den Jüngern wiederholt sich diese Geschichte Jesu

Petrus und Johannes erregen Aufsehen, als sie einen Gelähmten vor der Tür des Tempels heilen. (Apostelgeschichte 3, 1 bis 26)

Als sie aber zum Volk redeten, traten zu ihnen die Priester und der Hauptmann des Tempels und die Sadduzäer (die verdroß, daß sie das Volk lehrten und verkündigten an Jesus die Auferstehung von den Toten) und legten die Hände an sie und sperrten sie ein bis auf morgen; denn es war jetzt Abend. Aber viele unter denen, die dem Wort zuhörten, wurden gläubig, und ward die Zahl der Männer bei fünftausend.

Als es nun kam auf den Morgen, versammelten sich ihre Obersten und Ältesten und Schriftgelehrten gen Jerusalem, Hannas, der Hohepriester, und Kaiphas und Johannes und Alexander, und wieviel ihrer waren vom Hohenpriestergeschlecht, und stellten sie vor sich und fragten sie: »Aus welcher Gewalt oder in welchem Namen habt ihr das getan?«

Petrus, voll des heiligen Geistes, sprach zu ihnen: »Ihr Obersten des Volks und ihr Ältesten von Israel! So wir heute werden gerichtet über dieser Wohltat an dem kranken Menschen, durch welche er ist geheilt worden, so sei euch und allem Volk von Israel kundgetan, daß in dem Namen Jesu Christi von Nazareth, welchen ihr gekreuzigt habt, den Gott von den Toten auferweckt hat, steht dieser allhier vor euch gesund. Das ist der Stein, von euch Bauleuten verworfen, der zum Eckstein geworden ist. Und ist in keinem andern Heil, ist auch kein anderer Name unter dem Himmel den Menschen gegeben, darin wir sollen selig werden.«

Sie sahen aber an die Freudigkeit des Petrus und Johannes und verwunderten sich; denn sie waren gewiß, daß es ungelehrte Leute und Laien waren, und kannten sie auch wohl, daß sie mit Jesu gewesen waren. Sie sahen aber den Menschen, der geheilt worden war, bei ihnen stehen und hatten nichts dawider zu reden. Da hießen sie sie hinausgehen aus dem Rat und handelten miteinander und sprachen: »Was wollen wir diesen Menschen tun? Denn das offenbare Zeichen, durch sie geschehen, ist kund allen, die zu Jerusalem wohnen, und wir können's nicht leugnen. Aber auf daß es nicht weiter einreiße unter das Volk, lasset uns ernstlich sie bedrohen, daß sie hinfort keinem Menschen von diesem Namen sagen.«

Und riefen sie und geboten ihnen, daß sie sich allerdings nicht hören ließen, noch lehrten in dem Namen Jesu. Petrus aber und Johannes antworteten und sprachen zu ihnen: »Richtet ihr selbst, ob es vor Gott recht sei, daß wir euch mehr gehorchen denn Gott. Wir können's ja nicht lassen, daß wir nicht reden sollten, was wir gesehen und gehört haben.« Aber sie drohten ihnen und ließen sie gehen und fanden nicht, wie sie sie peinigten, um des Volkes willen; denn sie lobten alle Gott über das, was geschehen war. Denn der Mensch war über vierzig Jahre alt, an welchem dies Zeichen der Gesundheit geschehen war. (Apostelgeschichte 4, 1 bis 22)

Der Rat des weisen Gamaliel

Da stand aber auf im Rat ein Pharisäer, mit Namen Gamaliel, ein Schriftgelehrter, in Ehren gehalten vor allem Volk, und hieß die Apostel ein wenig hinaustun und sprach zu ihnen: »Ihr Männer von Israel, sehet euch vor mit diesen Menschen, was ihr tun wollt. Vor diesen Tagen stand auf Theudas und gab vor, er wäre etwas, und hingen an ihm eine Zahl Männer, bei vierhundert; der ist erschlagen, und alle, die ihm zufielen, sind zerstreut und zunichte geworden.

Darnach stand auf Judas aus Galiläa in den Tagen der Schätzung und machte viel Volks abfällig ihm nach, und der ist auch umgekommen, und alle, die ihm zufielen, sind zerstreut. Und nun sage ich euch: Lasset ab von diesen Menschen und lasset sie fahren. Ist der Rat oder das Werk aus den Menschen, so wird's untergehen; ist's aber aus Gott, so könnet ihr's nicht dämpfen; auf daß ihr nicht erfunden werdet als solche, die wider Gott streiten wollen.«

Da stimmten sie ihm zu und riefen die Apostel, peitschten sie aus und geboten ihnen, sie sollten nicht reden in dem Namen Jesu, und ließen sie gehen.

Sie gingen aber fröhlich von des Rats Angesicht, daß sie würdig gewesen waren, um seines Namens willen Schmach zu leiden, und hörten nicht auf, alle Tage im Tempel und hin und her in den Häusern zu lehren und zu predigen das Evangelium von Jesus Christus.

(Apostelgeschichte 5, 34 bis 42)

Der Kämmerer aus dem Mohrenland
oder: Wie einem Suchenden die Bibel aufgeschlossen wird

Der Engel des Herrn redete zu Philippus und sprach: »Stehe auf und gehe gegen Mittag auf die Straße, die von Jerusalem geht hinab gen Gaza, die da wüst ist.» Und er stand auf und ging hin.

Und siehe, ein Mann aus Mohrenland, ein Kämmerer und Gewaltiger der Königin Kandaze in Mohrenland, welcher über ihre ganze Schatzkammer gesetzt war, der war gekommen gen Jerusalem, anzubeten, und zog wieder heim und saß auf seinem Wagen und las den Propheten Jesaia.

Der Geist aber sprach zu Philippus: »Gehe hinzu und halte dich zu diesem Wagen.« Da lief Philippus hinzu und hörte, daß er den Propheten Jesaja las, und sprach: »Verstehst du auch, was du liesest?« Er aber sprach: »Wie kann ich, so mich nicht jemand anleitet?« Und ermahnte Philippus, daß er aufträte und setzte sich zu ihm.

Der Inhalt aber der Schrift, die er las, war dieser: »Er ist wie ein Schaf zur Schlachtung geführt und still wie ein Lamm vor seinem Scherer, also hat er nicht aufgetan seinen Mund. In seiner Niedrigkeit ist sein Urteil aufgehoben. Wer wird aber von seines Lebens Länge reden? denn sein Leben ist von der Erde weggenommen.«

Da antwortete der Kämmerer dem Philippus und sprach: »Ich bitte dich, von wem redet der Prophet solches? Von sich selber oder von jemand anders?«

Philippus aber tat seinen Mund auf und fing von dieser Schrift an und predigte ihm das Evangelium von Jesus.

Und als sie zogen der Straße nach, kamen sie an ein Wasser. Und der Kämmerer sprach: »Siehe, da ist Wasser; was hindert's, daß ich mich taufen lasse?«

Philippus aber sprach: »Glaubst du von ganzem Herzen, so mag's wohl sein.« Er antwortete und sprach: »Ich glaube, daß Jesus Christus Gottes Sohn ist.« Und er hieß den Wagen halten, und stiegen hinab in das Wasser beide, Philippus und der Kämmerer, und er taufte ihn.

Da sie aber heraufstiegen aus dem Wasser, rückte der Geist des Herrn Philippus hinweg, und der Kämmerer sah ihn nicht mehr; er zog aber seine Straße fröhlich.

Philippus aber ward gefunden zu Asdod und wandelte umher und predigte allen Städten das Evangelium, bis daß er kam gen Cäsarea. (Apostelgeschichte 8, 26 bis 40)

Die Bekehrung des Apostels Paulus

Saulus aber schnaubte noch mit Drohen und Morden wider die Jünger des Herrn und ging zum Hohenpriester und bat ihn um Briefe gen Damaskus an die Schulen, auf daß, so er etliche dieses Weges fände, Männer und Weiber, er sie gebunden führte gen Jerusalem. Und da er auf dem Wege war und nahe an Damaskus kam, umleuchtete ihn plötzlich ein Licht vom Himmel, und er fiel auf die Erde und hörte eine Stimme, die sprach zu ihm:

»Saul, Saul, was verfolgst du mich?«

Er aber sprach: »Herr, wer bist du?«

Der Herr sprach: »Ich bin Jesus, den du verfolgst. ...

Stehe auf und gehe in die Stadt; da wird man dir sagen, was du tun sollst.«

Die Männer aber, die seine Gefährten waren, standen und waren erstarrt; denn sie hörten die Stimme und sahen nichts.

Saulus aber richtete sich auf von der Erde, und als er seine Augen auftat, sah er niemand. Sie nahmen ihn aber bei der Hand und führten ihn gen Damaskus, und er war drei Tage nicht sehend und aß nicht und trank nicht.

Es war aber ein Jünger zu Damaskus, mit Namen Ananias; zu dem sprach der Herr in einer Erscheinung: »Ananias!« Und er sprach: »Hier bin ich, Herr.« Und der Herr sprach zu ihm: »Stehe auf und gehe hin in die Gasse, die da heißt »die Gerade«, und frage in dem Hause des Judas nach einem, namens Saul von Tarsus; denn siehe, er betet und hat gesehen in einer Vision einen Mann, mit Namen Ananias, zu ihm hineinkommen und die Hand auf ihn legen, daß er wieder sehend werde.«

Ananias aber antwortete: »Herr, ich habe von vielen gehört von diesem Manne, wieviel Übles er deinen Heiligen getan hat zu Jerusalem; und er hat allhier Macht von den Hohenpriestern, zu binden alle, die deinen Namen anrufen.«

Der Herr sprach zu ihm: »Gehe hin; denn dieser ist mir ein auserwähltes Rüstzeug, daß er meinen Namen trage vor die Heiden und vor die Könige und vor die Kinder von Israel. Ich will ihm zeigen, wieviel er leiden muß um meines Namens willen.«

Und Ananias ging hin und kam in das Haus und legte die Hände auf ihn und sprach: »Lieber Bruder Saul, der Herr hat mich gesandt, der dir erschienen ist auf dem Wege, da du herkamst, daß du wieder sehend und mit dem heiligen Geist erfüllt werdest.« Und alsobald fiel es von seinen Augen wie Schuppen, und er ward wieder sehend und stand auf, ließ sich taufen und nahm Speise zu sich und stärkte sich.

Saulus aber war eine Zeitlang bei den Jüngern zu Damaskus. Und alsbald predigte er Christum in den Schulen, daß derselbe Gottes Sohn sei. Sie entsetzten sich aber alle, die es hörten, und sprachen: »Ist das nicht, der zu Jerusalem verstörte alle, die diesen

Namen anrufen, und darum hergekommen, daß er sie gebunden führe zu den Hohenpriestern?«

Saulus aber ward immer kräftiger und trieb die Juden in die Enge, die zu Damaskus wohnten, und bewies es, daß dieser ist der Christus. Und nach vielen Tagen hielten die Juden einen Rat zusammen, daß sie ihn töteten. Aber es ward Saulus kundgetan, daß sie ihm nachstellten. Sie bewachten aber Tag und Nacht die Tore, daß sie ihn töteten. Da nahmen ihn die Jünger bei der Nacht und ließen ihn über die Mauer in einem Korb hinab.

Da aber Saulus gen Jerusalem kam, versuchte er sich zu den Jüngern zu tun, und sie fürchteten sich alle vor ihm und glaubten nicht, daß er ein Jünger wäre. Barnabas aber nahm ihn zu sich und führte ihn zu den Aposteln und erzählte ihnen, wie er auf der Straße den Herrn gesehen und er mit ihm geredet, und wie er zu Damaskus den Namen Jesu frei gepredigt hätte. Und er war bei ihnen und ging aus und ein zu Jerusalem und predigte den Namen des Herrn Jesu frei.

Er redete auch und befragte sich mit den Griechen; aber sie stellten ihm nach, daß sie ihn töteten. Da das die Brüder erfuhren, geleiteten sie ihn gen Cäsarea und schickten ihn gen Tarsus. So hatte nun die Gemeinde Frieden durch ganz Judäa und Galiläa und Samarien und baute sich und wandelte in der Furcht des Herrn und ward erfüllt mit Trost des heiligen Geistes. (Apostelgeschichte 9, 1 bis 31)

Die Apostelgeschichte berichtet unter anderem auch von weit ausgreifenden apostolischen Missionsreisen, die der Verbreitung des Evangeliums galten, von Widerständen und Siegen. Eine Predigt des Apostels Paulus in Athen zeigt, wie er bemüht ist, die Botschaft von Jesus so zu bringen, daß religiös ganz anders orientierte Menschen sie mit ihrer eigenen Vorstellungswelt in Kontakt bringen können. Er ist also sichtlich darum bemüht, ihnen seine Botschaft nicht wie eine dogmatische Behauptung aufzuoktroyieren, sondern sie ihnen von ganz anderen Voraussetzungen her glaubbar zu machen. So kommt es zu einer Art Archetypus einer Missionspredigt.

Die Predigt des Paulus auf dem Areopag zu Athen

Da aber Paulus ihrer zu Athen wartete, ergrimmte sein Geist in ihm, da er sah die Stadt gar so abgöttisch. Und er redete zu den Juden und Gottesfürchtigen in der Schule, auch auf dem Markte alle Tage zu denen, die sich herzufanden. Etliche aber der Epikuräer und Stoiker stritten mit ihm. Und etliche sprachen: »Was will dieser Lotterbube sagen?« Etliche aber: »Es sieht so aus, als wolle er neue Götter verkündigen«. Er hatte ihnen aber das Evangelium von Jesus und von der Auferstehung verkündigt.

Sie nahmen ihn aber und führten ihn auf den Gerichtsplatz und sprachen: »Können wir auch erfahren, was das für eine neue Lehre sei, die du lehrst? Denn du bringst etwas Neues vor unsere Ohren; so wollten wir gern wissen, was das sei.« Die Athener aber alle, auch die Ausländer und Gäste, waren gerichtet auf nichts anderes, denn etwas Neues zu sagen oder zu hören. Paulus aber stand mitten auf dem Gerichtsplatz und sprach:

»Ihr Männer von Athen, ich sehe, daß ihr in allen Stücken gar sehr die Götter fürchtet. Ich bin herdurchgegangen und habe gesehen eure Gottesdienste und fand einen Altar, darauf war geschrieben: Dem unbekannten Gott. Nun verkündige ich euch denselben, dem ihr unwissend Gottesdienst tut. Gott, der die Welt gemacht hat und alles, was darinnen ist, er, der ein Herr ist des Himmels und der Erde, wohnt nicht in Tempeln mit Händen gemacht; er wird auch nicht von Menschenhänden versorgt wie einer, der jemands bedürfe, so er selber jedermann Leben und Odem allenthalben gibt. Und er hat gemacht, daß von einem Blut aller Menschen Geschlechter auf dem ganzen Erdboden wohnen und hat Ziel gesetzt und vorgesehen, wie lange und wie weit sie wohnen sollen, daß sie den Herrn suchen sollten, ob sie doch ihn fühlen und finden möchten, und fürwahr, er ist nicht ferne von einem jeglichen unter uns. Denn in ihm leben, weben und sind wir; wie auch etliche Poeten bei euch gesagt haben: Wir sind seines Geschlechts. So wir denn göttlichen Geschlechts sind, sollen wir nicht meinen, die Gottheit sei gleich den goldenen, silbernen und steinernen Bildern durch menschliche Kunst und Gedanken gemacht. Und zwar hat Gott über die Zeit der Unwissenheit hinweggesehen. Nun aber gebietet er allen Menschen an allen Enden, Buße zu tun, darum daß er einen Tag gesetzt hat, an welchem er richten will den Kreis des Erdbodens mit Gerechtigkeit durch einen Mann, in welchem er's beschlossen hat und jedermann vorhält den Glauben, nachdem er ihn hat von den Toten auferweckt.«

Da sie hörten die Auferstehung der Toten, da hatten etliche ihren Spott; etliche aber sprachen: »Wir wollen dich davon weiter hören.« (Apostelgeschichte 17, 16 bis 32)

AUSBLICK AUF DAS ENDE DER WELT

Die Vorstellung von einem Weltende, eine aus jüdischem Denken kommende Tradition, war den Menschen zur Zeit Jesu vertraut. Gemeint hat der Evangelist Matthäus, wenn er vom Ende der Welt spricht, nicht allein eine in ferner Zukunft liegende Zeit, sondern auch eine Veränderung des Lebens, die in Erwartung des Reiches Gottes schon im Hier und Jetzt einsetzt und sich im Denken und Handeln der Menschen konkretisiert.

Als er nun auf dem Ölberg saß, traten seine Jünger herzu und fragten ihn, als sie unter sich waren: »Sage uns, wann wird das geschehen? und was wird das Zeichen sein für dein Kommen und für das Ende der Welt?« Jesus antwortete ihnen: »Paßt auf, daß euch niemand in die Irre führt. Denn es werden viele in meinem (angeblichen!) Namen kommen und sagen: ›Ich bin der Messias‹, und werden damit viele verwirren. Ihr werdet hören von Kriegen und Kriegsgerüchten. Seht euch vor und laßt euch nicht in Angst und Schrecken treiben! Denn das muß so geschehen, doch es ist noch nicht das Ende. Ein Volk wird sich noch wider das andere erheben und ein Königreich gegen das andere. Hungersnöte und Erdbeben werden vielerorts ausbrechen. Doch ist das alles erst der Beginn der Wehen.

Danach werden sie euch in Drangsal stürzen und umbringen. Um meines Namens willen werdet ihr verhaßt sein bei allen Völkern. Dann werden viele (an mir) irre werden; sie werden sich gegenseitig verraten und einander hassen. Auch wird eine Menge falscher Propheten auftreten und viele in die Irre führen. Dieweil so die Gesetzlosigkeit überhand nimmt, wird die Liebe in vielen erkalten. Wer aber ausharrt bis ans Ende, der wird gerettet werden. Und dies Evangelium vom Reich wird in der ganzen Welt verkündigt werden zum Zeugnis für alle Völker – und dann wird das Ende kommen.« (Matthäus 24, 3 bis 14)

»Wenn der Menschensohn in seiner Herrlichkeit kommen wird, und alle Engel mit ihm, dann wird er auf dem Thron seiner Herrlichkeit sitzen, und alle Völker werden vor ihm versammelt werden. Dann wird er sie voneinander scheiden, so wie ein Hirt die Schafe von den Böcken scheidet. Die Schafe wird er zu seiner Rechten stellen und die Böcke zur Linken. Da wird dann der König zu denen auf seiner Rechten sagen: ›Kommt her, ihr Gesegneten meines Vaters, erbet das Reich, das euch bereitet ist vom Anbeginn der Welt! Denn ich bin hungrig gewesen, und ihr habt mir zu essen gegeben. Ich bin durstig gewesen, und ihr habt mir zu trinken gegeben. Ich war ein Fremdling gewesen, und ihr habt mich gastlich aufgenommen. Ich bin nackt gewesen, und ihr habt mich gekleidet. Ich bin krank gewesen, und ihr habt mich besucht. Ich bin gefangen gewesen, und ihr seid zu mir gekommen.‹ Dann werden ihm die Gerechten antworten: ›Herr, wann haben wir dich hungrig gesehen und haben dir zu essen gebracht? oder durstig und haben dir zu trinken gegeben? Wann haben wir dich als Fremdling gesehen und dich aufgenommen? oder nackt und haben dich gekleidet? Wann haben wir dich krank oder gefangen gesehen und haben dich besucht?‹ Und der König wird ihnen antworten: ›Wahrlich, ich sage euch: Was ihr getan habt einem von diesen meinen geringsten Brüdern, das habt ihr mir getan.‹ Dann wird er auch zu denen zur Linken sagen: ›Hebet euch weg von mir, ihr Verfluchten, in das ewige Feuer, das dem Teufel und seinen Engeln bereitet ist! Denn ich bin hungrig gewesen und ihr habt mir nichts zu essen gegeben. Ich bin durstig gewesen, und ihr habt mich nicht trinken lassen. Ich bin ein Fremdling gewesen, und ihr habt mich nicht aufgenommen. Ich bin nackt gewesen, und ihr gabt mir nichts anzuziehen. Ich bin krank und im Gefängnis gewesen, und ihr habt mich nicht besucht.‹ Dann werden auch sie ihm antworten: ›Herr, wann haben wir dich hungrig oder durstig oder als Fremdling oder nackt oder krank oder gefangen gesehen und haben dich sitzen lassen?‹ – Dann wird er ihnen antworten: ›Wahrlich, ich sage euch: Was ihr nicht getan habt diesen Geringsten, das habt ihr auch mir nicht getan.‹ Und sie werden hingehen: die einen zur ewigen Strafe, die anderen aber ins ewige Leben. (Matthäus 25, 31 bis 46)

LEBEN AUS DER AUFERSTEHUNG
Aus der Theologie des Apostels Paulus[58]

Ich erinnere euch, liebe Brüder, an das Evangelium, das ich euch verkündigt habe, das ihr angenommen habt und in dem ihr feststeht. Durch dies Evangelium werdet ihr auch gerettet, wenn ihr's festhaltet, so wie ich es euch verkündigt habe. Sonst wäret ihr ja vergeblich zum Glauben gekommen.

Als erstes habe ich euch weitergegeben, was ich selbst empfangen habe: daß Christus gestorben ist für unsere Sünden nach der Schrift, daß er begraben wurde und dann auferstanden am dritten Tage nach der Schrift; daß er erschienen ist dem Kephas, danach den Zwölfen. Danach ist er erschienen mehr als fünfhundert Brüdern auf einmal, von denen die meisten noch heute leben, einige aber sind entschlafen. Danach ist er dem Jakobus erschienen, weiterhin dann allen Aposteln. Zuletzt von allen ist er auch mir erschienen als einer unzeitigen Geburt. Denn ich bin der geringste unter den Aposteln und nicht wert, ein Apostel zu heißen, weil ich die Gemeinde Gottes verfolgt habe. Doch durch Gottes Gnade bin ich, was ich bin. Und seine Gnade an mir ist nicht vergeblich gewesen; ich habe sogar viel mehr gearbeitet als sie alle, nicht aber ich, sondern Gottes Gnade, die mit mir ist. Ob nun ich es bin oder jene, so verkündigen wir (gemeinsam), und so seid ihr denn auch zum Glauben gekommen.

Wenn aber von Christus verkündigt wird, daß er von den Toten auferstanden ist, wie sagen dann einige unter euch: ›Mit einer Auferstehung der Toten ist es nichts‹? Gibt es keine Auferstehung der Toten, so ist auch Christus nicht auferstanden. Ist aber Christus nicht auferstanden, so ist unsre Predigt vergeblich, so ist auch euer Glaube vergeblich. Wir würden dann zugleich als falsche Zeugen Gottes dastehen, weil wir wider Gott bezeugt hätten, er habe Christus auferweckt, den er doch gar nicht auferweckt hätte – wenn und sofern doch die Toten nicht auferstehen. Denn wenn die Toten nicht auferstehen, so ist auch Christus nicht auferstanden. Ist aber Christus nicht auferstanden, so ist euer Glaube nichtig, dann seid ihr noch in euren Sünden. Selbst die, die in Christus entschlafen sind, sind dann mit verloren. Hoffen wir allein in diesem Leben auf Christus, so sind wir die elendesten unter allen Menschen.

Nun aber *ist* Christus von den Toten auferstanden. Er hat den Anfang damit gemacht unter denen, die entschlafen sind. Denn wie durch *einen* Menschen der Tod gekommen ist, so kommt auch durch *einen* Menschen die Auferstehung der Toten. Denn wie sie in Adam alle sterben, so werden sie in Christus alle lebendig gemacht werden. Jeder aber in seiner Ordnung: Den Anfang macht Christus, danach, wenn er wiederkommen wird, alle, die Christus angehören; danach kommt das Ende, wenn er das Reich Gott, dem Vater, übergeben wird und er aller Herrschaft und aller Macht und Gewalt ein Ende gemacht hat. Denn er muß herrschen, bis Gott ihm alle Feinde unter die Füße legt. Der letzte Feind, der vernichtet wird, ist der Tod. Denn alles hat er unter seine Füße getan. Wenn es aber heißt, alles sei ihm unterworfen, so ist offenkundig, daß der ausgenommen ist, der ihm alles unterworfen hat. Wenn ihm aber alles unterworfen sein wird, dann wird auch der Sohn selbst sich dem unterwerfen, der ihm alles unterworfen hat, damit Gott sei alles in allem. Aber, so könnte nun jemand fragen: Wie werden die Toten auferstehen, und mit welcher Art von Leib werden sie kommen? Du Narr: Was du säst, wird nicht lebendig, es stürbe denn zuvor. Was du säst, ist ja nicht der Leib, der werden soll, sondern ein bloßes Korn, etwa von Weizen oder einem anderen Getreide. Gott aber gibt ihm einen Leib, wie er will, und zwar jeglichem Samen seinen eigenen Leib. Auch alles Fleisch ist nicht von einerlei Art, sondern leiblich verschieden: Einen andern Leib haben die Menschen, einen andern das Vieh, einen andern die Vögel und einen andern die Fische. Und es gibt himmlische Körper und irdische Körper, aber die himmlischen haben eine andere Herrlichkeit als die irdischen. Einen andern Glanz hat die Sonne, einen andern hat der Mond, einen andern haben die Sterne, denn ein Gestirn unterscheidet sich vom andern durch seinen Glanz. So ist es auch mit der Auferstehung der Toten. Es wird gesät verweslich und wird auferstehen unverweslich. Es wird gesät in Unehre und wird auferstehen in Herrlichkeit. Es wird gesät in Schwachheit und wird auferstehen in Kraft. Es wird gesät ein natürlicher Leib und wird auferstehen ein geistlicher Leib. Gibt es einen natürlichen Leib, so gibt es auch einen geistlichen Leib. Wie geschrieben steht: Der erste Mensch, Adam, wurde zu einer lebendigen Seele, der letzte Adam aber zum lebenschaffenden Geist. Der geistliche Leib war danach nicht der erste, sondern der natürliche, der (nur) beseelte. Der geistliche Leib ist erst der spätere. Der erste Mensch ist von der Erde und irdisch, der zweite Mensch ist vom Himmel. Wie der irdische, so sind auch die irdischen, und wie der himmlische, so sind auch die himmlischen. Und wie wir das Bild des irdischen Menschen getragen haben, so werden wir auch das Bild des himmlischen tragen. Wenn aber dies Verwesliche anziehen wird die Unverweslichkeit und dies Sterbliche die Unsterblichkeit, dann wird das Wort erfüllt werden, das geschrieben steht: Der Tod ist verschlungen in den Sieg. Tod, wo ist dein Sieg? Tod, wo ist dein Stachel? Der Stachel des Todes aber ist die Sünde, und die Kraft der Sünde ist das Gesetz.[59] Gott aber sei Dank, der uns den Sieg gibt durch unsern Herrn Jesus Christus! Darum, meine lieben Brüder, seid fest und unerschütterlich und nehmt immer zu im Werk des Herrn, zumal ihr wißt, daß eure Arbeit nicht vergeblich ist im Herrn.

(1. Korinther 15, 1 bis 11; 12 bis 19; 20 bis 28; 35 bis 49; 54 bis 58)

ANMERKUNGEN

1. Es gibt nicht nur eine auf die Zukunft gerichtete, sondern auch eine rückwärts (in die Vergangenheit) gewandte Prophetie. Wenn sie bei dieser prophetischen Sicht der Urgeschichte Aussagen über unser letztes Woher und Wohin macht, verfolgt sie damit kein historisch-protokollarisches Interesse; erst recht geht es ihr nicht um eine Weltentstehungstheorie. Vielmehr will sie im Lichte der Ursprungsgeschichte unser menschliches Wesen, seine eigentliche Bestimmung und deren Veruntreuung erhellen. Zugleich werden bei den Themen »Schöpfung und Sündenfall« die Strukturen der gefallenen Welt gedeutet – einer Welt, die trotz ihres Abfalls von Gott nicht aufgegeben wird.

Bemerken darf ich noch, daß die gehäuften Anmerkungen zu Beginn sich später so nicht wiederholen. Sie sollen dem weniger erfahrenen Bibelleser zugleich als Einführung in seine Lektüre dienen.

2. Wie der Leser leicht bemerken kann, bringt die biblische Urgeschichte zwei verschiedene Schöpfungsberichte, die auch verschiedenen Quellenschriften entstammen: Die erste steht im Kap. 1 und reicht bis 2, 4a, die zweite in Kap. 2, 5–25. Die erstgenannte Quelle ist die sogenannte »Priesterschrift«, die, wie schon der Name sagt, vornehmlich aus priesterlicher, in Jahrhunderten gewachsener Tradition stammt. Sie enthält vor allem Lehre, ist schmucklos und ohne eigentliche Freude an erzählerischer Phantasie. Sie gehört in die nachexilische Zeit zwischen den Jahren 530 bis 450.

Einen ganz anderen Charakter hat die zweite Quelle, der sogenannte »Jahwist«, den man viel früher – etwa um das Jahr 950 – ansetzen muß. Er ist ein genialer Erzähler mit Freude am Detail und plastischer Darstellungskraft. Von seiner psychologischen Einfühlung kann man sich in der Sündenfallgeschichte einen Eindruck verschaffen. Der Jahwist reißt aber auch weltgeschichtliche Perspektiven auf: Seine Geschichten sind zugleich Modelle für das Menschheitsgeschick überhaupt: für die Schöpfungsbestimmung des Menschen und seine Abkehr, für Bruderzwist und den Zerfall der Völkereinheit.

Ich werde in der Regel auf diese Quellenfragen nicht mehr zurückkommen. Nur an diesem Beginn der Urgeschichte, wo die beiden Schöpfungsgeschichten sich so markant von einander abheben, möchte ich dem Leser einen Eindruck verschaffen von dem reich verästelten historischen Wachstum der Bibel.

3. Hier grenzt sich der biblische Bericht gegen die Schöpfungsmythen (z. B. die babylonischen) ab: Dort wird die Welt allenthalben aus einem Urmaterial geschaffen, das von den Göttern wie von einem Künstler »bearbeitet« wird. Es bringt aber eigene–oft fluchbeladene–Inhalte mit in die Schöpfung ein und hat so verhängnisvolle Nachwirkungen. Der biblische Bericht setzt dagegen mit der Beschreibung eines »wesen-, kraft- und formlosen Anfangs« ein (Zimmerli). Ihm geht es also darum, daß Gott die Welt aus dem »Nichts« geschaffen habe. Er verwendet dafür auch einen Spezialbegriff für »Schaffen«, der sich vom künstlerischen »Bilden« deutlich abhebt. Das hat eine große theologische Bedeutung: Der mythische Mensch kann z. B. seine Schuld immer tragisch deuten; er kann sie auf die böse Mitgift zurückschieben, die ihm von den Belastungen des Schöpfungs-»Materials« her

überkommen sei. Die biblische Schöpfungsgeschichte gibt dagegen keine Möglichkeit für eine solche Schuld-Deutung. Da hier jenes Urmaterial nicht vorausgesetzt ist und Gott die Welt aus dem Nichts gemacht hat, besteht nur die Möglichkeit, die Schuldbelastung entweder auf Gott zurückzuschieben – das aber ist undenkbar –; oder aber der Mensch muß sich selbst als erste Ursache des Schuldverhängnisses begreifen. Das ist in der Tat, wie die Sündenfallgeschichte zeigt, die biblische Lösung.

4. Es fällt auf, daß das Licht hier als eine Art eigener Wesenheit geschaffen wird. Es haftet nicht an leuchtenden Himmelskörpern wie Sonne, Mond und Sternen. Von deren Erschaffung wird erst betont später berichtet (V 16 ff.). Auch hierin kommt eine Abgrenzung gegenüber der babylonischen Mythenwelt zum Ausdruck, vor allem gegen die Astrologie, die mit dem Gestirnkult verbunden ist. Der biblische Bericht gibt der Erschaffung der Gestirne demgegenüber eine betont zweitrangige Bedeutung. Er spricht sogar etwas verächtlich von »Lampen«, die Gott am Himmelszelt befestigt habe.

5. Mit der neuen Verheißung Gottes wird zugleich der Schöpfungsbefehl (1, 28–30) noch einmal erneuert, aber in charakteristischer Veränderung (s. 9, 1–7): Mit dem Unheil des Sündenfalls sind »Furcht und Schrecken« in die Welt gekommen. Es geht jetzt nicht mehr um die ursprüngliche Welt, wie sie aus den Händen Gottes entlassen wurde, sondern um die gefallene Welt, in der das Rechtsgesetz der Vergeltung gilt: »Wer Menschenblut vergießt, des Blut soll auch durch Menschen vergossen werden; denn Gott hat den Menschen zu seinem Bilde gemacht« (9,6). Es geht jetzt nicht mehr um das ursprüngliche Schöpfungsgebot, sondern um »Notverordnungen« Gottes für die gefallene Welt (vgl. Matthäus-Evangelium 19,8).

6. Nachdem die Menschen sich von Gott losgelöst haben und so der verbindenden Mitte beraubt sind, setzt sich eine zentrifugale Tendenz durch. Sie streben auseinander und verstehen sich nicht mehr. Deshalb ist die neutestamentliche Geschichte von der Ausgießung des heiligen Geistes (Apostelgeschichte 2) immer als eine Art Antithese verstanden worden: Hier beginnen sich die Menschen über alle Sprachgrenzen hinweg wieder zu verstehen.

7. Abraham gilt den Menschen der Bibel als Urbild des auf Gott Vertrauenden. Zugleich ist er das Symbol eines Neubeginns: Hinter ihm liegen drei Gerichtsverhängnisse: die Vertreibung aus dem Paradies, die Sintflut und die babylonische Sprachverwirrung. Gott macht ihn zum Partner eines neuen Bundes. An die Stelle der Fluchworte, die über das Versagen der Menschen ergangen sind, tritt nun ein vielfacher Segensspruch. Eines dieser Segensworte kommt in der Änderung des ursprünglichen Namens »Abram« in »Abraham« (Vater vieler Völker) zum Ausdruck.

Der Sinn der Abraham-Geschichte ist weniger der eines historischen Protokolls als einer theologischen Aussage über den Weg Gottes mit einem Menschen, der ihm vertraut und trotz aller Fragwürdigkeit des Segens teilhaftig bleibt. Schon gleich zu Beginn klingt das Thema des Vertrauens an, als Abraham aus allen heimatlichen, freundschaftlichen und verwandtschaftlichen Bindungen herausgerufen und ins Unbekannte – in ein ihm noch Unbekanntes – entboten wird.

8. Diese jahwistische Erzählung ist innerhalb des Alten Testaments in einem Punkte eine Besonderheit: Gott erscheint hier in der Mehrzahl: in Gestalt dreier Männer, obwohl dann in den Dialogen wieder die Einzahl verwendet wird. Die Erklärer vermuten, daß hier polytheistische Überlieferungen aus vorisraelitischer Zeit anklingen könnten, obwohl der plötzlich auftauchende Singular (Vers 10!) in den Dialogen sie nahezu unkenntlich macht. Immerhin erinnern sie an manche Entprechungen in der Religionsgeschichte. So kennt die griechische Sage einen Besuch von Zeus, Hermes und Poseidon bei einem kinderlosen Böotier, dessen Sehnsucht nach einem Sohn sie erfüllen. Häufig dienen derartige Götterbesuche der Erprobung der Menschen. So heißt es einmal bei Homer im 17. Gesang der Odyssee (V 485 ff.): »Denn die Unsterblichen gleichen sich oft fernwanderndem Fremdling, wandeln gar oft die Städte hindurch in mancher Verkleidung, da sie die Menschen erkunden, wer fromm sei, oder wer nicht fromm.« Die Erzählkunst des Jahwisten gerade in dieser und den folgenden Geschichten ist immer wieder bewundert worden.

9. Im folgenden ist nur noch von zwei Männern (Boten, Engeln) die Rede, die im Namen Gottes den Untergang Sodoms ankündigen und vollziehen (18, 22; 19, 1). Zugleich wird in 18,20 die Anonymität der Besucher gelüftet: Hier wird unmittelbar von Gott selbst (Jahwe) geredet: »Der Herr sprach...« Das Mysterium dieser Identität drückt sich aber auch weiterhin darin aus, daß die Bezeichnungen nicht streng voneinander geschieden sind.

10. Das hebräische Wort »erkennen« ist hier ein Ausdruck für geschlechtliche Intimität, die für die Sünde der Sodomiter repräsentativ steht.

11. Zweifellos ist diese Geschichte trotz ihrer Grausigkeit eine der hintergründigsten und tiefsinnigsten Erzählungen des Alten Testaments. (Deshalb bedarf es hier ausnahmsweise einer ausführlicher kommentierenden Anmerkung.) – Von vorne herein ist es unmöglich, irgendeine griffige Lehrformel aus ihr herauszukristallisieren, etwa im Sinne der These: Gottes Befehl (selbst wenn er mich sadistisch anmutet!) hat den Vorrang vor jeder Liebe zum »einzigen Sohn«, oder im Sinne des Luther-Liedes: »Nehmen sie den Leib, Gut, Ehr, Kind und Weib, laß fahren dahin...«

Der Alttestamentler Gerhard von Rad hat sicher recht, wenn er von der Unmöglichkeit spricht, »einen Grundgedanken als den Sinn des Ganzen auszuforschen. Sie (ergänze: diese Geschichte) hat viele Sinngeschichten, und wer ihr auf den Grund gekommen zu sein meint, muß alsbald entdecken, daß darunter noch mehr Böden sind.«

Auch die etwas versimpelnde religionsgeschichtliche Erklärung, es handle sich hier um eine Beispielgeschichte, die das Ende des vorisrealitischen Kinderopfers und dessen Ablösung durch ein Tieropfer bezeugen solle, reicht nicht zu. Trotz ergreifend menschlicher Züge des Berichts (wenn Gott z. B. von Isaak spricht als »dem einzigen, den du liebhast«), wäre es falsch, hier der Sentimentalität Raum zu geben.

Der Kern der Geschichte liegt nicht einmal im Verhältnis des liebenden Vaters zum geliebten Sohn, obwohl diese Beziehung durchaus mitschwingt. Vielleicht hat niemand den weit darüber hinausgehenden, im Grund noch schrecklicheren Konflikt Abrahams so präzise umschrieben wie Luther in seiner Genesis-Vorlesung

(Weimarer Ausgabe Band 43, Seite 200 ff.): Gott setzt Abraham insofern der furchtbarsten Anfechtung aus, als er ihm nur die Wahl läßt zwischen Unglauben und Ungehorsam. Kommt er dem Befehl nach, Isaak zu opfern, so tötet er den Garanten dessen, was ihm an Segensverheißungen zuteil geworden ist. Versagt er sich aber dem Opfer-Befehl, läßt er Isaak also am Leben, dann mag er damit zwar seinen Glauben an die Verheißung Gottes demonstrieren, doch verweigert er Gott so den Gehorsam. Wenn Abraham sich in diesem Konflikt »unverzüglich« zu Gehorsam entschließt, dann ist gerade das in dieser Geschichte als Tat des Glaubens, als ein unerhörtes Dennoch verstanden: Abraham traut damit Gott ja zu, daß er sich widerspreche (obwohl vor seinem menschlichen Auge nichts als lauter Widerspruch erscheint!) und daß er deshalb einen Weg finden werde, seine Verheißung trotz allem zu erfüllen. Obwohl er selbst keine Möglichkeit dafür sieht, traut er Gott seine höheren Möglichkeiten zu.

So stellt uns diese Geschichte vor die Paradoxie, daß Abraham gehorcht, weil er glaubt, und daß auch das Umgekehrte gilt: Sein Ungehorsam wäre zugleich Unglaube gewesen, ein Mißtrauensvotum nämlich gegenüber den Möglichkeiten Gottes.

Darum enthüllt sich uns die ganze Tiefe der Versuchung Abrahams nur dann, wenn wir uns klar machen: Er steht nicht nur vor dem abgründigen Schrecknis, seinen »einzig geliebten Sohn« hergeben zu sollen, sondern er wird zugleich vor die schwarze Wand der Gottverlassenheit entrückt: Denn er scheint mit diesem Opfer zugleich den Garanten aller Verheißungen Gottes aus dem Wege zu räumen und damit Gott selbst zu verlieren. Wer oder was könnte Gott dann noch sein, wenn er nicht mehr der »Immanuel«, der Gott »für ihn«, eben der Gott der Verheißung wäre?

So gähnt vor ihm die absolute Leere – und er weiß ja nicht, was dem Leser von vorne herein angedeutet wird: daß es »nur« um eine Versuchung geht. Dadurch, daß Abraham in Vertrauen und Gehorsam diese wohl dunkelste Anfechtung besteht – sie ähnelt in ihrer Abgründigkeit der des gekreuzigten Christus mit seinem Verlassenheitswort –, wird er zum »Vater des Glaubens« (vgl. Hebräerbrief 11,8 ff.).

12. Die folgende Geschichte bringt eine schwer zu deutende Gotteserfahrung. Es geht zunächst um die Erklärung des neuen Namens, den Jakob hier erhält: »Israel« = Gottesstreiter (Vers 29). Der Name »Jakob« hatte durch Esau einen bitteren Beigeschmack erhalten, weil er ihn als »der Hinterlistige« deutete (1. Mose 27, 36). Der neue Name »Gottesstreiter« ist aber auch nicht einfach als Auszeichnung zu verstehen. Er bedeutet vielmehr, daß Jakob sich nicht nur Menschen, sondern auch Gott zu Gegnern gemacht hatte. Wenn er schließlich gewonnen hat und mit dem Leben davongekommen ist, dann nur deshalb, weil Gott ihn gesegnet hat, statt ihn dem Verderben zu überantworten.

13. Die Josephsgeschichten bilden den weitaus umfangreichsten Väterbericht: eine geschlossene und kunstvoll komponierte Erzählung voller Spannung, Höhepunkte und retardierender Momente. Gleichwohl ist auch für sie die schon erwähnte »biblische Knappheit« bezeichnend. Sie mag einem besonders auffallen, wenn man daran denkt, daß Thomas Mann sein monumentales dreibändiges Romanwerk »Joseph und seine Brüder« auf diese wenigen Kapitel gegründet hat. (Es bringt zugleich ein umfassendes und genaues Zeit- und Lokalkolorit, dem kundige Orienta-

listen das Zeugnis ausstellten, daß es trotz zugestandener dichterischer Freiheit »so gewesen sein könne«.) – Die theologische Pointe der Geschichte steckt in ihrem Schluß, wo Joseph bekennt: »Ihr (die Brüder) gedachtet es böse mit mir zu machen, Gott aber gedachte es gut zu machen« (50, 20), und wo er – unter dem Eindruck dieser Geschichtsführung Gottes – zugleich darauf verzichtet, sich selbst zum Richter über seine Brüder aufzuwerfen (50, 19).

Kommentierend ist noch anzumerken, daß Jakob, sobald die jahwistische Geschichtsquelle zu Worte kommt, mit dem Namen »Israel« bezeichnet wird.

14. Mit dem 2. Mose-Buch (»Exodus«) wird der Schritt getan von Urväter- und Sippenberichten in die Geschichte des Volkes Israel. Sie ist eine Geschichte der Führungen Gottes, immer neuen menschlichen Versagens und Sich-Versagens, aber auch beständiger Treue und Wieder-Annahme von seiten Gottes. Zugleich begegnen wir der beherrschenden prophetischen Gestalt am Beginnn der Geschichte: Mose. In vielen Anspielungen taucht der Wüstenzug Israels später im Neuen Testament auf. Man sah in der Wüste ein Symbol der Welt, deren Versuchungen auch die Kirche bestehen muß. Dabei verstand sich die Christengemeinde als das eigentliche Israel, als das »Israel nach dem Geist«, das in dem »Israel nach dem Fleisch« eine schattenhafte Vorausdarstellung hatte (Römerbrief 9, 3 ff.).

15. Statt mit seinem Namen antwortet Gott mit einer Wesensbeschreibung seiner selbst. Sie kann in der Gegenwartsform übersetzt werden (»Ich bin, der ich bin«) oder in der Zukunftsform, wie Luther das tut. (Im Hebräischen gibt es keine strenge Unterscheidung zwischen Praesens und Futurum.) Gerade in der futurischen Nuance tritt die Zusicherung der Treue Gottes hervor. Denn das hier gemeinte »Sein« drückt nicht bloß den Hinweis auf das reale Existieren Gottes aus – das wäre für hebräische Ohren zu selbstverständlich, als daß es da einer besonderen Versicherung bedürfte! –, sondern »Sein« bedeutet stets »Wirksam-sein« oder auch »Für jemanden da sein«. So klingt in dieser Selbstvorstellung Gottes neben seiner Treue und bleibenden Verbundenheit auch seine Geschichtsmächtigkeit an.

16. Der hebräische Gottesname, aus dem sprachlich der Anklang an das »Ich bin ...« herausgehört werden kann, ist »Jahwe«. Dieser Name durfte aber nicht ausgesprochen werden. Das Namensverbot gründete offenbar nicht nur in der Sorge vor etwaigem Mißbrauch, sondern vor allem wohl in der antik-orientalischen Anschauung, daß Kenntnis und Nennung des Namens so etwas wie ein Macht-haben gegenüber dem Namensträger bedeutete. Der Gebrauch des Namens Gottes wurde deshalb als blasphemisch empfunden. Aus diesem Grunde mußte überall da, wo im Text »Jahwe« stand, »Adonai« (»Herr«) gelesen werden. Auch die Luther-Bibel gibt – ebenso wie die griechische Übersetzung des Alten Testamentes, die Septuaginta – den Jahwe-Namen durch das Wort HERR wieder. Der Name Jehova beruht auf einem alten Mißverständnis. In der Luther-Bibel wurde das Wort »HERR«, wenn es sich auf Gott bezog, mit großen Buchstaben wiedergegeben.

17. Hier zeigt sich im Alten Testemant eine deutliche Tendenz, lebendigen Festgebräuchen einen traditionellen Ursprung zu verschaffen, sie also zu »historisieren«. Bei Nachbarvölkern Israels geht es »seit je« um ein verbreitetes Frühlingsfest, wie es einer Naturreligion entspricht. Bei Israel wird alles, so könnte man sagen, aus dem

Naturhaften ins Geschichtliche transponiert: eben in die Geschichte Gottes mit seinem Volk. Es kommt dann gelegentlich vor, daß diese durchbrechen (wie später bei der Geschichte vom »Goldenen Kalb« [2. Mose, 32, 30 ff.]). Das wird dann als Rückfall ins Heidnische verstanden.

18. Die Bemerkung in Vers 21, daß Gott einen »starken Ostwind« (Schirokko) habe wehen lassen, der den Israeliten eine trockene Furt verschafft habe, hat die Ausleger immer wieder zu rationalistischen Erklärungen des »Meerwunders« veranlaßt. Doch hellt das die Geschichte kaum auf (ebenso wie es unerfindlich bleibt, um welches »Meer« es sich überhaupt gehandelt hat). Tatsächlich geht es hier nur um ein Nebenelement dieser Bewahrungsgeschichte (M. Noth), während ihr eigentlicher Kern in dem »Gottesschrecken« besteht, der von der Feuer-Wolkensäule ausgeht und das ägyptische Heer in Panik versetzt (14, 24).

19. Gegenüber sogenannten ethischen Imperativen zeigen die Zehn Gebote einen deutlichen Unterschied: Sie sind nicht auf ein Ziel- und Modellbild menschlicher Vollkommenheit gerichtet, sondern vornehmlich negativ bestimmt: »Du sollst nicht ...« (Auch das Ehrungsgebot für die Eltern war ursprünglich negativ gefaßt.) Darin steckt ein doppelter Protest: einmal gegenüber den heidnischen Nachbarvölkern: Du sollst es nicht so machen, wie es dort üblich ist! Ferner geht es um einen Protest der Menschen gegen sich selbst: Sie haben ja den Sündenfall im Rücken, so daß man etwas zugespitzt formulieren könnte: Du sollst nicht töten, obwohl du schon ein potentieller Mörder bist, obwohl die Sünde in deinem Herzen bereits einen Brückenkopf gewonnen hat.

20. In 2. Mose 16, 14–36 wird erzählt, wie Gott das in der Wüste darbende Volk mit Manna, dem »Brot vom Himmel«, nährt und erquickt. Es handelt sich dabei um einen noch heute bekannten zuckerhaltigen Saft, der dem Koriandersamen und Bedolachharz gleicht und wie Honigkuchen schmeckt. Man konnte dieses Manna nicht für Vorräte bewahren (es verdarb sofort), sondern mußte es am gleichen Tage essen. Dadurch sollte Israel erinnert werden, daß es auf die Fürsorge Gottes angewiesen blieb. Der johanneische Christus zieht die Analogie zum Manna heran, wenn er sich selbst als das »lebendige« Brot bezeichnet (Johannes-Evangelium 6, 48–58). Auch dieses Mannas wurde Israel bald überdrüssig.

21. Die Geschichte von Simson steht im sogenannten Richter-Buch, das die Chronik der ersten Jahrhunderte Israels im Lande Kanaan enthält. Die »Richter« sind Männer, die im Auftrage Gottes während einer verwirrten, an Auseinandersetzungen überreichen Geschichtsperiode Obrigkeit und Rechtspflege repräsentieren. Neben dem bedeutenden Gideon (Kapitel 6 bis 8) ist Simson die wohl farbigste Figur unter ihnen. Daß er von jeher die Phantasie lebhaft beschäftigt hat, zeigt sich allein daran, daß Rembrandt ihm fünf seiner Gemälde gewidmet hat. Selbst Hollywood hat – à la Ben Hur – in einem riesigen Filmspektakel seine Lebensgeschichte behandelt. – Simson ist ein Kraftprotz bei seinen Heldentaten und auch in der Liebe. Er zerreißt mit bloßen Händen einen jungen Löwen und wütet wie ein Berserker unter den Philistern, dem Erbfeinde Israels. (Sie spielen für Israel eine ähnliche Rolle wie die Barbaren für die Griechen.) Obwohl man über weite Strecken hin den Eindruck einer »weltlichen« Helden- oder auch Berserkersage hat, gilt Simson

dennoch als ein Gottesmann, der – ähnlich wie Isaak, Samuel, Johannes der Täufer und Jesus selbst – vor seiner Geburt von einem Engel angekündigt wird. Gleichwohl hat er nicht, wie etwa Gideon, den Rang eines Heerführers, er ist eher ein Rauhbein, auch ein Spaßmacher, der sich allerhand Streiche leistet – jedenfalls ein Held, der zum anekdotischen Erzählen reizt. Er stirbt schließlich als ein Gescheiterter, nicht als Befreier-Gestalt. So ist er höchstens ein Vorläufer derer, die im Kampf mit den Philistern wirkliche Siege zu verzeichnen hatten. Dabei denken wir an Samuel, Saul und vor allem David.

22. Noten und Abhandlungen zum besseren Verständnis des westöstlichen Divans. Hier finden sich überhaupt eingehende Betrachtungen zum Alten Testament (Artemis-Ausgabe der Werke III, 503 ff.).

23. Vgl. 3. Mose 25, 25; 5. Mose 25, 5. Es geht hier um die Funktion des »Lösers«.

24. Hierbei geht es um die sogenannten »Urim« (2. Mose 28,30), d. h. um Zeichen und Unterpfänder, die dem Hohenpriester zu Wahr- und Ratsprüchen bei schwierigen Fragen verhelfen sollten. Es handelt sich an dieser Stelle also um eine Art Priester-Orakel.

25. Vgl. dazu 1. Samuel 15, 18 f.

26. Die Bundeslade symbolisierte die ständige Gegenwart Jahwes. Ihre Gestalt wird in 2. Mose 25, 10 ff. beschrieben. Gott thront im Allerheiligsten über den Cherubim, die mit ihren ausgebreiteten Flügeln die Lade überdecken. Sie entspricht in etwa den aus der Religionsgeschichte bekannten Götterthronen. Später diente sie als Aufbewahrungsort für die Gesetzestafeln (5. Mose, 10, 1 ff.).

27. Angesichts der unerschöpflichen Fülle großer Texte habe ich mich eines sehr einfachen und sehr subjektiven Hilfsmittels für die Auswahl bedient: Ich greife einige von den Texten heraus, die in meiner Bibel angestrichen sind, weil sie mir in besonderen Lebenslagen etwas bedeutet haben und wohl auch anderen etwas bedeuten werden.

28. In diesem Psalm ist der Unterschied zu bloßer Natur-Lyrik bedenkenswert: Hier wird Gott nicht in der Natur gefunden, sondern es ist umgekehrt. Der Psalmist kennt den Schöpfer aus seinem Wort und interpretiert nun von ihm her die Schöpfung. Man muß also den »Autor« kennen, um sein Werk zu verstehen.

29. Wir müssen aus Raumgründen leider darauf verzichten, Beispiele dafür (etwa aus den »Sprüchen«, dem »Prediger Salomo« oder dem Buche »Jesus Sirach«) zu bringen. Der Leser mag angeregt werden, das einmal selber nachzulesen, wenn er die besonders reizvolle Weisheitsliteratur genauer kennenlernen möchte. (Auch sein Sinn für Humor wird dabei auf seine Kosten kommen, z. B. Sprüche 11,22.) Obwohl ich niemanden durch Literaturangaben entmutigen möchte, mag hier ausnahmsweise doch ein besonders schönes Buch genannt werden: Gerhard von Rad, Weisheit in Israel, 1970.

30. Vgl. dazu auch 2. Chronik 6

31. Eine der eindrücklichsten Gestalten der Königsbücher, die der Geschichte Israels von der Thronbesteigung Salomos (965–926) bis zur Wegführung des Volkes nach Babylonien (um 587) gewidmet sind, ist sicherlich die des Propheten Elia. (1. Könige 17 bis 19.21; 2. Könige 1.2). Obwohl ihnen zweifellos ein historischer Kern innewohnt, ist diese farbige Gestalt von Legenden und Sagen umwoben. Sie hat die Volksphantasie schon damals und noch lange danach lebhaft beschäftigt. Elia ist ein großer Eiferer für Jahwe und tritt für dessen Rechte vor König und Volk ein. Vor allem kommt es zu dramatischen Auseinandersetzungen mit kanaanitisch-religiösen Überfremdungen, von denen Israel bedroht ist. Zeichenhaft steht dafür sein gewaltiger und blutiger Kampf mit den Baals-Priestern. Vor allem wirkt er durch sein Prophetenwort, mit dem er geschichtliche Situationen im Namen Gottes deutet, so etwa als er eine Dürre-Katastrophe als göttliches Strafgericht verstehen läßt.

Im Namen Jahwes bewirkt er dann, nachdem er jenem Strafgericht als Werkzeug gedient hat, daß die Schleusen des Himmels sich wieder öffnen. Auch sonst verfügt er über die Vollmacht zu Wundern.

32. Die archaische Grausigkeit des von Elia vollzogenen Strafgerichtes kann nicht als Ausdruck fanatischen Rachebedürfnisses interpretiert werden, sondern geht auf uralte, wenn auch weithin vergessene Rechtssatzungen zurück, nach denen der Abfall von Jahwe mit der Todesstrafe bedroht war, wie 2. Mose 22, 19 und (noch 2 Jahrhunderte nach Elia) 5. Mose 13, 7 bis 12. Die angedrohten Strafgerichte können sich sogar, als Bannung bezeichnet, auf ganze Städte und alles dort Lebende beziehen (z. B. 5. Mose 13, 13 ff. – G. v. Rad).

33. Ähnlich wie Goethe bei seinem »Faust« an ein altes Volksstück anknüpft, so hat wohl auch der Dichter des Hiob auf volkstümliche Legenden zurückgegriffen. Die Ausleger meinen vielfach, daß ursprünglich nur die Rahmenerzählung (Der »Prolog im Himmel« und die Epiphanie Gottes am Ende) den Kern der Dichtung gebildet habe, während sie Hiobs Klage (Kapitel 3) und die folgenden Äußerungen der Freunde als Bruch der ursprünglichen Anlage empfinden und als spätere Zusätze verstanden wissen wollen. Ich habe diese Quellenscheidung nie begriffen und werde bei Gelegenheit das, was für die Einheit der Dichtung spricht, herausstellen.

34. Einzig der vierte Freund, Elihu, der als Jüngster lange nur schweigend zugehört hat, bringt einen neuen Gesichtspunkt in die Dialoge ein: Er durchbricht die von den andern vertretene Kausalität von Schuld und Sühne und versteht Hiobs Leiden mehr von dem Ziel her, das Gott mit ihm verfolge: Es sei Züchtigung und Erziehung, fordere also Bewährung und Gehorsam (Kapitel 33 und 34). Wenn Hiob sich hier bewähre, werde bald die Befreiung folgen (33, 23 ff.). Elihus leidenschaftliche und bilderreiche Sprache bringt wohl die »bibelnächsten« Gedanken der Freunde.

35. Die beiden letzten Verse sind nicht ganz klar. Fest scheint nur eines zu stehen: Seine neu gewonnene Gottesgewißheit führt dazu, daß Hiob nunmehr den Spieß umkehrt: Während er vorher der Angeklagte in den Augen seiner Freunde war,

wird er nun seinerseits zum Ankläger: Er warnt sie vor dem Kurzschluß, seine Anfechtung und Glaubensnöte nur in seiner heimlichen Schuld zu sehen, auf der die Freunde immer wieder insistiert haben. Das wäre vielmehr eine Sache für das göttliche Gericht, das dann aber wohl auch die treffen müßte, die sich in diesen Schuldgedanken verbeißen, vor allem, wenn sie ihn bei andern aktualisiert sehen. Er würde sie ja auch ihrerseits dann zu Angeklagten machen! Deshalb sieht Hiob gerade die Freunde selbst dem Gericht überantwortet und warnt sie entsprechend.

36. Das Buch Daniel greift ähnlich wie das Hiob-Buch, dem es sachlich eher zuzuordnen ist als den Propheten, zurück auf alte Traditionen, in denen eine vorzeitliche Gestalt »Daniel« zusammen mit Noah und Hiob als Urbilder eines Frommen, Weisen und Gerechten genannt wird (Hesekiel 14, 14; 20. 28,3). In diesem Buch gehört Daniel mit drei andern vornehmen Gefährten zu den unter König Jojakim weggeführten Judäern. Der Verfasser des Buches hat aber keine deutlichen Vorstellungen mehr von dieser Exilszeit, was bei diesem jüngsten Buche des Alten Testaments (entstanden um 165) kein Wunder ist.

Daniel wird in Babel am Hofe Nebukadnezars erzogen und bewahrt dabei seine jüdische Gesetzestreue und seinen Glauben. Durch das Charisma der Weisheit und den Besitz geheimer Offenbarungen kommt er bei chaldäischen und persischen Königen zu höchsten Ehren.

Die historische Lokalisierung Daniels in der Exilszeit beruht wohl auf der Analogie zwischen dieser Geschichtsepoche und der schweren Bedrängnis vor dem Aufstand der Makkabäer, zu dessen Zeit das Buch entstanden ist. Es gehört – darin ein Vorläufer der Johannes-Offenbarung – zur »apokalyptischen« Literatur, die das Weltgeschehen in seiner Gesamtheit thematisiert: Sie stellt Gottesreich und Weltreiche einander gegenüber, sieht die Reihenfolge der Weltzeitalter und hellt die Geheimnisse des Weltendes auf.

So hat man das Daniel-Buch immer wieder als eine Trostschrift in Bedrängniszeiten empfunden; zugleich bildet es aber auch einen bevorzugten Gegenstand sektiererischer Spekulationen.

37. Nebukadnezars Verstoßung und Wahnsinn waren ihm auf Grund eines Traumes von Daniel angekündigt worden, und zwar wegen seiner Überhebung. Nachdem er wieder zu sich gekommen und geheilt war, demütigte er sich vor Gott und pries ihn mit einem Loblied (Daniel 4).

38. In der in Kapitel 7 folgenden Vision, die in der Offenbarung Johannes wieder aufgenommen wird (dort vor allem in Kapitel 13), sind mit den vier aus dem Abgrund aufsteigenden Tieren die Reiche der Chaldäer (Babylonier), der Meder, der Perser und das Reich Alexanders sowie seiner Nachfolger gemeint. Es ist von 10 Hörnern die Rede, die auf die Nachfolger Alexanders in Syrien (die Seleukiden) deuten. Das »kleine Horn«, das »große Dinge redet«, meint wohl den Religionsverfolger Antiochus IV. Später hat man die vier Reiche etwas anders verstanden: Das Reich der Meder und Perser wurde zusammengenommen, und mit dem vierten Reich wurde das Römische gemeint. – In diesem Gesicht taucht auch eine Gestalt »wie eines Menschen Sohn« (7, 13) auf, die nach alter Tradition als Vollender der Schöpfung und Weltrichter erwartet wurde und den durch die Tiere symbolisierten Weltreichen überlegen ist. Dieses Menschensohnbild ist im Neuen Testament

eine Chiffre für Jesus Christus. Ebenso leuchtet im Daniel-Buch schon so etwas wie die neutestamentliche Auferstehungshoffnung auf (12,2).

39. Die Bezeichungen »Prophet« und »Prophetie« können im Alten Testament sehr verschiedene Gestalten und Funktionen umschreiben. In der Regel geht es in Israel um besonders Beauftragte Gottes, die mit Gerichts- und Gnadenbotschaften – fast stets auf aktuelle Situationen bezogen – zum Volke und seinen Machthabern reden. Sie übernehmen damit das Risiko zorniger Ablehnung mit allen Folgen. Das unterscheidet sie von den »falschen« Propheten, die den Leuten nach dem Munde reden und sie mit irreführenden Heilsbotschaften betören.

40. Amos gilt meist als der erste Schriftprophet und lebte in der äußerlich relativ glücklichen Epoche Jerobeams II. (um 770), Hosea zehn oder zwanzig Jahre später, schon in einer viel krisenhafteren Zeit. Beide sind wortgewaltige Bußprediger, Rufer zur Umkehr. Sie halten Drohreden wider den veräußerlichten Kultus, bei dem der Widerspruch zwischen dem Gottesdienst und dem Prassen der Reichen, die den Armen ausbeuten, nicht mehr gesehen wird. Darum droht das Gericht Gottes hereinzubrechen.

41. Die Wirksamkeit des sogenannten »ersten« Jesaja fällt in die letzten Jahrzehnte des 8. Jahrhunderts, in denen schwere Unwetter sich über Israel zusammenzogen und Juda durch die Assyrer hart bedrängt wurde. Seine Berufung zum Prophetenamt wird weithin auf das Jahr 736 angesetzt. Die Gerichtsbotschaft Jesajas liegt auf derselben Linie wie die des Amos: Nicht Opfer, sondern Gerechtigkeit! Sie schreckt auch vor Spott und Verhöhnung nicht zurück und ist in ihrer Sprachgewalt von oft zerschmetternder Wucht. Ihr Grundton ist die Botschaft von der heiligen Majestät Gottes, vor dem der sündige, vergängliche Mensch nicht bestehen kann. Jesaja sieht Hoffnung nur für den heiligen »Rest«, dem auch die Verheißung des kommenden Friedensfürsten gilt. Die Christenheit hat von jeher in Jesus Christus die Erfüllung dieser messianischen Prophetie gesehen.

42. Hier wird das eschatologische (das endzeitliche, »über«-weltliche) Friedensreich Gottes gleichsam auf die Wand des Diesseits projiziert. Dadurch gewinnt dieses Projektionsbild Züge, die uns unwirklich, »utopisch« anmuten. Man muß dabei bedenken, daß es sich um einen bildhaften Reflex theologischer Gedanken handelt.

43. Schon die Berufung Jeremias ins Prophetenamt (um 627) kündigt die Stationen dieses schweren, von Qualen, vielen Verfolgungen und Leiden erfüllten Lebens an. Er verweigert sich zunächst seinem Auftrag, weil er davor erschrickt, immer nur zu warnen und Unheil anzukündigen. Seine Zeit fällt in die Jahrzehnte, die das Reich Juda mit der Stadt Jerusalem untergehen sahen. Die Unbedingtheit, mit der er seinen prophetischen Auftrag erfüllt, macht ihn zum Gegenstand von Haß und Verfolgung. Es gibt erschütternde Bekenntnisse von seiner Verzagtheit und Verzweiflung, aus denen er sich mit dem Dennoch seines Glaubens aber immer wieder aufrafft. Gegen Ende taucht bei Jeremia die Vision eines neuen Bundes auf (31,33), die das Neue Testament aufgreift und im Evangelium erfüllt sieht (Römerbrief 11,26 f.; Hebräerbrief 10,16 f.).

44. Eine von Hesekiel verkündete Verheißung deutet in die gleiche Richtung: Kapitel 11 Vers 19 f.

45. Am Ende des babylonischen Exils (nach 587) steht dieser unbekannte große Prophet auf (ebenfalls unter dem Namen »Jesaja« bei den Propheten verzeichnet) mit seiner Botschaft: »Tröstet, tröstet mein Volk!« Er ist der »Evangelist« unter den Propheten des Alten Testaments. Bedeutsam ist seine Art, über die Volksgrenzen hinauszublicken und auch die Heidenvölker in den Herrschaftsbereich Jahwes einzubeziehen. So wird Kyros II., der Perserkönig, als heilsgeschichtliches Werkzeug Gottes verstanden (44, 25–48). Die Lieder vom »Gottesknecht« (52, 13–53, 12) behandeln das stellvertretende Leiden eines Unschuldigen. Die Frage, wer damit gemeint sei, ist – vom »Kämmerer aus Äthiopien« (Apostelgeschichte 8, 32 ff.) bis zu heutigen Gelehrten – eine offene Frage geblieben. Das Neue Testament hat um erstaunlicher Aussage-Analogien willen in jener Gestalt des Knechtes ein prototypisches Bild des stellvertretenden Leidens Christi gesehen.

46. In der folgenden Auswahl neutestamentlicher Texte beschränken wir uns im wesentlichen auf die vier Evangelien. Das geschieht nicht nur, um den Umfang dieses Bandes in den gesetzten Grenzen zu halten; es hat auch sachliche Gründe. Die »Briefe« enthalten meist größere und geschlossene Gedankenzusammenhänge, die nicht zerteilt oder auseinandergerissen werden sollten. Selbst wenn man gewisse Kernsätze, die im Druck der Lutherbibel hervorgehoben sind, herauskristallisieren würde, könnte das dem Leser nur einen ganz unzureichenden Eindruck verschaffen. Die Briefliteratur des Neuen Testaments – wie etwa der Römer- oder der 1. Korintherbrief – sollte deshalb im Zusammenhang gelesen werden. Dabei können moderne Übersetzungen (»Zürcher« Bibel, Menge, Wilckens oder Zink oder »Die gute Nachricht«) zum Verständnis helfen. Die Ausgabe von Wilckens bringt zusätzliche Erklärungen.

47. Man hat von der Bergpredigt gesagt, sie enthalte »eschatologische«, »radikale« Forderungen. Das gilt beispielsweise von den Worten über das Töten oder das Ehebrechen. Dies alles realisiere sich nicht erst in der physischen Tat, sondern es beginne bereits mit den mörderischen und ehebrecherischen »Gedanken des Herzens«. Das Wort »eschatologisch« besagt dabei, daß der Mensch hier in seinem ursprünglichen Schöpfungsentwurf oder auch in seiner Vollendung im Gottesreich das Modellbild für jene Forderungen darstelle. Das Wort »radikal« bedeutet, daß Gott hier den Menschen nicht nur in dem verfügbaren Spielraum seines Handelns fordert, sondern in seinem ganzen Sein – einschließlich aller seiner Herzensregungen, über die er nicht verfügt und die er sich doch zurechnen muß. Das Herz ist ja die radix, die Wurzel, aller unserer Handlungen. Wir können in diesem Sinne sagen: Die Bergpredigt fordert uns noch so, als ob wir noch im Urzustande lebten, und schon so, als ob das Gottesreich bereits hereingebrochen wäre. Man hat mit dieser Ausrichtung der Bergpredigt immer wieder begründet, daß sie »weltfremd« sei, weil sie die realistischen Bedingungen unseres In-der-Welt-Seins nicht berücksichtige. (Das irdische Recht z. B. verlangt doch Richten und Vergeltung; die Politik muß das Freund-Feind-Verhältnis ernstnehmen!) Demgegenüber läßt uns die Bergpredigt wissen, daß unsere Welt »reich-gottes-fremd« sei, daß Gott sie in der ursprünglichen Schöpfung anders gedacht habe (Matthäus-Evangelium 19, 8 b).

Wenn man also gesagt hat, man könne »mit der Bergpredigt nicht die Welt regieren« (Bismarck), so stimmt das nur insofern, als die Bergpredigt keine konkreten Verhaltensregeln für das politische Geschäft bringen will. Deshalb ist sie aber für unser diesseitiges, »weltliches« Handeln keineswegs bedeutungslos – im Gegenteil! Sie macht es uns vielmehr unmöglich, uns für gerecht und gerechtfertigt zu halten, wenn wir den Strukturen und Bedingungen der Welt gemäß leben, wenn wir weltkonform leben. Denn gerade diese unsere Welt mit ihren Ordnungen wird hier in Frage gestellt.

Dieser Ordnungsruf, den die Bergpredigt in alle Politik, Wirtschaft, Kultur und Technik hinein ergehen läßt, bedeutet so eine produktive Hemmung, die verhindert, daß wir fanatisch alles machen, was wir können. (In seiner »Ethik des Politischen« [Register »Bergpredigt«] hat der Verfasser diese Bedeutung der Bergpredigt genauer entfaltet: Theologische Ethik, Band II, 2.)

48. Vergleiche hierzu Lukas 13, 23 bis 27.

49. Mit dem »Herrn«, der den ungetreuen Haushalter lobt, ist wahrscheinlich nicht Jesus, sondern der Chef des Pächters gemeint.

50. Zum Verständnis dieses schwierigen Gleichnisses ist zu bedenken, daß Jesus Gott und sich selbst oft mit dubiosen Figuren vergleicht (z. B. mit einem »hartherzigen Richter«, Lukas 18, 1 bis 8; oder mit einem »Dieb in der Nacht«, Matthäus 24, 43). Diese negativen Bilder haben oft eine kontrastierende Bedeutung gegenüber dem Handeln Gottes, so daß man die wiederholte Formel Jesu im Auge behalten muß: »wieviel mehr wird Gott ...«

Zur Auslegung dieses Gleichnisses vgl. das Buch des Verfassers »Das Bilderbuch Gottes«, S. 125–140.

51. Gleichnisse gelten üblicherweise als Mittel didaktischer Verdeutlichung, als Illustration eines »Ungegenständlichen«. Dennoch, so Jesus, stößt das Evangelium gerade dort, wo es so am allerdeutlichsten wird, auf verschlossene Herzen, weil eben dann herauskommt, daß wir in der Gottferne und Gottabgewandtheit leben. Es gibt kein methodisches Mittel (zum Beispiel das der Veranschaulichung und der Illustration), um diesen Widerstand des Herzens menschlicherseits zu überwinden. Darum preist Jesus die selig, denen Gott selbst das Herz geöffnet und empfänglich gemacht hat (Matth. 13, 16).

52. Da der heutige Mensch gerade diesem Bereich biblischer Überlieferung etwas fassungslos gegenübersteht, mögen einige Hinweise gestattet sein. Sie wollen die Wunderberichte des Neuen Testaments nicht rational »erklären«, sondern die Intention ihrer Aussage verdeutlichen.

Hans Lietzmann, der große Patristiker, sagt einmal in seiner »Geschichte der alten Kirche I«: »Daß Jesus Wunderkraft besessen und Wunder – im antiken Sinne verstanden – getan hat, wird heute kein Urteilsfähiger mehr bezweifeln.« Das zweifellos Faktische geschehener Wunder ist aber durch redaktionelle Überarbeitung der Evangelisten zugleich mit bestimmten Deutungen versehen worden. Sicher ist es auch, wie bei mündlicher Überlieferung kaum anders möglich, legendär überwuchert. Ganz gleich aber, ob es jeweils um einen »protokollarischen« Bericht geht, oder ob der historische Kern sich unserm Zugriff entzieht: Immer wieder gilt es, sich klar zu machen, daß es hier nicht um »Mirakel« geht, die den Glauben erübrigen und an seine Stelle eine sinnlich wahrnehmbare Beglaubigung setzen sollen. Derartige »Beglaubigungswunder« lehnt Jesus vielmehr stets ab (im ganzen sechsmal!) und sieht in der »zeichensüchtigen Art« ein Indiz für mangelnde Glaubensbereitschaft. Statt dessen sind die Wunder als Zeichen, als Wetterleuchten des kommenden Gottesreiches gemeint, dessen Anbruch durch das messianische Wirken Christi signalisiert wird, und in dem es kein Leiden, kein Geschrei, keine Tränen mehr geben wird und der Tod seine Macht verloren hat (Offenbarung Johannes 21, 4).

Unsere ersten drei Text-Beispiele unter dem Thema »Jesu Kritik am Wunderglauben« zeigen, wie er sich selbst von aller glaubenslosen Sensationsgier distanziert. So bemängelt er etwa, daß man die Transparenz des Speisungswunders nicht begriffen, sondern sich damit begnügt habe, »satt« geworden zu sein. Man habe sozusagen die Hände nicht zum Dank gegen Gott erhoben, sondern sich behaglich mit ihnen über den wohlgefüllten Magen gestrichen. Das für sich genommene Wunder schließt das Evangelium nicht auf, sondern bewirkt gar nichts – schon deshalb, weil es immer zweideutig bleibt. (Vergleiche im folgenden die Texte zu der Frage: »Ist bei den Wundern ›göttliche‹ oder ›dämonische‹ Macht am Werk?«).

Deshalb gibt es viele Hinweise, daß das ernstgenommene Wunder nur mit dem Wort *zusammen* verstanden werden könne, so gewiß auch das Wort Jesu (etwa: »dir sind deine Sünden vergeben«) nicht nur ein *lehrendes,* sondern ein *vollziehendes* Wort, eben ein »Tat-Wort«, ist.

53. Der »Rätselspruch« Jesu, der an den Aufenthalt des Propheten Jona im Bauch des Meerungeheuers erinnert (Jona 2, 1; 3,5), weist darauf hin, daß der kommende Menschensohn sterben und für kurze Zeit in das Totenreich gehen muß. Dieses einzige Zeichen aber, das »diesem Geschlecht« gegeben werden soll, ist alles andere als ein Demonstrationswunder, wie es gefordert wurde. Darum sprechen wir hier von einem »Rätselspruch«. Denn wer versteht das schon, daß der Weltenrichter sterben und auferstehen soll, und wer begreift schon, daß Jesus selbst das ist? Das wird nur zum Zeichen für den, »der Ohren hat zu hören«. Also gilt dieses Zeichen nur für den, der auch dem Wort erschlossen ist. Selbst Heiden wie die Königin aus dem Süden (vgl. 1. Könige 10, 1 ff.) hätten die Zeichen Jesu besser verstanden als das gegenwärtige Geschlecht. Darum werden sie im Jüngsten Gericht einmal besser abschneiden.

54. Jörg Zink hat eine besonders schöne Auslegung dieses Speisungswunders veröffentlicht, und zwar in seinem Buch »Eine Hand voll Hoffnung«, 1979, Seite 71 bis 100.

55. Hier zeigt sich besonders deutlich, daß und warum Wunder allein nicht zum Glauben oder zur Einsicht ins Göttliche helfen können: Sie sind zweideutig und verwechselbar. Man weiß nicht, ob Gott oder der Teufel in ihnen wirkt. Ein moderner Mensch würde die Zweideutigkeit des Wunders vielleicht in der Ungewißheit erfahren, ob Gott wirklich durch etwas »Außerordentliches« gewirkt habe oder ob hier nicht doch ein Kausalzusammenhang – vielleicht der Schnittpunkt zweier Kausalitätsketten – zur Erklärung heranzuziehen sei.

56. Diese Geschichte ist (im Unterschied zu den anderen Evangelisten) ganz auf eine thematische Pointe konzentriert: auf den Gegensatz zwischen der gelassenen Vollmacht Jesu und dem Kümmerglauben der Jünger. Daß sie in diesem Sinne eine symbolische Erzählung sein will, geht auch daraus hervor, daß Matthäus für das Unwetter einen Begriff verwendet, der apokalyptische Schrecknisse bezeichnet (seismos = Weltbeben). Jesus, der selber nichts hat, »wo er sein Haupt hinlegen kann«, schenkt Bergung inmitten der Wehen der Geschichte. (Vgl. die Auslegung dieser Erzählung in dem Buch des Verfassers: »Auf dem Wege zur Kanzel«, 1983, S. 106 bis 124).

57. Der Evangelist hat diese Wundergeschichte, die er dem Überlieferungsstoff entnahm, offensichtlich als eine Gleichnishandlung verstanden. Dafür sprechen zwei Gründe: Einmal ist die wunderbare Umwandlung des Wassers in Wein ein vorausdeutender Hinweis auf die Erfüllung des messianischen Reiches (vgl. auch die Verse Johannes 2, 13 bis 22). Ferner ist der Hinweis auf »meine Stunde«, die im Vierten Evangelium immer wieder auftaucht, stets der Hinweis auf sein bevorstehendes Sterben.

58. In dem gewaltigen 15. Kapitel des 1. Korintherbriefes stellt Paulus noch einmal die Daten der Auferstehungserfahrungen zusammen und spricht aus gegebenem Anlaß über die Auferstehung der Toten und ihren sachlichen Zusammenhang mit der Auferstehung Christi.

59. Das Gesetz stimuliert die Sünde, führt sie zur Entfaltung und gibt ihr Nachdruck. (Vgl. Römerbrief 7, 7 ff.)